経済人類学

クリス・ハン＋キース・ハート

経済人類学

――人間の経済に向けて

深田淳太郎＋上村淳志訳

水声社

本書は
《人類学の転回》叢書の一冊として
刊行された

目次

序文

二〇〇六年六月、私たちは経済人類学の現状について、特にカール・ポランニーの思想を現代に適用することに焦点を当てた研究会を開催した。本書はその会合の趣旨説明書として書きはじめられたものである。ところが、この研究会での各発表者の原稿を編んで出版に向けた準備をしてみると、私たちの趣旨説明文はその本（Hann and Hart 2009）の中に収めるには明らかに長すぎることが判明した。そうこうしているうちにも、私たちの論考はますます長くなり続けていった。完成が遅れてしまったのは、他の仕事と重なってしまった（学問の世界では言い訳の常套句であるが）せいばかりではなく、最近起こったもっとも深刻な世界経済の危機の影響のせいもあった。この危機は本書の完成に向けた私たちのエネルギーをいくぶんか方向転換させ、その段階ですでに書き上げていたものよりも、貨幣をめぐる主題を際立たせるよう私たちを触発した。この金融危機、およびそれによってもたらされた社会的影響は、経済学者を含めて世界の大部分の人々を驚愕させたかもしれない。だが、「創造的破壊」や「不平等な発展」といった概念に長らく馴染んできた経済史家や人類学者からすれば、それほど驚くようなことではなかった。世界史に対する視座と経済人類学の歴史とを組み合わせた本書の根本となる論理や構造は、この最新の危機によって変わることはなかった。むしろこの危機は、私たちの議論が単なる古物収集的な学問ではない、それ以上の今日的な問題意識をもつものだということを好都合にも示してくれている。

また、私たちが本書で行なう議論は党派的な論争でもない。経済人類学の歴史および現状についての私たちの説明は、経済学者や人類学者だけでなく、歴史学者や社会学者（さらに各学問分野の名の下の多様な研究者たち）が力を合わせて取り組むべき経済生活の理解という課題に対する一つの貢献である。経済学者の中には、経済学は他の「ソフトな」人文学諸分野よりも「ハードな」科学に近く、特別な地位にあると主張する者もいる。そうした主張に対して、私たちは批判的かつ歴史的な視点をとる。しかしそれは、経済学に代わるロマンティックかつユートピア的なオルタナティブを提供しようという意図からではない。私たちは、経済学がある意味で人類学と同じくらいに多様であるということを知っている。私たちが目指すのは、その両者をより密接に関わらせることであり、そのことによって両者における主流派の議論を批判することである。

これまで経済人類学は、かの高名なマルクスやヴェーバー、デュルケームなどの近代社会理論の父祖たちと結びつけて説明されてきた。ときにその歴史は啓蒙主義時代のポリティカル・エコノミー研究者にまで遡ることもあった。だが私たちの主張は、経済人類学の中核的な問いがそれよりもはるかに古くからのものだということである。究極的には経済人類学は、人間の本性や幸福をめぐる問いに、つまりあらゆる社会の哲学者たちが原初から心を奪われてきた問いに取り組むのである。本書において私たちは、この人類全体による創造物としての「人間の経済」をあらゆる時間、空間を通して探求できるのが経済人類学だということを論証していく。とはいえ世界経済はこの半世紀にわたって、特に冷戦が終焉してからというもの、非常に大きな変化を経験してきた。そのため本書では、こういった現在も続いている変化について、優先的に取り組んでいくことにしたい。

本書は読みやすさを考慮して、脚注あるいは過剰な参照・引用・引用符で本文を取り散らかさないようにした。(1) 参照文献一覧の前に置いた「さらなる読書のための覚書」では、関心をもってくれた読者のために、各章で提示した諸文献についてのより詳しい情報と、さらに考えを深めるためのヒントを提供したい。

ソフィー・シュヴァリエ、オラシオ・オルティス、ヴィシュヌ・パダヤチーの各氏には、共同研究してきた題材を用いる許可を出していただいたことに感謝したい。また、ガレス・デイル、ステファン・グードマン、サンディー・ロバートソン、ドン・ロボサムの各氏にも、有益なコメントをいただいたことに謝意を申し上げたい。

第一章　導入——経済人類学

　人類学者の使命は、社会を成り立たせている原理をもっとも個別的なところから普遍的なところまで、あらゆるレベルにおいて発見することである。一九世紀の経済人類学は、それが「未開人の経済学」になる以前から、ある西洋中心主義的な主張の妥当性を吟味することを目指していた。その主張とは、世界経済の秩序は、当時普遍性を勝ち取ろうとしていた西洋産業社会を支える諸原理の上に打ち立てられているに違いないというものであった。その中で経済人類学が探求してきたのは、自由主義、社会主義、無政府主義あるいは共産主義など、それが何であれ、より公正な経済を支えうるオルタナティブであった。それゆえ、経済人類学の関心は経済の起源と進化にあった。なぜなら社会は変化の渦中にあり、まだ最終形態には至ってないと考えられていたからである。人類学は、さまざまな経済の可能性について考えるためのもっとも包括的な方法だったのである。

　二〇世紀に入ると知識はかつてないほど細分化され、そこにできた隙間に自然科学をモデルとした社会科学系の諸専門分野が登場してきた。その中で人類学は気がつくと、他の人文科学諸分野が探求できないことを探求するという狭い範囲に特化した研究分野になってしまっていた。巨大化する大学の内部に組み込まれ、人類学者の任務は「他文化」についての客観的データを蓄積していくことになった。こうして蓄積された資料は、一般大衆の関心を呼ぶものではなく、主に人類学内部の関係者とわずかな他分野の専門家に消費されるものであった。人類学は、文化相対主義のパラダイム（あらゆる社会は固有の文化をもっている）の中に固定された専門分野になっていった。これは普遍的な妥当性をもった真理を探求する経済学とは、定義からして対立するものであった。人類学者は自分たちの知的権威の基盤を遠隔地での長期滞在に置いたが、それは結果として世界経済のこれまでとこれからについての発言力を著しく損なうことになった。

私たちの見解では、学問分野としての経済人類学の展開は三つの時期に分けることができる。その第一期は、一八七〇年代から一九四〇年代である。この時期に多くの人類学者が関心をもっていたのは、西洋において経済活動を動機づけるものと考えられていた効率性や「合理性」と同じ概念によって、「野蛮人」の経済的な行為を根拠づけられるか否かであった。彼らが最初に力を注いだのは、単線的進化の過程として捉えることが可能な、簡潔な世界史の物語を組み立てることであった。その後、第一次大戦以降になるとフィールドワークの実践がかつてないほど重要視されるようになった。民族誌家たちは自ら見つけ出してきた「未開」社会の個別事例について、主流派（「新古典派」）経済学のより普遍的な命題を用いて取り組もうとしたが、その試みは失敗に終わった。その主たる原因は、彼らが経済学者の認識論的な前提を誤解していたからである。

第二期は、冷戦の緊張感が高まった一九五〇年代と一九六〇年代である。世界経済は好景気を迎えており、各国政府は各種の公共サービスを拡充したが、一方で金融市場に対しては厳しい規制を課していた。この時代に経済人類学者たちが議論していたのは、[1]自分たち専用の研究対象――未開の部族民の数が減少したことに伴って、そこには世界中の農民たちも含まれるようになっていた――について研究するために必要な理論と方法に関してであった。ここで交わされた論争の一方の当事者である「形式主義者」たちは、この仕事に取り組むためには主流派経済学の概念と道具を用いるのが適切であると考えたが、他方の「実体主義者」たちは制度的なアプローチの方がより適切であると主張した。彼らが「制度的」という語で言おうとしていたのは、非人格的な市場の支配を受けていない社会においては、経済生活は他の社会的制度――家庭から政府や宗教まで――の中に常に「埋め込まれて(embedded)」いるということであった。

振り返ってみれば、形式主義－実体主義論争は経済人類学の黄金時代であった。この論争は結論が出ないままに行き詰まりを迎え、その後はマルクス主義者とフェミニストたちが短い間ではあるが主導的な役割を担った。だが、彼らはエキゾチックな民族誌における主体をめぐる伝統的な問題にこだわりすぎていた。経済人類学史の第三期は、一九七〇年代の分水嶺を越えた後、三〇年にわたる新自由主義的なグローバリゼーションの時代へと続いていく。この時代を見ていく中で私たちは、いくつかの新たな批判的パースペクティブを検討する。それは経済人類学における「文化的転回」であり、またとりわけ「新制度派経済学」の名で知られる、ハードサイエンスの権威を身にまとおうとする新たな野心的試みである。この時代に人類学者は探求の幅を広げ、多様なパースペクティブから人間の経済組織のあらゆる領域に取り組んだ。それまでの人類学者は民族誌的な観察という伝統の中に閉じこもりがちであった。だが、ついに人類学者が一歩前に踏み出し、一つの全体としての世界経済に取り組むための機は熟したと私たちは主張したい。この新たな第四期において、ようやく経済人類学は一つの学問領域としてあらわれるであろう。

過去二世紀にわたって、北大西洋の諸社会による世界経済の支配を可能にしてきたのは、市場経済の諸形式であった。だが、この諸形式が普遍的な原理に基づいたものか否かというもっとも根本的な問題は未解決のまま残されている。経済人類学はその歴史を通して、同一性と差異性をめぐる議論に頭を悩ませ続けてきた。人々が生きている場所でその生活に積極的に関わっていくことで、彼らが何を考え、何をするのかを理解するという人類学者の方法に、私たちは誇りをもっている。また、市場モデルの観点から非市場場における経済行動を分析することが、今や知的に擁護しえないことも私たちは理解している。それはウォール街で起こっている最新の経済危機を、狩猟採取民の小規模共同体の世界観を通して分析しようとするのと同じことである。この種の対比はそれなりに有益ではあるが、慎重になされなければならない。歴史を通して見られる人間の経済の多様性を、西洋とそれ以外という単一の大きな分断に還元できるはずがないのである。いずれにしても人類学者は、フィールドワークに基づいた民族誌を、世界史というパースペクティブに向けてもっと開いていく必要がある。なぜなら多くの人類学者は、そのような包括的な視点を二〇世紀の間に捨て去ってしまったからである。

方法についてのいくつかの論点

なんであれ普遍的なものと措定されるような概念は、固有の歴史をもっている。「経済《エコノミー》」という語は、古代ギリシア時代の**オイコノミアー**（*oikonomia*）にその起源をもつ。当時、この語は家庭の管理——通常は田園地帯にある大邸宅の財産管理——を意味する語であった。市場と貨幣に基づいた複雑な分業はさらに古く、紀元前三〇〇〇年のメソポタミアにまで遡ることができる。だが次章で論じるように、そこでオイコノミアーは市場原理とは正反対のものと考えられていた。言うまでもなく、人間はその種としての誕生以来、それぞれの環境において子孫を再生産し、他集団とものを交換してきた。こういった意味で人間の経済は、人類そのものと同じくらい古くからあると言える。現代の民族誌はこの歴史をごく限定的にしか解明できないため、私たちはその代わりに他分野に、中でも経済考古学に注目する必要がある。化石記録などの物質的な痕跡に関する考古学の研究は、古代における生存や交換の形態を解き明すための豊富な手掛かりをもたらしてくれる。とはいえ、古代社会の成員が物質的な諸課題をどのように捉え、管理していたのかについては未だに納得いく推論には至っていない。現代の人類学者たちは、初期人類の経済を生存のための絶え間ない闘争として捉えるのは誤りであることを示してきた。農耕の発見は労働投下量の増大を伴うものであり、現代人が苦行と捉えるような労働に日常的に従事させることになっただろう。とはいえ、旧石器時代の狩猟採集民については言うまでもなく、初期の農耕者たちであっても、今日の私たちと同じように労働について理解していたとは考えにくい。

ヨーロッパの社会思想史において、「経済」という語が独自の系譜をもっていることは事実である。しかしこのことは、人類学者が異なった複数の集団――所与の物質的条件も、それについての認識も異なるような――における人間の経済を調査することを妨げるものではない。ここ数十年間の経済人類学におけるもっとも豊かな論題の一つは、経済の「ローカルモデル」の探求であった。たとえば食料採集者たちは、自分たちが暮らしている森を慈悲深い安心の源と捉える（第五章参照）。彼らには労働や希少性、不確実性のような西洋的な概念は馴染まない。さらに問題を複雑にするのは、経済という語が繰り返し他のさまざまな語、たとえば政治的、道徳的、文化的、表象的さらには精神的のような語とすら、組み合わされてきたことにある。次章では、経済という語の指示対象の変遷について古代から現在まで歴史的に概観する。経済は現代文明におけるキーワードの一つである。私たちはその語の来歴を知って、それを一般的な形で展開することにもっと注意深くなるべきであろう。

経済人類学を西洋の知の歴史の文脈に位置づけること、翻って世界史についての特定の観点の中に位置づけることには、より深刻な限界が付きまとう。それは、私たちの記述が北大西洋からの視点に極端に偏ってしまうということである。この偏りは近代の世界社会における、そして学術的表象におけるヨーロッパとアメリカの覇権を反映したものである。経済人類学者はこの一世紀の間、世界中で調査・研究に取り組んできた。とはいえ、最初にその知的共同体が自覚的に形作られたのは、植民地を伴ったヨーロッパ諸帝国においてであったし、その後に確固とした形をとるようになったのもアメリカ合衆国においてであった。経済人類学者たちはこの数十年間、人類学の内部では注目を集めてきた（その外部ではからっきしであったが）。本書が目指すのは、一学問分野としての強い自覚をもった知的共同体として経済人類学を再活性化することである。その過程において、私たちはこの学問を以前に比べて、より慎重かつ包括的に、しかし同時により柔軟に定義していきたい。というのも私たちが目指すのは、他の学問領域と架橋し、地球全体を視野に入れた、さらに広い概念枠組みを提供することだからである。一つ言い忘れてはならないのは、本書において、その業績を参照し、この学問の礎を築いた人物として取り上げる西洋の研究者たちの多くは、経済人類学者を自称したことがないということである。これは経済人類学という分野の名称がなかった時代だけではなく、その名称が使われるようになっていた二〇世紀後半においても同様である。もし私たちの目的が達成されれば、他の、つまり非西洋の知的伝統の中にも同じような経済人類学の先駆者がいることを読者にも理解してもらえるだろう。

さらに、これに関連して言っておきたいのは言語の問題である。ここ数十年にわたって英語が覇権言語であったことを受け、私たちが取り上げるのは基本的には英語文献が中心となる。フランス語とドイツ語の主要文献にも触れるが、これらについても他言語に通じていない読者のことを考慮して英語翻訳版から引用する。(2)

人間の経済

一九世紀後半以降、「経済」という語の用法において主流になったのは、ある一国の領域内において売買される財とサービスの総体へ言及するものである。たとえば「イギリス経済」という言い方はそこからきている。この用法において経済はしばしば「国民（people）」という語と組み合わせて使われる。たとえばドイツ語の *Volkswirtschaft* は *Volks*（国民）と *Wirtschaft*（経済）を、ハンガリー語の *népgazdaság* も *nép*（国民）と *gazdaság*（経済）を組み合わせた、いずれも「国民経済」という意味をもつ語である。ここで言う経済は計量可能なものであり、通常は生産にもっとも重きが置かれている。このことは「一人あたりの国民総生産」が重要な経済指標になっていることからも分かる。そういった近代経済が決定的に依存しているのは、消費者の需要である。数多くの人々が日々の生活における必需品（たとえば清潔な水）を要求する方法をもたない一方で、その他の多くの人々は生存についてはもはやまったく心配する必要がない。この後者の人々について、私たちが説明しなければならないのは、なぜ彼らは生活に必須ではない商品を買うためにわざわざ苦しい労働に耐えるの*か*ということである。これに対する回答は、彼らが求める商品は社会的、個人的な目的に向けて価値付けられたものだから、というものである。希少性はしばしばそれ自体で高い価値を与えられるが、しかしそれは自然の中に予め存在するものではなく、社会的に構築されるものなのである。

生産と消費は分配のプロセスによって結び付けられており、そのプロセスはしばしば極めて不平等である。ときに「交換」という語は「分配」に置き換えられるが、この二つは区別すべきである。交換は経済生活の普遍的な原理である。だが、それは多くの形態を取るもので、すべての資源のフローを交換に分類するべきではない。支配者への貢納の支払いは、それと交換に保護が与えられるものと言えるかもしれない。しかし、これは不平等な関係性を覆い隠す言い回しである。一方、近代国家による福祉手当の支出は、税収を財源とした財の移転であり、交換というよりも新たな「共有」の形態と見る方が適切である。経済学者は、交通やエネルギー市場、海外取引、健康あるいは住宅供給などといった経済生活の特定分野に専門化する傾向にある。近代西洋経済は慣習的に私的領域と公的領域に分割されており、それぞれの領域では市場と国家が幅を効かせている。前者における商品の販売から得られる利益と、後者における税金や政府による再分配とは対置されている。所有権は、経済組織をめぐる二つのモデルの間の論争――かつての冷戦時はこのどちらのモデルが採用されているのかが両陣営の境界線を画定していた――における中心的な論点であった。しかし、この慣れ親しまれた東西の分断もここ何十年間で姿を消し、現在では私的領域と公的領域の間の境界線はしばしば曖昧なものになっている。

ヨーロッパ大陸部には、政治的秩序と規制とを強調する経済学の伝統がある。もう一つの強い影響力を有する伝統が中央計画経済であったが、これはベルリンの壁崩壊とともに消え去った。一九世紀以降の支配的な伝統は、イギリスの功利主義から発したものである。功利主義は自由な市場と、予算の範囲内で個人が「価値」を最大化することを特権視している。価値は、貨幣によってあらわされるコストと利益の形で認識される。経済学者は、人々が家族や友人に贈り物をしたり、寄付をしたりというように、明らかに市場的な意味での価値を最大化しているのではないときでも、人々が不足という条件下で効用を最大化するための選択を行なったものと捉える。だが、経済学者はこの効用なるものの謎めいた実態について、それ以上明らかにはしない。経済学者の中には、家族などのもっとも親密な領域の中にも強引に「合理的選択」を適用する者もいる。彼らは、自分たちの理論を使えば、世代間や世代内部での財の移転までも含むあらゆる交換に関して満足いく説明を提供できると考えている。もし経済学を人々の選択に関する学問と定義し、あらゆる行動がそのような合理的選択に基づいてなされているとするならば、経済学は人間の生活とその進化の全体を（おそらく動物世界の大部分の進化についても）、明白に包括する学問分野ということになるだろう。そのとき経済学は、私たちが親族と行なうものの やり取りの特定のパターンについてだけでなく、なぜ私たちが現在のような親族体系をもっているのか、またなぜ私たちは現在の指導者に従っているのか、さらにはなぜその神を崇拝しているのかについても、体系的合理性の水準において説明を提供してくれることだろう。**覇権的学問分野**（*master discipline*）として、経済学の唯一の競合相手になりうるのは生物学であろう。そして、この経済学と生物学の間では、目下盛んに交流がおこなわれている。たとえば進化経済学と呼ばれる分野においては、社会‐文化的な選択がいかにダーウィンの「共進化」における自然選択と相関するのかについての分析を行なっている。

以上のように定義した場合、経済学からのアプローチは、洗練された水準で対象を形式的・数学的に取り扱う方法につながるものとなる。しかし行為者の選好や、その基底にある道徳的価値を説明しないままにしている限り、合理的選択アプローチは同語反復になってしまう。経済学者たちは、ドイツ語の国民経済（*Volkswirtschaft*）から国民（*Volk*）を実質的に取り去ることで、経済を脱人間化する。私たちの経済についての理解は、経済学者のそれとは大きく異なっているが、射程の広さにおいてはひけを取らない。「人間の経済」という概念（Hart, Laville and Cattani 2010）は幸福について、すなわち人間のあらゆる欲求の充足について言及するものである。それは個人的な市場取引のみによって満たされるのではなく、教育や安全、健康的な生活環境といった公共財への、あるいは人間の尊厳のような無形のものへの希求も含まれる。これは一人当たり何ドルの支出というようには計算できるものではない。私たちは、「経済効率」を向上するために、市場原理――それは常に社会的な構築の結果であって、決して「自然」なものではない――が、さまざまな新しい領域に拡張されてきた時代に生きている。だが人々は、教育のような価値を認められた徳についての市場を作ることが、決して道徳的には中立ではないということに気づきはじめている。教育への市場原理の導入は、しばしば統計資料の誤用を招き、教師や大学教授をその他の商業的なサービス提供者と同じやり方で取り扱った場合に生じる教育の質の低下を見えにくくしてしまう。親族や宗教の制度を長期にわたって形作っているのが、実際には経済であるということには私たちは同意してもよい。だが、効率性や抽象的な個人の合理性といった概念に基づいた進化論的モデルについては懐疑を抱いている。その代わりに私たちが展開するのは、物質的、歴史的、民族誌的な記録を正当に取り扱った、経済組織へのより包括的なアプローチを求めた議論である。

人間の経済に関する人類学的な研究は、従来よりも広い視点から標準的な生活のあり方を捉え、またより広い範囲にわたる人間の欲求と動機に取り組まなければならない。近代社会においては、大部分の財の配分のためには市場が欠かせない。これは二〇世紀のユーラシア大陸において、「社会主義」計画経済がたどった運命を見れば明らかである（第七章参照）。「資本主義」市場の拡大は、世界の大部分で生活水準の実質的な改善をもたらした。だが、同時に多くの搾取や苦難をもたらしたことも事実である。その拡大の過程は極めて不平等であったし、際限のない市場の拡大は民主主義自体を脅かしてきた。しかし、だからと言って市場概念を切り捨てたり、より厳しい規制でがんじがらめにしてしまう前に考えるべきことがある。それは、これだけ多くの貧しい人々が市場への参入を控えるのではなく、むしろこれまで以上に市場に参入しようとしているのはなぜかということである。私たちが言う意味での経済研究とは、いかなる場合においても、市場における匿名の売買のみに限定されるものではない。なぜなら市場交換の前提となっている諸々の条件は、政治的制度や社会的慣習、道徳的規範によって確立されているからである。合理的選択の理論家たちは、ロビンソン・クルーソー[3]の伝統の中で個体としての個人（individual）を強調し、他者と協働するという決断さえも究極的には個人的計算の結果であると信じている。一方で「人間の経済」という語り口において強調されるのは、人格を備えた人（persons）である。[4]彼らの選好と選択は計算によって形作られていることもあるが、通常は人間が編み込まれ、そして埋め込まれている家族や社会、政治の文脈によって形作られている。

こうした問題は、学問分野としての経済学の中においても知られていないわけではないが、主流派の新古典派経済学の中では概して周辺的な論点に過ぎない。市場原理を拡張することに意味があるのはいったいどの範囲までなのかという問題については、他の多くの人々と同様に、経済学者の間でも意見がさまざまに割れる。効用最大化という個人主義的な論理を社会生活のあらゆる領域に当てはめていく学問としてのみ経済学を捉えている人々と対話を交わしても、多くの実りは期待できないだろう。しかし、私たちが知る経済学者の多くはそのような立場を取っていない。私たちが目指しているのは、これまで人類学者が人間の経済について発見してきたことや、それを理解するために発展させてきた諸理論について経済学者たちが関心をもってくれるように、現実に世界で起こっている諸問題を事例として説得していくことである。

批判人類学

「経済」と同様に、「人類学（anthropology）」という語もまた古代ギリシアに由来する。人類学（*anthropos* は人類（man）を意味する）は、一つの全体としての人類に関する体系的学問である。この語が、近代的な用法において主に指し示す専門分野は、イギリスにおける社会人類学、そしてアメリカにおける文化人類学である。アメリカの大学では、文化人類学を四つの部門的アプローチの中の一つと位置づけて教えているところもある（他の三つは形質（生態）人類学、考古学、言語人類学である）。だが本書においては、これらの隣接分野や、あるいは**人間学**（*Anthropologie*）の名でイマニュエル・カント以来なされてきた人間本性に関する哲学的かつ理論的な探求に、直接的に取り組むつもりはない。

社会人類学と文化人類学には、数多くの競合する定義や歴史が付与されてきた。文化の多様性を強調する人々は、ヘロドトスの書物に記録された古代ギリシア人の「野蛮な流浪者たち」に対するさまざまな認識にまで、あるいはアメリカ大陸でスペイン人植民者たちが遭遇した先住民にまつわる最初期の表象に対してカトリック知識人たちが見せた反応にまで、歴史を遡るだろう。だが、ここで私たちが検討する批判人類学は、その源を一八世紀の合理主義哲学や市民革命に発するものである。その当時に問題とされていたのは、いかにして旧体制の専横による不平等を、人間本性という万人が共有するものに基づいて打ち立てられた平等な社会に置き換えられるのかであった。啓蒙思想家たちは不平等という前提に対する革新的な批判を、より平等な未来にむけた建設的な提言とともに提供した。そして彼らはそのような未来を、地位と階級による分断を前提とした社会以前の親族組織に基づいた社会に類似したものと想像したのである。彼らと同時代に生きていた野蛮人たちは発展段階論の観点から説明され、中でもモンテスキュー（二〇一六（1748））が提出した発展段階論は強い影響力をもった。

では、いったい「批判」とはなにを指すのか。それは、判断に基づいて同時代における文明の基盤を検討することである。判断とは慎重に考えた上で意見を形成する能力であり、またそれを越えて個別の事例とより一般的な原理の間の関係性を見抜く能力である。その意味で、ジャン゠ジャック・ルソー（一七一二―一七七八）は批判人類学の極めて豊かな源泉である。というのも、ルソーがそうしたように、批判人類学もまた堕落した文明への批判と、地球規模での不平等にいかに取り組むのかについてのヴィジョンとを組み合わせるからである。ルソーが示したのは、ものごとを現在ある形において思考することを否定すれば、それは必然的にうつろいやすい現在について研究し記述するための新たな方法を作り出すことにつながるということだった。ルソーの『人間不平等起源論』（二〇〇八（1754））は、一九世紀のルイス・ヘンリー・モルガンから二〇世紀のクロード・レヴィ＝ストロースに至るまで数々の人類学者に着想を与えてきた、経済人類学の礎となる業績でもある。

ルソーが関心をもっていたのは、人間に生まれつき備わった個人差ではなく、富や名誉、他者への支配力などの社会的な慣習から生じてくる人為的な不平等であった。人間の平等についてのモデルを構築するために、ルソーは前社会的な自然状態を想像した。この発展段階において人間は孤独であったが、健康かつ幸福で、なによりも自由であった。こうした「高貴な野蛮人」の自由は、形而上学的で無政府的で、また人格的《パーソナル》なものである。原初の人間は自由意思を有しており、いかなる種類の規範にも従っておらず、いかなる超越者ももたなかった。ある段階で人間は、ルソーが言うところの「世界の青年期」(5)に移行した。この長い期間、人間は簡素な小屋に暮らし、狩猟採集に経済基盤を置いていた。人間がこのような自然状態を脱したのはいったいなぜなのだろうか。ルソーは、その原因が天災や経済的な欠乏であったに違いないと考えていた。

自然状態からの堕落は、農業の発明あるいはルソーの言うところの「小麦と鉄」の発明に端を発する。土地の耕作によって初期の所有制度が生じ、それが限界まで達すると政治的社会の発展が要請されるようになった。社会秩序（すなわち国家）が形成される前にはホッブス的な状況、すなわち法の欠如を特徴とする万人の万人に対する闘争があった。このような法によって保たれる国家という新たな社会契約に達するのは、おそらくは人々の合意によってであるとルソーは信じていた。しかし、それは不当な契約であり、その中で富める者は恒久的に不平等な所有権を相続していくための法的許可を獲得したのであった。こうした不幸なはじまりから、政治的社会は一連の革新を経て、以下の三段階を歩んでいった。

第一の時期は、法が定められ、所有権が確立された時期である。第二は、為政者の地位が制度化された時期である。そして第三の最後の時期に、合法的権力が恣意的な権力へと変貌した。第一の時期においては富める者と貧しい者の地位が定められ、第二の時期には強者と弱者の地位が定められ、第三の時期において奴隷と主人の地位が定められた。これが不平等の最終段階であり、それ以前のすべての時期はやがてこの段階に到達することになる。これ以後は、新しい革命が統治を完全に崩壊させるか、合法的な政治体制に再び近づけるかのどちらかの道が残されるだけである。（ルソー　二〇〇八：一七六（1984: 131））

こうして専制政治は不平等化のプロセスを一周回って円環を閉じ[6]、すべての個人は再びある意味で平等になる。なぜならそこで人々は、主人の意思の他に何の法にも従っていないからである。ルソーにとって、不平等の拡大は市民社会における人間の疎外の一側面に過ぎない。私たちは、労働を分業したり、他者の意見に頼ったりすることから、主体的な自己充足へと立ち返る必要がある。ルソーの転覆的な寓話は、経済的不平等への警鐘を鳴らして終わっている。それは現代社会に対しても鋭い警告になりうるものである。

自然法をどのように定義したとしても、多数の人々が暮らすにも事欠いて飢えているのに、ごくわずかな人々は余分なものを山ほども抱えているのは、自然法に反することである。

（前掲書：一九〇（ibid.: 137））

マルクスとエンゲルスによる資本主義と国家に対する批判は、これら先人の仕事を上手く活用していた。また近代人類学におけるルソーの一番弟子であるモルガンの遺産も、二〇世紀にまでしっかりと残った。しかしながら、それはもはや人類学の支配的なパラダイムではなくなっていた。人類学の支配的なパラダイムは、いくつもの国民国家に分断されている世界社会により適合した、相対主義的な民族誌と置き換えられたからである。

この相対主義もまた、一八世紀まで起源を遡ることができるだろう。社会人類学と文化人類学の多くの語彙、とりわけ「民族誌」や「民族学」などは、当時のドイツ語圏の研究者たち――彼らは遠くシベリアにだけでなく、自国の小農の中にも「他者性」を探し求めていた――に負っていた。ヨハン・ゴットフリード・ヘルダー（一七四四―一八〇三）の仕事は、ルソーとカントの疑いなき普遍主義に対抗する議論の流れを確立した。この普遍主義と相対主義という二つの知的潮流は、一学問分野として人類学が形作られていく長い期間を通して、生産的な緊張関係を保った。巨大な植民地帝国が形成された一九世紀には、普遍主義の装いをした進化主義思想が支配的になった。世界の大多数の人々は**自然民族**（*Naturvölker*）と分類され、文明を知ることによって歴史の中に参入した**文化的民族**（*Kulturvölker*）とは区別された。モルガンやエンゲルスのような研究者は原始共産制という概念を、その後にやってくる階級闘争や、「東洋的専制」による停滞を特徴とした段階と対置して、肯定的に捉えた。

二〇世紀に入ると人類学者たちは、このような粗雑な進化論モデルを棄却するようになった。大半の人類学者は、進化という思想を完全に拒絶したのである。ブラニスラフ・マリノフスキーやフランツ・ボアズ、そして彼らの弟子たちは、特定の共同体についての詳細な研究に没頭し、その共同体の過去に関しては歴史資料の入手できる時代までしか遡ることをしなかった。これらの民族誌は新たな境地を切り拓いたが、その過程で失われたものもある。経済人類学にとっての最大の収穫は生産、分配、交換、消費といった領域における行為の複雑な動機について、また他の諸領域における行為と人間の経済との接続について、より適切に理解できるようになったことであった。否定的な面は、時間と空間の両面における大局への視野を失ったことであった。結果として人類学者の仕事は、あまりにもミクロに限定された、典型的とは言い難い事例に基づいたものだと、他分野の社会科学者からしばしばみなされている。私たちは民族誌的な方法論の保持には強くこだわるが、一方でこの方法論は補完されなければならないとも考えている。その補完の方法としては、複数のフィールドに取り組むというやり方が挙げられるが、それだけではなく、これまで以上に中長期的なレベルにおける歴史を積極的に活用していくことも必要である。つまりは世界の歴史にもう一度真剣に取り組むことである。

主流派経済学の関心もまたミクロなレベルにおける人々に向けられているものの、その関心のあり方は人類学とはまったく異なっている。集合的な行為について計算し、予測するときでさえ、経済学者の理論は常に行為者を個別に切り離されたものと想定している。批判人類学は、マクロレベルの探求において、考古学者や社会史家、ポリティカル・エコノミー研究者との対話へと導かれ、他方でミクロレベルでの研究においては、人類学者と経済学者の双方がこれまで以上に心理学者や認知科学者との協働へと導かれるだろう。ときにミクロレベルの理論はマクロレベルにおける出来事の展開を説明するための手掛かりとしてもち出されるが、私たちはそのような考え方については懐疑的である。

経済人類学者は、近代的な合理主義的選択理論が登場するよりもはるかに前から、個人の意思決定について記述し分析してきた。だが、これらの研究について私たちは考え直さなければならない。なぜならそれは非常に強い影響力をもち、また私たちの中心的な関心と密接に関わるものだからである。個人の意思決定に注目するという方法は、私たちが研究対象としている人々に西洋の方法論的個人主義を不当に投影したものになってはいないか。あるいは、ある特定の行動原理がすべての経済に適合するなどということがあるのだろうか。経済学者や認知心理学者に代表される普遍性と、人類学者や歴史学者に代表される個別性の間のこうした緊張関係は、経済人類学において当初から論争を生み出してきた。経済人類学者は、進化主義心理学やゲーム理論といった近年流行している分野が提供する普遍化された説明への近道の誘惑に負けずに、より広範な歴史的枠組みに再び取り組んでいく必要があると私たちは考えている。

批判的経済人類学の理論体系に貢献してきた人物の中で、本書がとりわけ注目するのはマルセル・モース（第三章参照）とカール・ポランニー（第四章参照）である。この両者は経済学から着想を得て、循環のメカニズム（単なる交換ではなく）に焦点を当て、その上で経済学におけるさまざまな前提やそこから導き出される主要な結論を精力的に批判した。モースの有名な小論『贈与論』（二〇一四（1925））は、これまであまりにも狭く、交換理論に対する貢献として解釈されてきた。つまりは、西洋とそれ以外の地域の間の大きな断絶の例としてしばしば挙げられる「贈与と商品」という対立において、その一方の側についてのみ論じたものと捉えられてきたのである。だが、実際にモースが目指したのは、純粋な贈与と利己的な契約という対立の枠組みを解体し、双務的な義務関係と社会統合という普遍的な原理を明らかにすることであった。一方で、カール・ポランニーは産業革命という歴史の中の特定の瞬間に注目して、「大きな断絶（great devide）」理論を提唱した。この理論によって、彼と彼の後継者たちは現代経済についての研究を放棄して、それを経済学者に委ねてしまった（私たちに言わせればこれは誤解なのだが）。二一世紀の最初の一〇年間における新自由主義的な資本主義の危機は、ポランニーが『大転換』（二〇〇九（1944））で論じた市場原理の過拡張の危険性についての古典的分析の妥当性を改めて明らかにした。それと同時に社会学者たちは、ポランニーの中心的な概念である経済と社会の「統合の形態」としての再分配と互酬は、市場原理が強くなった場合でも必ずしも衰退するわけではないことを発見した。

私たちがモースとポランニーから学ぶべき点は、地理的、歴史的に広い範囲に存在するさまざまな経済原理の組み合わせの上にいかに社会が形作られるのか――と同時にこの多様な組み合わせは、ときに私たちが共有する問題について新たな刺激と方向性を与えてくれることもありうる――ということへの問題意識である。モースとポランニーはともに、マルクス主義の名の下で実行された同時代の社会実験――人間の経済を十全に解放するという伝統的な前提を歪めるものと彼らは感じていたが――に非常に強い関心をもっていた。彼らはマルクスと同様に、社会を資本主義市場に帰着させるというようなユートピア的な筋書きを否定している。モースとポランニーは、「経済」を同時に二つの方向に引き裂かれていくものと見ていた。その一方は、共同体の権利と利益についての地域的な安定を保全するという内向きの方向である。そして他方は、貨幣と市場という媒介を通してますます包括的に外部と関わり合うことによって、地域における財の供給不足を補っていくという外向けの方向である。モースとポランニーの両者は自らの仕事として民族誌を書くことは一度もなかったが、人々の日常生活に焦点を当て、きわめて普遍的な原理を展開した。その中で歴史や民族誌と、批判との間を知的に架橋したのである。彼らはどちらも自らが生きる時代の大きな政治的な課題に取り組んだ。それらの課題はいまだに過ぎ去ったものとはなっておらず、現代的視点から歴史の中で再評価していかなければならないものである。

本書の構成

私たちが目指しているのは、今まさに誕生しつつある経済人類学という分野を、より広範な歴史的、理論的な枠組みの中に位置づけることである。まず第二章では「経済」概念の歴史を、その起源である古代地中海から、経済取引の大部分がオンラインで行なわれている現代世界までたどる。そして、その後に続く章では経済人類学の歴史を三つの段階に分けて論じていく。

第三章では、一八七〇年代から第二次世界大戦までの歴史を取り上げる。官僚の手による改革が強力な国家と独占企業に権力を集中させた時期に、ポリティカル・エコノミーは競争的な市場における個人の意思決定についての学問として生まれ変わった。この意思決定を行なうのが、この世紀の変わり目に教科書に登場しはじめた**ホモ・エコノミクス**（*Homo economicus*）と呼ばれる存在であった。急速に都市化が進んだ二〇世紀世界が戦争と経済恐慌によって消耗している間に、人類学者たちは近代史の外部に存在するとされた遠隔地の人々についての民族誌を世に出していった。この段階では、経済学と人類学はどちらも世間に対して大きな影響をもつ学問ではなかった。経済学が勢力を伸ばし、今日と同程度に人々の注目を浴びるまでになったのは第二次世界大戦後である。第四章では、福祉国家の合意が頂点に達し、冷戦の緊張が高まり、ヨーロッパ諸帝国が解体されつつあった一九五〇年代と一九六〇年代に、経済人類学者たちの間で活発に繰り広げられた論争について検討する。第五章では、その後の数十年の主たる議論の潮流を見ていく。この時代には、主流の人類学からすれば周辺的な、より細分化された一分野において、いくつかの理論的アプローチが影響力を争っていた。一九七〇年代に花開いたネオ・マルクス主義とフェミニズムのアプローチは、経済人類学の黄金期の頂点とも、あるいはその凋落の証拠とも見ることができよう。一九七〇年代以降も経済学者が進む方向に追随すべきか、それとも頭から拒否すべきかの論争は続いていたものの、その議論の濃度は薄まり、戦後の経済人類学に見られた一体感は失われた。新自由主義の時代は、経済人類学に新たに挑むべき難題と発展への契機をもたらした。過去三〇年間における経済人類学の仕事が理論的に多様であったとするなら、それは現代人類学一般についても当てはまることである。

　本書の後半では、現代社会の中心的な課題として経済人類学が注目していくべき三つの主題について検討する。これは冷戦初期に人類を三つの世界に分けた枠組みを大まかになぞったものである。「第一世界」はアメリカ合衆国とその同盟諸国、「第二世界」はソビエト連邦とその同盟諸国、そして「第三世界」はアフリカとアジア、ラテンアメリカの非同盟諸国である。その時期以降、特に冷戦が終結してから、世界の概念地図は次々に移り変わってきている。今では多くの批評家は、「第三世界」ではなく「南の発展途上国《グローバル・サウス》」と呼ぶようになっている。アジアの大部分は継続的な経済成長を享受してきており、世界的覇権が目に見えて東へ移っていると言えるところまできている。だが、私たちはそれ以前の三つの地域に分割されたところから、過去半世紀における経済人類学の主要な三つの対象を取り出そう。それが資本主義、社会主義そして開発である。

　第六章では、富める地域と貧しい地域に分割された世界における「不平等な開発」の検討からはじめる。かつて富める地域と貧しい地域は、後者を貧困からの脱出させるために一丸となって働くことを目指していたが、もはやそうではなくなった。開発人類学は、経済人類学と重複しながら急成長している専門分野であるが、経済人類学と切れ目なくつながっているわけではない。第七章では、冷戦以前と以降の社会主義諸社会、そして今日の中国における社会主義について、批判人類学のパースペクティブから論じる。過去二世紀にわたる大問題であった資本主義と社会主義の相対的優劣の問題は、両者がある側面においては思いもよらず似通ってきているにもかかわらず、未だ過去のものとはなっていない。第八章では、過去数十年間の経済人類学において見られたもっとも重要な展開に焦点を当てる。それはすなわち経済人類学が、自らの拠点である欧米諸国そして世界全体において、資本主義を積極的に研究する傾向についてである。これは、資本主義による統合に向けて世界を開いていくことが、新自由主義的な政策――一時期は「ワシントン合意」として知られていた――の明白な目的となったときに生じたことである。私たちはこの章を、本書執筆時の歴史的状況について、つまり二〇〇八年の金融崩壊によって引き起こされた経済危機について、手短に触れて締めくくる。第九章では、経済人類学の歴史をめぐる私たちの批評が経済人類学の未来に何を伝えうるのかについてまとめてみたい。

第二章　古代世界からインターネット時代までの経済

英語の辞書を何冊か調べてみると、経済という語には以下のような互いに重なり合う複数の指示対象があることが分かる。

1　秩序、管理
2　資源の効率的な保全
3　実務
4　貨幣、富
5　市場

この一覧からは、経済という概念が広範囲の社会的単位に適用されていることが分かる。最後の二つの項目における経済は、市場とそこにいる金儲けに特化した根無し草の個人《インディヴィデュアル》を特別視するものである。そしてこの意味での経済は、社会と自然両方の資源の保全を目指す経済とは間違いなく正反対のものである。このような根本的な変化はいかにして生じたのだろうか。本章では、この問題について歴史的な観点から探求する。

家政としての経済

すでに述べたように、「経済」という語は「家政」という意味のギリシア語に由来しており、その理論的な定義は通常はアリストテレス（紀元前三八三―三二二）に帰せられる（ポランニー 一九七五ａ（1957a））。オイコノミアーという概念は、長期にわたる内戦の一方の側の利益――これは後期青銅器時代に登場した農耕帝国における基本的な対立点を明確にしたものであった――をあらわす語として登場した。その二つの陣営は、中世ヨーロッパに言及する際には「封建制」と「資本主義」として後に知られるようになった。前者が土地の管理に、後者は貨幣の管理に基盤を置いた財産所有と政治のシステムである。田園地帯に大邸宅をもった軍事貴族は、奴隷的な農業労働力から地代を搾り取っており、他方で都市は海上交易によって結び付き、商業によって住民の生活を支えていた。ギリシアの場合には、この両陣営の政治スローガンは「貴族政」と「民主政」であった。すなわち、もっとも優れた者による統治か、それとも人々による統治かである（とはいえ、そこでの「人々」も全員ではなく、男性人口の大部分ということではあるが）。大半の地域では貴族派と民主派が権力闘争を繰り広げており、方針を同じくする者同士が地域区分を横断する形で同盟を築いていた。その結果はフュステル・ド・クーランジュによる初期人類学の古典（一九九五（1864））に書かれているとおり、局地的抗争から数十年に渡る国際紛争まで、終わりがない戦争と革命の連続であった。

その連鎖がいったん止まったのは、ローマがカルタゴを打倒し、帝国の版図に東地中海を併合したときであった。紀元〇年からの次の千年紀のはじまりまでには、軍事力に基づいた地主制度が海上貿易に打ち勝ち、古代世界はローマの下で統一された。再び商人たちが土地に基づいた権力を奪取し、勝利を収めるに至ったのは、そこから一五〇〇年後の北西ヨーロッパでのことであった。その勝利の中心にいたのはイングランドであった。だが、今日私たちが知るところのグローバル資本主義の形成過程において、イギリスはその地位をすぐに植民地であったアメリカ合衆国に奪われた。マルクスとエンゲルスは『共産党宣言』(二〇〇九 (1848)) において、階級闘争の歴史は都市と田舎の間にあると指摘したが、そのときに彼らが念頭に置いていたのはこのようなヨーロッパの歴史であった。

アリストテレスは、人類という種は社会の中で生きるよう運命づけられていると考えていた。彼は私たち人間を**ゾーン・ポリーティコン** (*zoon politikon*) ——これはときに「政治的動物」と訳される——と呼んだ。だが、アリストテレスが言わんとしたのは、人間は共同体の集合的秩序を必要としているということだった。この場合の共同体は、都市もしくは**ポリス** (*polis*) とその後背地の農村まで含めたものとされている。社会は人間本性のあらわれであり、さらに言えば自然世界のより広範な論理のあらわれとされた。その社会の核となるのが、家族 (**オイコス** (*oikos*)) が居住する家である。とはいえ、ここで言っている家とは単なる世帯でもなければ通常の家族でもない。彼が念頭に置いていたのは、奴隷や従者や職人、農園や果樹園、家畜を備えた有力な大土地所有者が所有する、半ば城壁で囲まれた大邸宅である。そしてアリストテレスによれば、そうした家が目指すべきあったのが**自給自足** (*autarkia*) であった。そのためには節約とやりくりの原則に従って、家庭の資産を慎ましく管理することが求められる。これがオイコノミアーの本質である。しかし大土地所有は、常に都市の商業からの経済的、軍事的な圧力にさらされていた。貴族は自分たちの贅沢品への出費のため、そしてとりわけ戦争のために貨幣を必要としていた。アリストテレスは市場、そして特に**商売** (*khrematistike*) を痛烈に批判した。彼はそれらを個人による反社会的な利益追求であり、境界を越えた取引という自然に反する生活につながるものと捉えていた。このような立場から、アリストテレスは二〇〇〇年前のメソポタミアまで遡って議論を続ける。そこではある集団から別の集団に財を移転する際に、貢納や贈与、窃盗という形式がより好まれていた。市場取引は、裕福な世帯——実質的には公共的な世帯[1]——の活動として登場してきたようである。市場取引は、常にエリートたちから軽蔑され、政治体制の崩壊時には抑圧された。最終的に市場が産業資本主義の支配的な原理となるときまで、商業は農耕時代を通して盛衰を繰り返したのであった。

中世と近代初期における経済理論の起源

アリストテレスは『ニコマコス倫理学』において、交換は労働分業から発生したというプラトンの説を取り上げ、そこに「公正」という概念——双方の利益と損失が等価になり、均衡がとれている状態——を付け加えた。この均衡は必要という方法によって測定されうるものである。こういった考え方は、中世ヨーロッパにおいて「スコラ哲学者」（文字通りには学校に属する人々《スクールメン》）によって再び取り上げられた。大聖アルベルト（一二〇六—一二八〇）はこのアリストテレスの考え方を採用し、コストには生産者の「時間と手間」（つまり**労働と経費**（*labor et expensae*））を含むと規定した。彼の弟子であるトマス・アクィナス（一二二五—一二七四）も同様に、都市は労働分業に基盤を置いているため、均衡のとれた交換がなければ破綻するだろうと論じた。小規模な商業生産は自由な所有者間での等価交換を前提としており、これは強制的労働に従事する農奴や奴隷のシステムによって台無しにされてしまうのである。だがトマス・アクィナスの経済理論は、そのものが必要であるという状態〔すなわち「使用価値」である〕と「交換価値」の測定とを明確に区別していなかった。彼はスコラ神学者として、教会の教義と経済的な現実を調停しなければならなかった。これは「公正」なものとそうではないものの間に線引きすること、すなわち高利貸しを非難しつつ、商人の利益は正当化することであった。ようするに彼は既存の秩序を擁護した一方で、その秩序のただ中で再び盛り上がりを見せていた資本主義に一定の正当性を与えたのである。スコラ派のアプローチの核は、アリストテレスと同様に、経済の目的は社会の保全であるという主張にあった。ここでいう社会とは自然の一部であり、その中心にあるのが自然による生産（すなわち農業）である。そして究極的には自然は神の創造物であり、それゆえ「経済」は神の秩序という神学上の原則になっていると主張された。

このような歴史は西洋キリスト教世界に固有のものではない。ヨーロッパとアジアのすべての農耕文明において、都市の商業と田舎の農業労働との間の緊張関係（それはしばしば暴力によって成し遂げられ、維持される）を認めることができる。インドの**ヴァルナ**（*varna*）いうシステムは、その極端な事例である。このシステムでは、社会が祭司、戦士、商人そして隷属民という階級に区分され、この身分の障壁を越えて霊的に強力な階層に入っていくためには貨幣の支払いが必要とされていた。また中世のヨーロッパにおいては、ユダヤ人の仕事は金融に限られており、土地所有や官職からは締め出されていた。中国の儒教に基づいた支配階層もまた、商業領域の制限に関係していた。理念的には長男は官吏に、次男は兵士になり、商人になるのは三男だけであるとされていた。長幼の序列が商人を抑制するのである。それでも中国の都市、特に大きな港湾都市には生き生きとした起業家精神を重んじる風土（entrepreneurial condition）が深く根づいていた。アダム・スミス（一七二三―一七九〇）は、中国の国内市場の規模の大きさに好意的に言及している。彼にとっては一八世紀のヨーロッパにおける国家ごとに分断された市場よりも、中国の市場の方がはるかに印象的だったのである。このように世界中において、土地に基づいた権力と都市の商業との間での、前者がどうにか優越を維持しながらの不安定な相互依存関係を見出すことができる。このことは、市場から切り離された農業を「自然」の理想とするアリストテレスの考え方を否定するものである。

ヨーロッパのルネサンスに活気を与えたイスラム経済の豊かな伝統は、今日に至るまで世界経済において積極的な役割を果たしている。一一世紀には、カイロは南スペインからインドまでをつなぐ文明の中心地であった。この文明におけるもっとも卓越した経済思想家の一人が、イラクやシリア、エジプトで教鞭をとったペルシャ人、アル・ガザーリー（一〇五八―一一一一）であった。彼は**マスラハ**（*maslaha*）（すなわち社会的効用）の経済的側面に注目し、生活必需品や快適さをもたらすものと、贅沢品とを区別した（Ghazanfar and Islahi 1997）。必要最低限の生活では不十分だが、富にもまた危険がある。浪費と吝嗇はともに避けられるべきであり、中庸こそが望ましい。アル・ガザーリーは交換や生産、貨幣、さらには国家財政や公共財政の役割に関して、多くの洞察を残している。彼は市場における倫理的な振る舞いを重視し、生活必需品の生産と供給とを義務的責務として捉えた。彼は富の貯め込みを批判し、助け合いを称賛する。また高利貸しを否定し、正義と平和、安定性を経済発展の基礎条件と見なしている。

アラブの偉大な学者イブン・ハルドゥーン（一三三二―一四〇六）は、アリストテレスの遺産を近代経済学の理論へと近づけた（イブン・ハルドゥーン 二〇〇一（1987））。トマス・アクィナスとアルベルトゥス・マグヌスにもその功績はあるが、しかしイブン・ハルドゥーンが果たした役割はそれ以上である。彼はアダム・スミスの数百年前に、国家の富は人々が手をかけて行なう商品生産にあると明言している。もし北アフリカよりもスペインの方が小麦の価格が高いとすれば、それはその生産により多くの労働力と高いコストがかかったからであり、スペインで食料がより欠乏していたからではない。スコラ哲学者たちが「公正価格」の確立に関心をもっていたのに対して、イブン・ハルドゥーンは「現在価格」を説明しようとした。彼は倫理的な基準に依拠するのではなく、経験的データと理論的分析とを並置した。彼によれば、あらゆる富は人間の労働から生み出されたものであり、彼の時代の豊かさは贈与の形態でなされた無給労働に帰すことができるものであった。

しかしながらムスリムの職人たちは、自分が作ったものを売買するとはみなされてはおらず、そのことが初期近代ヨーロッパにおける資本主義の展開を支えた工場制手工業への統合に至る道を妨げた。市場経済としての社会という近代的な概念は、英語圏においてもっとも深く根づいた。一七世紀のイングランドは政治、科学、商業と金融における変革を同時に経験しており、まさにイノベーションに沸き返っていた。この時代に経済学は、新たな政治的理論の枠組みの中で、一目瞭然に近代的な形態で登場した。伝統的な君主制においては、公的な決定は王の歓心を買うことによってなされていた。しかし王をすでに殺してしまった後では、いったいどうすればいいのか。ここに至って、政策は知性に基づいた議論によって正当化されるべきものとなった。正当性の主張は基本的に二つのやり方でなされた。一つは（数学におけるように）知性的な熟考それ自体の論理的な純粋性に訴えることによってであり、もう一つは現実世界の事実に訴えることによってであった。この前者の潮流の典型がダッドリー・ノースで、後者の陣営に属していたのが『政治算術』（ペティ 一九五五（1690））の著者ウィリアム・ペティであった。近代経済学の手法は、いまだにこの合理主義と経験主義という二つの極と、それぞれミクロ経済学と計量経済学という形においてつながっている。

ジョン・ロック（一六三二―一七〇四）が生み出した哲学的な総合は、都市の商業を、地主が支配する社会の周縁から「政治社会」の中心へと連れ出すのに貢献した。ロックは『統治二論』（二〇一〇（1690））において、人類の歴史の三段階をすべて労働価値説に基づいたものとして描いた。その第一段階は自然状態である。自然状態にあって人々は、皆が共通して利用可能な土地に根差した資源に基づいて労働し、それらの資源を自らのものにしていた。それゆえ私的所有は、複雑な政治秩序の手助け無しになされた労働の結果と考えられた。この次に来るのが土地の不平等な所有と強制的手段による富の蓄積であるが、この第二段階への移行時の触媒となったのが貨幣であった。以前は自らが使える分以上に生産することには意味がなかったが（なぜなら食料は腐るからである）、ここに至って剰余は貨幣の形で永続的に蓄積されるようになった。そしてこれは最終的に大所領の形成へとつながった。このことが意味していたのは、商品の生産者は王の庇護を受けた武装強盗団によって収奪される恐れがあるということだった。ロックはこの第二段階が革命によって転覆された後に、市民政府という第三段階があらわれることを予見した。そこでは労働価値説に含み込まれる形で政治原則が確立され、人々は自らが生産したものを自ら保持することが可能になる。ただしロックは、会社の所有者とその労働者（つまりは「使用人」）の間に差異があるということについては、両者ともに旧来の貴族社会における収奪から逃れることで恩恵を受けられるという点から、曖昧なままにしている。

ヨーロッパのカトリック君主国でも、特にフランスとスペインにおいては、一八世紀の間に経済学における重要な論考が産み出された。フランスの重農主義者は、あらゆる価値は土地に由来すると考えていた。産業革命の前夜においても、彼らはまだ経済を農耕の観点からのみ考えており、その経済の中における土地と価値の循環を説明するための精巧な理論を考案した。ジェームズ・ステュアート卿（一七一二―一七八〇）は亡命者であり、イギリス王位の継承権があると僭称するジャコバイト〔一六八八年の名誉革命で王座を追われたジェームズ二世およびその直系男子を正統なイギリス王として支持した勢力〕の系譜に属する人物であった。彼はこれらのヨーロッパ大陸部における研究を引いて、英語圏に「ポリティカル・エコノミー」という言葉を紹介した（ステュアート 一九八〇―一九八二（1767））。彼の議論の前提は、世界には農民が多すぎて、彼らが売るものを購入できる人間が十分にいないというものであった。都市への移民たちは、たとえ彼らがまったくの「下層階級（riffraff）」（今の言葉で言えば「インフォーマル・エコノミー」に生きる人々と言えよう、詳しくは第六章参照）であったとしても、商業的農業による生産物への需要を生み出した。そうなれば農民は、都市住民が生産するものにお金を費やすことができる。このようにして、都市と農村の間の労働分業に基づいた交換が展開したのだった。ステュアート卿は、会社は初期段階においては世界市場の荒波から保護されるべきであると考えていた。競争を段階的に導入して、強い会社の勢力を拡大させ、弱い会社を退場させるのはその後にすべきだということである。このように彼は、自由貿易をはっきりとは受け容れなかったために、「重商主義者」という烙印を押されてきた。いずれにしても、彼の業績はアダム・スミスの研究の前にすぐに霞んでしまったのである。

ポリティカル・エコノミーの勃興

もともと経済は農業と同一視されていたかもしれない。しかし封建領主の統治の下においてでさえ、交換のメカニズムは理論的関心の主たる焦点になっていた。ヨーロッパ諸帝国が強大な力をもつようになり、はじめて「世界システム」（ウォーラーステイン 二〇一三（1974））が形成されたことに伴って、次第に経済は市場と同一視されるようになっていった。この経済＝市場は、通常は貨幣という媒体を介した売買行為によって構成されるネットワークである。それまで市場は、社会の基盤となっていた主流の諸制度からすれば周辺的な位置に留め置かれていたが、一八世紀以降になると社会の中心として認められるようになった。それ以降、社会と市場の間の適切な関係をめぐる議論が活発に交わされるようになったのである。一般的にアダム・スミス（一七二三―一七九〇）は、「市場」（今ではしばしば単数形で使われる〔すなわち具体的な市場（いちば）ではなく、市場（しじょう）という抽象概念を意味している〕）に近代社会の支配的制度としての地位を与えた人物と考えられている。『国富論』（スミス 二〇〇七（1776））における彼の分析は、さまざまな経済単位の内部およびそれらの間における高度な労働分業によって、効率的な収益を得られることを前提としていた。同書は商業化の「自然な」過程に焦点を当てたものであった。その時点ではまだ、産業資本主義への飛躍的進歩も、その後のイギリスの海外帝国の強化も予見することは不可能だったのである。

すでに見てきたように、あらゆる農耕文明は経済取引を抑え込もうとしてきた。なぜなら土地に根ざした資産に由来する軍事貴族階級の権力は、社会に対する自らの支配が貨幣と市場によって掘り崩されるのではないかと恐れていたからである。国家なき社会においてもまた、支配的な社会制度の担い手たちによって、市場は周辺的かつ規制の対象とされるのが一般的であった。カール・ポランニーの後継者たち（第四章参照）が編んだ論集への寄稿者たちによれば、アフリカにおける市場《いちば》は伝統的に特定の場所と時間に限定されたものであり、それゆえ生産と消費の大部分は親族のつながりによって組織される状態に留め置かれていたという（Bohannan and Dalton 1962）。だが、植民地統治下における輸出用作物と賃労働に対する需要によって、市場原理はアフリカの社会により広範な影響を及ぼし、既存の権威を弱体化した。なぜ市場が伝統的な社会編成を破壊するものと考えられるのだろうか。それは、商業が境界を知らないからである。すべての市場はある意味で世界市場であり、このことが地域における統治システムを脅かす。市場は農奴や奴隷、少数民族、若者、女性などの被支配者に、そこから逃れるための潜在的な手段を提供する。遠距離交易商人の力は、しばしばローカルな支配体制の自律に変容を迫ったのだった。

社会は市場に対して恐れることはなにもなく、実際にはそこから多くのものを得ることができるという主張をしたとき、アダム・スミスは自分がなにを引き受けたのかを分かっていた。彼はさらに、「われわれが食事ができるのは、肉屋や酒屋やパン屋の主人が博愛心を発揮するからではなく、自分の利益を追求するからである」（スミス 二〇〇七：一七（1961: 26-27））と言い、市場交換における最上のモチベーションは利己性であると論じた。道徳哲学者として、スミスは市場取引における狭い意味での自己利益の追及を進んで称揚したわけではなかった。だが彼は、このような特質に集団で(*en masse*)身を委ねる方が、一部のエリート――どれだけ高尚な志をもっていたとしても――に経済的な力を集中するよりも望ましいと考えていた。「取引と物々交換への性向」は人間本性の一部であり、さらに市場は他のなによりも「国富」を増加させる良い手段であると主張することで、スミスは慣習的な通念を転倒させたのである。実際には彼は、「共感」とか「同胞感情」と自らが呼んだものへの配慮無しに、自由放任の市場こそがもっともよく全体としての社会利益に寄与すると主張したわけではなかった。しかし、このような留保はほとんど忘れ去られてきた。近代経済学者たちは「見えざる手」を軽々しく繰り返し引用するものの、スミスが市場の非人格的なメカニズムについてではなく、神の摂理による自然のデザインに言及していたことに触れることはなかった。スミスが予期していたのは、統合された世界市場というよりは、中国がヨーロッパの国家ごとに分裂した市場を再び凌ぐというような多元的な世界だったのである(アリギ　二〇一一(2007))。

一九世紀の初頭、ポリティカル・エコノミーは、拡大する市場経済が生み出す価値を経済成長のために最適な形で分配する方法に関心を寄せる一学問分野として発展し続けた。自由主義経済学の原型となる宣言をしたのがアダム・スミスの功績であるとするなら、その理論的な原理についてより体系的な説明を与えたのがデヴィッド・リカード(一九八七(1817))であった。リカードと彼の後継者たちは、それぞれに「増殖力」が付与された三種類の資源を特定した。その一つ目が環境(土地)、二つ目は貨幣(資本)、三つ目が人間の創造性(労働)である。これらは各々の所有者によって代表されている。すなわち地主、資本家そして労働者である。それぞれの特定の収入源――地代、利潤、賃金――の分配が、ポリティカル・エコノミーの諸法則につながる鍵であった。リカードは主たる対立関係を、地主と資本家の間に見ていた。それゆえ彼にとって最善の政策は、市場からの売り上げという価値を高額な地代に奪われることなく、資本蓄積に使えるような状況を確保することであった。

ポリティカル・エコノミーにおける競争的市場は、効率改善を目的としたイノベーションを通して仲介者が得るマージンを減らし、また資本家には生産コストの削減を強いるものと考えられていた。これは規模の経済、労働分業そして最終的には工場への機械の導入によって達成された。労働生産性が向上し、そこから生じた利益をより高次の生産活動に再投資できるようになった。その結果、社会の労働力は従来よりも洗練された形の商業生産に向けて解放された。この上昇スパイラルにとって唯一の脅威は、地主がこういった新たな利益を生みだす産業に便乗して地代を上げ、価値を無駄な消費に転じてしまうことであった。さらに悪いことに、資本蓄積は本質的に無限である一方で、土地には確実に供給の限界がある。経済の拡大は人口増加につながり、そのことが食料品の価格を高騰させ、賃金によって別の方向から資本蓄積を圧迫する。この解決策としてとられたのが、イギリスの地主たちを安価な海外の食料供給者との競争に晒すことであった。このことによって、リカードの「比較優位」の原則に基づいた自由貿易が一九世紀における政治的大問題になったのである。

カール・マルクスの経済人類学

カール・マルクスとフリードリヒ・エンゲルス（二〇〇九（1848））は、商品の機械生産によって生み出された都市社会を組織するためには、個々人が私有する貨幣の力はあまりに分散されすぎていると考えていた。そのため彼らは、真の集団救済を求めて、大規模な労働者の団結という社会的な潜在力を強化することに目を向けた。近年の経済人類学におけるマルクス主義者の仕事については第五章で検討するが、マルクス自身の手による著作群はそれ自体として検討するに値する。彼はポリティカル・エコノミー研究の基本的なカテゴリー——価値、労働、土地そして資本——を展開した。その一方でマルクスは、自らが教育を受けたドイツ哲学、そして精通していたフランス社会思想を引いて、この新たな秩序を商品化された社会関係という客体的システムとして描き出した。またこの経済は、そこに含み込まれるすべての人間にとって普遍的な主観的次元を獲得しつつあった。マルクス以前は、このような主観的な意識は商人的な計算だけに限定されていたのである。マルクスにとって経済とはとりわけ生産である。初期の著作で彼は、同時代のさまざまな状況において人間が次第に道具や仲間そして自身の労働から、すなわち「類的存在」から疎外されていく事実を糾弾することによって、労働をめぐるユートピア的理念を称揚した。後期の著作（マルクス 一九五八—一九六五（1859）、一九七二（1867））では、資本のために価値を生むものはすべて生産的労働であるとみなした。商品は抽象的人間労働（abstract social labour）であり、そのもっとも高度な形態が資本なのである。価値を増殖させることができるたった一つの商品が労働であり、したがって資本を生産組織に導入することは歴史的な重要性をもつ。市場が社会的再生産の主要な手段になるとき、賃金労働と貨幣資本とが法的自由という条件下において結び付くことによって、富の蓄積と生産性に変革がもたらされるのである。「前資本主義的経済形態」として知られている非凡な一節において、マルクスは一つの人類史観を提示している。それは、人間はかつて動物と進化の過程を共有していたが、その段階とまだつながっていた社会形態を最終的に解体したのが資本主義だという見方である。

生産の本源的な諸条件は、もともとそれ自体が生産されたものではありえない。説明しなければならないのは、生きて活動している人間と自然の結び付き、すなわち人間が自然と物質交代するときの非有機的な諸条件についてではない。こういった人間と自然の結びつきはまた、歴史的な過程の産物でもない。私たちが説明しなければならないのは、こうした人間存在の非有機的な諸条件が、この活動的な存在と分離するということについてである。このような分離は、賃労働と資本の関係の中でのみ完全に達成されるものなのである。

（マルクス 一九五八―一九六五：第三巻、四二三頁（1973: 489））

そのような分離が生じる中で、資本主義は人間社会を原初的な自然への依存から完全に解放する。こうして資本主義は、新たに生まれてくる社会を取り上げる産婆役を果たしたのである。資本主義以前の人間の進化は、以下の二つの過程によって特徴づけられる。一つ目はもともとの動物の群れの状態から個別化したこと、そして二つ目がその原初的な基盤である実験室としての大地から社会生活を分離させたことである。

マルクスによる生産形態の歴史的な展開についての構想は、せいぜい概略的なものである。というのも、前資本主義的な社会形態を決定する上で、経済的な要因は常に間接的なものだからである。マルクスの手法はむしろ、理念的な事例を用いて世界史の傾向性の論理を描き出すことにあった。彼の経済人類学において、階級はさして重要な役割を果たしていない。『共産党宣言』（マルクス＝エンゲルス 二〇〇九（1848））は、前資本主義社会において階級と身分、秩序が多元的であると同時に入り乱れていたことを明確に指摘している。ブルジョアジーとプロレタリアートの間の階級闘争が支配的になるのは、商業の論理が生産の領域を貫いている場合のみである。そういった場合であっても、これは歴史的現実というよりはむしろ潜在的な二元論であると言った方が近い。なぜならば、資本主義社会の変動において重要な役割を果たすのは、しばしばそれ以外の階級だからである。

マルクスの人類学は、近代という時代を世界史における転換点と捉えた、産業資本主義に特化した理論である。彼はそれを西洋社会についての事例研究だとは考えていない。むしろ産業資本主義は、その矛盾した論理の中に非西洋社会を必然的に巻き込んでいくことになる一連の出来事を準備してきた。この観点からすると、非西洋社会の自律的な進化を否定することは、自民族中心主義的ということにはならない。なぜなら、それは歴史がすでにやってきたことだからである。マルクスにとって経済人類学は生産の資本主義的形態に関する一連の分析的構築物であり、それは資本主義に先行する世界、あるいは資本主義の外部にある世界に注意を向けることによって修正されていくものである。マルクスの偉大さは、ある人々に言わせれば、彼がエンゲルスと共にヴィクトリア朝時代の資本主義の研究に優れた歴史的意識を導入したからであるという。また別の人々によれば彼の偉大さは、『資本論』の第一巻（マルクス 一九七二（1867））が、初期の経済学的著作の主体性と弁証法的な歴史主義から脱した科学的なテキストである点にあるという。それはともかくとして、後の論者たちのほとんどは、全体としての人間の歴史に関するマルクスの構想には近づこうとさえしてこなかったのである。

国家資本主義とその超克

資本家は、軍事的地主制度を打倒する闘争の初期に労働者を利用し、数多くの農民を孤立した農村から新たな産業都市へと引っ張り出すことに成功した。そして、このことは社会統制をめぐる新たな問題を生じさせ、基本的な階級連帯の見直しを資本家に迫った。その結果として生じたのが、国民国家と産業資本主義の統合、すなわち私たちが「国家資本主義」と呼ぶものであった。これはある一つの文化を共有するものと想定される国民共同体の内部において、中央官僚組織を通して、貨幣と市場さらには富の蓄積を管理しようとする制度的な試みである。私たちが今日使っている意味での「経済」が日常語彙の中に入ってきたのは、この国家資本主義の登場と同時期である。これは資本主義的組織の支配的な形態としての巨大企業の登場と結び付いていた。本質的に国家資本主義は、マルクスに大きな影響を与えたヘーゲルが『法の哲学』(一八二一(1821))において提示した問題の解決策であった。ヘーゲルは、資本主義の行き過ぎを食い止めることができるのは国家権力だけであり、その反対に政治権力の乱用を制限するのが市場であると論じた。彼が導き出した結論は、社会は教育を受けたエリート官僚によって、国家の利益に沿うように運営されるべきというものであった。後にマックス・ヴェーバーは、このような国家と資本の統合をドイツの歴史的経験の中に見出した。それはラインラントの資本主義とプロシアの官僚制の間の同盟関係であった。この前者は海上交易で結ばれた都市における商業、後者は軍事的地主制度という、農耕時代を通して対立関係にあった両陣営とそれぞれ同じ要素をもつものであった。ここ数十年の新自由主義的なグローバリゼーションによって大幅に変容してきたとはいえ、国家資本主義は今なお、私たちの世界における支配的な社会形態である。

グローバリゼーションは、それ自体として特に目新しいものではない。一八六〇年代に生じた移動と通信手段における革命(蒸気船、大陸鉄道、電報)は、世界経済を決定的に開放した。同時に起こった一連の政治革命は、産業資本主義を組織化する制度的な手段に推進力を与えた。まさにこの時期に人々の会話に登場するようになった語である資本主義は、大量の貨幣をもつ者と、彼らの商品を生産し購入する人々との間の不平等な契約に常に基づくものであった。この契約は、労働者たちが仮に労働を放棄したり、買い手が支払いを完了できなかった場合には懲罰が下るという実効的な脅しに依存している。企業の所有者が、このような脅しを独力で実行することは不可能である。彼らは政府や法律、監獄、警察さらには軍隊の助けを必要としている。アメリカの南北戦争から日本の明治維新、そしてドイツ統一に至るまで、一八六〇年代の政治革命は資本家とエリート官僚の間の新たな協力関係に基づいて国家を形成したものであった。この協力関係によって、産業労働力を管理し、また主要都市の大部分を牛耳ってきた犯罪組織を手なずけることが可能になったのである。

それから間もなく、政府は巨大企業の活動のために新たな法的条件を整え、官僚主導の改革を通して大量消費と大量生産への道を開いた。このような国家システムは第一次世界大戦後に広く見られるものになったが、その直後には大恐慌に突入し、再び大戦が勃発した。自由主義経済学者たち、とりわけジョン・メイナード・ケインズは、混乱した景気循環を統制するために政府による介入を呼び掛けた。それをいっそう推し進めたのが、社会主義の中央計画経済であった。しかし東側諸国と西側諸国の両方において、インセティブとリスクは大きく変わったのであった。歴史家エリック・ホブズボウム（一九九六（1994））に従えば、国家資本主義の絶頂期は一九四八—一九七三年の間であった。強力な国家と経済拡大の時代であり、また「開発」という概念（すでに豊かになっていた国家の助けを借りて、貧しい国家が豊かになっていく）が植民地帝国に取って代わった時代である。アメリカ合衆国大統領リチャード・ニクソンは失脚の少し前に、「われわれは今やみなケインズ主義者である」と口にした。これは、政府が全市民の利益のために国家資本主義を管理する責任を有しているという一般的な信念を反映したものであった。

新たな支配者階級の連帯に基づいているという点を別にすれば、国家資本主義は経済的な近代化を進めるためにすべての階級の市民の、特に新たな都市労働階級の動員に力を注いでいた。これは労働組合や職場の民主主義を政治的に支援しつつ、高賃金・高生産性という経路をたどって、産業資本主義を目指すことを意味していた。それは同時に以下のようなことも意味していた。すなわち、次第に高度な機械に依存するようになった産業経済において、作業水準を向上させるために国民教育システムを発展させること。また社会保障、健康、住宅、交通に対する市民からのあらゆる要求に、一定程度対応できる福祉国家を目指すこと。さらには税の再分配や失業者支援、公共料金の全国統一価格設定によって、市場が生み出した富の不均衡を抑制する取り組みを進めることなどであった。

グローバル資本主義の現局面において、インターネットは土地不足やその他のあらゆる種類の資源や空間の制約からの解放の手段を提供してくれている。しかしそれでも、環境と貨幣そして人間の創造力を保有するそれぞれの階級の間の基本的な分断は、なお存続している。かつては土地に基盤を置く貴族によってなされていた領土管理は、今ではおおむね中央政府に移管された。国家は、自らが管轄する境界内で、あるいは境界を越えてなされるすべての貨幣取引から税を徴収しようと試みており、さらには鉱物資源のような公共財産からもかなりの採取権料《レント》を得ている。この税や賃料《レント》の徴収システムは、過去一五〇年の官僚機構の発展によって大幅に改善されてきた。しかし、価値の源泉が自動車製造工場や繁華街のショッピングセンターから、国境を越えて光速でなされる商品交換へと移った今では、国家による徴収は以前よりも困難になっている。かつては万人に対する経済的保障という観点から、強制的徴収システム（税金および物的資産の賃料《レント》の）は正当化可能であった。だが、その原則はここ三〇年間ほど、新保守主義的な自由主義者たちによる非難にさらされてきている。

資本家もまた大きく変わってきた。彼らは労働者たちからの挑戦に対処し、それを最終的には退けてきた。彼らの勝利を最終的に証明したのは、一九八〇年代からの自由市場に基づく自由主義の復活であった。しかし現在では、資本と国家の関係は議論の対象になりはじめている。貨幣は常に国境を越えるという特質をもっており、それゆえ今日の世界の資本主義を支配している企業は以前と比べてその創業国との結び付きを弱めている。世界経済は最近まで、国家への忠誠心が曖昧な欧米発祥の数社の企業によって支配されてきた。しかし現在、このような状況すべてが、アジアにおける資本主義の勃興によって急速に変わりつつある。今や、世界の五大銀行のうちの四つまでもが中国の銀行である。

資本と国民国家の間の近代的な連携関係は、協力のみならず対立も起こしてきた。二〇世紀初頭には、ジョン・D・ロックフェラーのような独占企業家の台頭に伴って、反トラスト法の盛り上がりがあった。今日この動きに相当するのは、政府がマイクロソフトやグーグルのような企業の経済力を抑制しようとする試みだが、これは一〇〇年前に比べるとはるかに弱々しい。現在、企業は商品販売から得られる収益と少なくとも同程度に、賃料《レント》（法によって保護されている資産からの収入）に依存している。これが意味するのは、少なくともより豊かな国々においては、富の蓄積の重荷を主に背負うのが労働者から消費者に移ってきているということである。このことが経済人類学にいかに反映されてきたのかについては、第八章で議論する。政府は税金という形で、商品価値の取り分を求めて争っている。だが商品売上から発生する利益、賃料、税金はすべて法システムに依存したものである。人々がそれを支払うのは処罰への現実的な恐怖からである。これまで企業は、強制執行者としての国家なしでやっていく方法を見つけられずにいた。だが市場の対象範囲が次第に世界規模で拡大していく中で、このような国家への依存には疑問符が突きつけられるようになっている。

それでは、それ以外の私たちはどこに取り残されているのだろうか。マルクスとエンゲルスは、資本家の所有する機械に縛り付けられた工場労働者の増加と、大衆の利害とを同一視することができた。それに対して、現在の北大西洋地域の大半の人々は、基本的に消費者として経済と関わり合っている。経済的な行為主体であるということが意味するのは、一にも二にも購買力を有するということである。伝統的産業が崩壊しているにもかかわらず、一部の人々は、労働組合こそ大企業への組織的抵抗のために残された最大の希望であると論じている。かつて国家資本主義は、社会を一つの固定点を伴った場として捉える見方への一般的な信頼を支えていた。しかし現在のインターネットが示しているのは、流動的なネットワークから構成される、より多元的な社会の形態である。その一般利用者の大半は、個人としてと同時に圧力団体として一つの関心を共有している。それは非合理的な規制を排除して、対等な交換という経済的な恩恵にあずかり続けたいということである。仮想的ネットワークはおそらく、政府や企業と対立する新たな一般階級の出現を促している。その階級は大衆《マス》としてよりはむしろ、人格を認められた人々《パーソンズ》として待遇されることを期待しているだろう。

インターネットのポリティカル・エコノミーにおける主役は、政府と企業、さらにはそれ以外の私たち、すなわち民衆である。土地に基づいた旧来の権益は、領域国家が処罰という脅迫に基づいて税金や賃料を徴収する強制能力——法律の専門家が「土地収用権」と呼ぶ権利——に姿を変えた。資本主義の利益は一握りの巨大多国籍企業に集中している。そうした企業の関心は商品の価格を維持することと、支払い拒否に直面した場合でも資産からの収入を確保することである。普通の人々は、人格《パーソナリティ》と行為主体性《エージェンシー》を備えた個人《インディヴィデュアル》としての能力において、インターネット上で対等な立場でサービスを交換している。デジタル革命は、遠隔地交易に付随する情報を劇的に安価にすることで、こうした人々が経歴を保証された人物として、複数の市場、とりわけ信用取引市場に参加することを可能にしている。政府と企業はたしかに互いを必要としているが、彼らの利害はまるで一致していない。この両者に共通する弱点は、その独占的な権益を覆そうとする民主主義運動がインターネット・リソースを意識的に活用することにあると言えよう。これらの可能性には第八章で再び戻ってくることとしよう。

結び

すでに見たように、ギリシア語のオイコノミアーという語は、世帯の実務的な出来事に秩序を課すことに言及した語であった。その当時の経済理論は、倹約や慎重なやりくり、さらには取引を避けること――これらが可能な場所では――を通して、自給自足を目指していた。ヨーロッパにおいて、こういった理念は産業時代の幕開け直前まで残り続けていた。しかし経済はここ数千年の間、とりわけ過去二世紀で大きく動いてきた。アダム・スミスによる知の革新は、家庭内秩序から「ポリティカル・エコノミー」へ、特に労働分業と市場へと関心を切り替えた。この後に二つのことが起こった。第一に、市場は莫大な資源を制する企業によってすぐに支配された。それは最終的には「資本主義」と呼ばれることになる、貨幣が貨幣を生むシステムであった。第二に、国家は国益の名の下に、貨幣と市場さらには富の蓄積を管理する権利を要求した。それゆえに、今日「経済」という語の指示対象の最上位に国民国家が来るのである。

しかしながら、経済という語の用法は依然として可変的である。欧州連合（略称ＥＵ）のような複数の国家の連合体から、地域や企業そして世帯に至るまで、ほとんどすべての集合体は経済を有すると言われるだろう。また近年では、世界経済についての疑念が公の関心事になりはじめている。その変化のプロセスの中で、「経済」は基本的に貨幣によって結び付けられた市場交換のつながりを指すようになっている。それでも私たちは、生活のやりくりや実効的な資源の保全といった古い意味も忘れはしない。この語は、自らのうちにこういった歴史的な変遷を含み込んでいるのである。しかし、それですべてではない。経済が第一に主観的なものなのか客観的なものなのかは、まったく明らかにはなっていない。それは心的態度を指しているのか、それとも心の外にあるなにかを指しているのか。それは理念的なのか、それとも実体的なのか。それは個人《インディヴィデュアル》を指すのか、それとも集合を指すのか。おそらくこれらのすべてについて、私たちはその両極の間のつながりを探求しなければならない。工場革命が経済の重点を農業から産業に移したとすれば、今日の経済はまさにサイバー空間を飛び回る電子信号によって形作られている。世界中の貧しい人々のために生活に必要な物資を保証することは、今なお切迫した優先事項である。だが、ますます多くの人々にとっては、経済的な生き残りに注目することは何の意味もないことになっており、ましてや市場からの撤退など考える余地もないことになっている。経済という概念の核心部における混乱は、歴史がいまだ完結していないということだけではなく、同時代に生きる人々が経済をそれぞれ極めて異なった意味で経験しているという事実を反映している。

こうした混乱を切り拓いていく一つの方法が、経済という語のもともとの定義を保持しながら、同時に市場によって急速に形作られる世界にこの語を当てはめていくことであろう。そうすれば、実際にも比喩の上でも、「経済」は「ある家庭を秩序だったものにする」ことを意味するようになるだろう。こういった考え方と市場は適合するだろうか。このことによって私たちが思い起こすべきは、社会における親族の中心性である。世界全体に取り組むためには、私たち一人一人が高度に自立していなければならないのだとしても、私たちはその世界に家族の一員として参入し、家族に基づいてもっとも私的かつ長期的な生活設計を行なう。普通の人間が生まれ、つがい、死ぬことを通して社会構造が再生産されるという考え方は、経済秩序における「家を運営すること」の側面への関心を強める。市場は、常に拡大し続ける外部世界との相互依存の輪の中に世帯を引き込んでいくものである。アリストテレスの誤りは、こうした市場から切り離された自給自足の状態を世帯が希求していると想定したところにあった。たしかに倹約は有益な美徳であろう。だが自給自足を実践するのは不可能なのである。

このように経済の歴史は、世帯がより包括的な社会単位（王国、都市、国家、世界）の下に組み込まれていくプロセスである。そのプロセスの中で、世帯の秩序の原則はより大きな規模に当てはめられ、新たな意味を獲得した。荘園、修道院、寺院や王宮はすべて、家政の原理をより大きな社会に拡張する方法であった。それゆえ、これらの場はそれぞれ、近代的制度がいまだに参照しているような経済概念や実践におけるイノベーションのるつぼだったのである。スコラ哲学の自然神学が「経済」を宇宙の秩序をめぐる神の原理にした一方で、封建社会の隙間で成長した諸都市は経済における自分たちの「ブルジョア」段階を支援した。その後に、国民国家は経済のための主要な手段となった。「世界経済」が単なる言葉のあや以上の存在になったのは、ごく最近になってからの話である。社会の境界を取り払っていく原動力が市場なのである（戦争と宗教もそれぞれ役割を果たしてはいるが）。社会の名の下に市場を制御することと、社会にとっての唯一の発展手段として市場を捉えることという単純な二者択一ではない、それ以上のなにかが確実に市場にはなければならないのである。

第三章　近代経済学と近代人類学の興隆

ジョン・スチュアート・ミルは、カール・マルクスと並んで、古典的なポリティカル・エコノミーのまさに最後の研究者として広く知られている。マルクス主義が現在まで一貫して独自の路線を歩んできた一方で、ミルの功利主義的リベラリズム（ミル 一九五九―一九六三（1848））は一八七〇年代に作り変えられ、新古典派経済学のパラダイムとして知られるようになった。そしてそれは現在においてもなお、経済学を定義するものであり続けている。ときに「限界革命」と呼ばれるこの変革の核心部は、一八七一年から一八七四年にマンチェスターのウィリアム・ジェヴォンズ、ウィーンのカール・メンガーそしてローザンヌのレオン・ワルラスによってそれぞれ別個に切り拓かれた。この変革は、それまでと同様に経済的福利を促進する主な源として市場を称揚している点において新古典派である。だが、古典派経済学では経済的価値を商品生産物の客観的特性であり、階級闘争の対象として見ていたのに対して、新古典派では自らの効用を最大化しようとする個々人の主観的な計算に注目点を移していた。このような考え方は、「エコノミック・マン」として知られるようになった。と言っても、ミルやその他の初期の限界効用論者たちは、誰もこの表現は用いていなかった。この概念が二〇世紀初頭から隆盛した社会科学における方法論的個人主義を上手く捉えるものとして用いられたのは、それをラテン語に翻訳したホモ・エコノミクスという表現においてであった。この概念が登場したことで、経済活動をめぐる政治学的・社会学的な次元は背後に押しやられてしまった。価値は社会的平均値として捉えられるものでなく、行為者がある時点で所有している資産の「限界において」、もう一単位財が増えた際の効用として理解されるようになった。(1) こうして一ドル紙幣は、大富豪にとってよりもそれをわずか一〇枚しかもたない者にとって、より高い価値があるものになったのである。

アルフレッド・マーシャルは、この新しいパラダイムを『経済学原理』(一八九〇(1890))という本にまとめ上げた。この看板の架け替えは、ポリティカル・エコノミーと家庭内の政治・経済との対立が終わったことを意味していた。このときから、会社と家庭は同じ経済論理を共有しているものと見られるようになったのである。経済学者たちは、フランシス・エッジワースの研究(Edgeworth 1881)にならって、今日の水準にはほど遠いにせよ、従来よりも数学に基づいた方法論を信頼して用いるようになった。マーシャルの新古典派経済学は、メンガーの薫陶を受けたオーストリア学派の新古典派経済学の挑戦を受け、その後にルードヴィヒ・フォン・ミーゼスとフリードリヒ・ハイエクを経由し、最近の数十年にわたる新自由主義政策の知的基盤を作り上げた。

こうした展開が経済学内部で起こっていた一方で、エドワード・タイラー、ルイス・ヘンリー・モルガン、エミール・デュルケーム、カール・ビュッヒャーやその他の研究者たちは、自分たちが人類にとっての普遍的な原理(2)であると推論していたものに基づいて、この新古典派経済学のモデルを演繹的な科学へと変換した。そして彼らはその手法を用いて、自分たちの多様な知的課題と新たな民族誌的データが上手く噛み合うかどうかを検討したのである。だが最先端の経済学者たちは、こうして生み出された知見に対してほとんど関心を示さなかった。その重要な例外が、晩年にいくつかの「民族誌的」著作を慎重に読み込み、メモを作っていたマルクスである。その成果は、モルガン（二〇〇八（1877））に大きく依拠して、エンゲルス（一九九九（1884））がまとめあげた著作に見ることができる。モルガンは財産所有に特別な関心を寄せていたが、交換と生産をめぐるシステムに実際に取り組むことはなかった。他の先進的な同時代人と同様に、彼が教育を受けたのは法学であって経済学ではなかったのである。タイラー（一九六二（1871））は、主要な生業形態および技術発展の段階について表面的な記述を行なっただけであった。ヴィクトリア朝時代の「安楽椅子」人類学者の最後の世代も、経済についてほとんど何の貢献もしていない。こうした初期の人類学者たちは、経済について明確な概念をもっておらず、それゆえにこの主題に新たな理論的発想を提供するような立場にはなかったのである。

しかし、これらの進化主義者の中でもっとも経済的な方面に関心を向けていなかった者であっても、内心には経済生活についての見解をもっていた。そしてときに、その見解が表明されることもあった。その一例が、すでに『金枝篇』（フレイザー 二〇〇三（1890））で名声を得ていたジェームズ・フレイザーが一九〇九年に行なった講義である。フレイザーはこの講義で財産所有について、モルガンやエンゲルスとは異なる観点を打ち出した。モルガンやエンゲルスにとって、財産所有の規則は階級闘争の基盤にあるものであった。それとは対照的にフレイザーが論じたのは、特定のモノをタブーとして避けたり、超自然的な制裁を恐れたりといった見掛け上はエキゾチックな慣習が、しばしば「私有財産への尊重の念を強め、……それゆえに私有財産の安全な保有に寄与した」（フレイザー 一九三九：三二（1909: 17））ということであった。この講義が所収された本の副題は、「制度発展に迷信の及ぼす影響についての一論考」であった。財産所有の規則は、近代の進化論者たちによって「制度」という自身の概念を証明するために頻繁に取り上げられるが、このことについては第五章で論じることとする。

以下では、後に経済人類学として知られることになる分野に対する先駆的な貢献のいくつかを、当時の先進的な国家のそれぞれの伝統の中で描き出す。具体的に取り上げるのはドイツ、イギリス、アメリカ、フランスの各国である。

ドイツの伝統

ドイツでは、多様な分野出身の研究者たちが物質文化を単に記述することだけでは飽き足らず、経済の起源や技術決定論をめぐる理論的な問いに、かなりの精密さをもって取り組んでいた。これらの研究者たちの多くがもっとも重視していたのが労働であった。労働は人間の自己実現の中核となるものなのか、それとも人間は生来的に労苦を嫌うのか。この主題をめぐるマルクスの初期の哲学的著作は、まだ刊行されていなかった。それでもドイツでは、社会主義運動が強かったことが一つの要因となって、マルクスとエンゲルスの史的唯物論に反論する者たちでさえも生産様式についての研究を特に重要視するようになった。ドイツの研究者たちは、異なった国々がたどった固有の歴史的経路を重要視する傾向にあった。マックス・ヴェーバーが最初に学者として得た地位は、**国民経済**（*Nationalökonomie*）の教授職であった。この国民経済は、イギリスのポリティカル・エコノミー研究者たちの普遍主義を否定して、その代わりに経済発展を説明するための新たな類型論を考案した経済学分野である。

この分野で影響力を有していた類型論の一つが、カール・ビュッヒャーの提唱した三段階発展論であった。ビュッヒャーは多才な経済史家であり、ドイツとヨーロッパの歴史についての豊富な知識と新たな民族誌的データとを統合した（ビュッヒャー　一九四二（1901））。彼の想定では、原初の人間は個々人で無計画に食糧を探すものであった。この状態から一歩を踏み出した経済史の第一段階は、前産業社会において世帯が生産と消費の重要な調整単位として登場したことによって達成された。この考え方は、同時代にロシアの小農研究を行なった農業経済学者アレクサンドル・チャヤーノフ（一九五七（1925））や、後に「家政」をめぐる議論を展開したポランニー（二〇〇九（1944））、さらにその後に「家族制生産様式」（第四章参照）のモデルを打ち出したマーシャル・サーリンズ（二〇一二（1972））らによって取り上げられた。ビュッヒャーはアリストテレスと同様に、この自給自足志向の生産システムがもつ「閉じた」、自立的な性質を強調しており、この点に関しては彼は多くの批判を受けてきた。

しかしビュッヒャーはまた、人間の経済を確立するためには交換が、特に贈与が根本的に重要であるとも認識していた。彼は交換の起源は社会的に制御された慣習にあるのであって、人間の本能的な取引・交換への性向（スミスが想定したような）にあるわけではないと見ていた。ビュッヒャーによれば、市場がその重要性を増すのは都市国家（彼は中世フランクフルトを例に挙げて論を展開している）、さらには当時の国民国家（ドイツ語の *Volkswirtschaft*）のような経済発展のより後の段階においてのみであった。そういった時代であっても決定的に重要なことは、市場経済が社会的文脈によっていかにして形作られるのかを見ることであるとされた。たとえばビュッヒャーが初期の論文で提示したのは、彼の生国であるドイツにおいて、クリスマス消費がいかに歓待や快さ（*Gemütlichkeit*）といった文化的概念によって刺激されているかということであった。彼はまた三つの歴史的段階のすべてと、さらにそれらに先行する原初の自然状態から得られた物証とに基づいて、労働について広範に論じた。その中で彼は、共同労働のさまざまな手法を慎重に区別し、それらの手法がいかに経済効率に影響を与えるのかを示した。たとえばある有名な論考（ビュッヒャー 一九七〇（1896））においてビュッヒャーは、労働の過酷さは作業過程のリズムによって、特に歌うことによって緩和されると主張している。このように労働を楽しいものにするという点において、音楽もまた協働の水準と経済効率性の向上に寄与するものであるとされた。とはいえビュッヒャーは、歌などの行動の究極的な根拠が、功利主義者が言うところの効率にあるとは論じていない。

一八九〇年代には、その三〇年前に出版されたカール・ロードベルトゥスのオイコスについての論考をめぐって、ビュッヒャーとエドゥアルト・マイヤーの間で論争が起こった（Pearson 1957）。ビュッヒャーは、古代ギリシアの経済と当時のドイツの資本主義とは根本的に異なった諸原理に基づいて成り立っているというロードベルトゥスの主張を支持した。そしてクセノフォンとアリストテレスに基づいて、それらの諸原理は家政に基づいたものであるとした（第二章参照）。一方でマイヤーは、アテネであれどこであれ、国際市場に向けた生産を行なう完全に近代資本主義的な会社は存在していたと主張した。この論争をより一般化したものが、ベルリンの歴史学派経済学者とメンガーの限界効用理論を支持していたウィーンの経済学者たちとの間の「**方法論争**（*Methodenstreit*）」であった。ここで争点になっていたのは、その新たな経済学が本当に人間の幸福を追求するための普遍的基盤を提供するのかというところにあった。ビュッヒャーはこの両者の中間の立場を取っていた。彼はメンガーの科学的厳密性に対する野心には共感していたが、しかしそれぞれの異なる発展段階に同じ理論体系を適用することは不可能だと考えていた。ビュッヒャーも他の多くの歴史家たちと同様に、それぞれの文脈に基づいて経済生活を見るべきだと主張していたのである。実際に、新たに統合されたドイツの内部においてさえも、市場原理と新たな方法論的個人主義によってすべての経済行動を説明することなどできなかったのである。

この論争に終止符を打ったのが、マックス・ヴェーバーの大著『経済と社会 *Economy and Society*』[3]

(Weber 1922b) であった。もし私たちと古代ギリシア人の間に違いがないなら、私たちが彼らに興味をもつことはないだろう。そして、私たちの認識の方法で、ある程度は古代ギリシア人を私たち自身と同じように捉えることができないのであれば、彼らを理解することなど不可能である。ここでヴェーバーが言ったことは、ヘーゲル弁証法の前提であった。ヘーゲル以前にはカントが、同一性は差異の中にあるのものであって、差異と対立（versus）するものではないと論じている。ヴェーバーは、人間の能力に関するカントの二元的概念を重視した。具体的には、精神の働きからあらわれ出てくる形式（form）と、実体（substance）すなわち感覚を通した物質世界についての認識とを区別することを重視した。ヴェーバーは、資本主義における形式的合理性と実体的合理性は単に異なっているどころか、しばしば相容れないものであると論じた。たとえば企業会計における帳簿の「最下行」はその会社の最終損益をあらわすものであるが、この「最下行」の数字（＝形式）を良くするために、ときに必ずしも実際の経営状況の改善にはつながらない無理な経費削減や人員整理などの経営措置が取られることがある。こういった形式の優先は、解雇などの経済的失敗につながり、実体としての人々の生活を混乱させるという代償を支払うことになる可能性があるし、しばしば実際にそういうことは起こったのである。自由主義者としてのヴェーバーは、新たな経済学の主観的個人主義に共感していた。だが社会学者としてのヴェーバーは、主観的個人主義の名の下に人々の身に降りかかる災難に目をつぶることはできなかった。こうしたドイツにおける論争の激しさは、ドイツ語圏の主導権をめぐるドイツとオーストリア＝ハンガリー帝国の対抗意識によるところもあった。この方法論争は、第四章で取り組む「形式主義‐実体主義論争」として、第二次世界大戦後のアメリカの経済人類学において再び表面化した。

ここまでで挙げた人物以外で、ドイツ語圏諸国における経済人類学という萌芽的な学問の重要人物は、オーストリア人のリヒャルト・トゥルンヴァルトである。彼の民族誌的フィールドワークに基づいた素晴らしい業績は、一九四五年以降にドイツの学問が周辺化してしまったせいで英語圏ではほぼ顧みられることが無い。ビュッヒャーにとってそうであったのと同じように、トゥルンヴァルトにとっても未開の経済学は一つの「社会的事象」であり、経済行為は決して効率という最小公分母には還元できないものであった（Thurnwald 1932）。また彼は、貨幣や機械のない世界と、それらの支配する世界との間にある差異を強調することにも慎重であった。第一次世界大戦期のニューギニア探検の経験をもとに、彼は「ギブ・アンド・テイク」という意味での互酬性が社会組織の根本原理として重要であることを示した。トゥルンヴァルトは互酬性の重要性を論じた最初の研究者だったのである。後にカール・ポランニーは、経済に対する実体主義的アプローチにおいて互酬性を一つの「統合形態」とし、またトゥルンヴァルトから「埋め込み」という概念を借用した。この「埋め込み」概念は歴史学派に属する多くの先人の研究の中で強く示唆されていたものではあったが、最初に用いたのはおそらくトゥルンヴァルトである。後にトゥルンヴァルトは、ナチスのためにアフリカ植民地という理想郷の計画に関わったことで、自らの名声を汚してしまった。ただ実際には、この計画への彼の関与は極めて限定的なものであり、また関わることになったのは一九三〇年代にドイツ国外において大学での職を得ることができなかったことが大きな理由であった。

イギリスの伝統

ブラニスラフ・マリノフスキーはトゥルンヴァルトの同時代人であり、彼と同じくオーストリア市民として育った。また経済人類学の創始者としてのマリノフスキーの名声も、その大部分が第一次世界大戦期にメラネシアにおいて――彼の場合はトロブリアンド諸島で――実施した研究に負うものである。だがトゥルンヴァルトとは異なり、彼が方法論として強く押し出したのは、一つの場所において集中的にフィールドワークをした上で、個々の「血肉の通った」人間を詳細に描き出すことであった。マリノフスキーのアプローチの知的な、そして政治的な起源は、イギリスよりもむしろ中央ヨーロッパにある。彼が博士号を取得したのは、当時オーストリア＝ハンガリー帝国の一部となっていた自らの生まれ故郷クラクフであり、博士論文はウィーンの実証主義哲学者エルンスト・マッハの業績を検討したものであった。他にマリノフスキーが影響を受けたのは、彼がライプツィヒにいたときに共同研究を行なったカール・ビュッヒャーであった。マリノフスキーによる経済人類学への大きな貢献は、トロブリアンド諸島について書かれたいくつかの研究論文の中の、最初と最後のものである。『西太平洋の遠洋航海者』（マリノフスキー 一九八〇（1922））は交換を主題として扱っており、その冒頭ではフィールドワークの方法論に関する自身の宣言が書かれている。『サンゴ礁の農園と呪術 *Coral Gardens and Their Magic*』（Malinowski 1935）は、労働と技術、そして財産所有に関する取り決めについて書かれたものである。『未開社会における犯罪と慣習』（マリノフスキー 二〇〇二（1926））は、他の二冊に比べると経済についての言及は少なくなっているが、互酬というトゥルンヴァルトの新たな概念を広めることに大きく寄与した。

マリノフスキーは、ケインズが編集委員を務めていた『エコノミック・ジャーナル』誌に掲載された論考の中で経済学者への宣戦布告を行なった。この論考において彼が主張したのは、トロブリアンド諸島民が財を贈り物として与える性向は、普遍的な人間のあり方としての「エコノミック・マン」という考え方への反証になるということであった（Malinowski 1921）。『西太平洋の遠洋航海者』は、島々の間での交易という複合的なシステムが、市場や貨幣あるいは国家の存在なしに、欲望よりもむしろ気前よさに基づいて組織されていることを示そうとした論考であった。互いに異なった島に住む交換パートナーの間での**クラ**財（*kula objects*）の儀礼的な循環はまた、その交換に同行する人々による「値切り交渉」をおおいに伴った功利主義的な物々交換の機会にもなっていた。そうした後者の交換は、特定の社会的・文化的な制約の中で自らの効用を最大化するための個人の選択という観点から捉えることができる。だがマリノフスキーが選んだのは、「機能主義」理論を個人の「生物学的欲求」の中に位置づけることであった。実証主義哲学の学生として研究をはじめた者が、こうした機能主義と経済学における認識論的な前提の間にある親和性を発見しそこなったことは興味深い。その代わりにマリノフスキーが選んだのは、ホモ・エコノミクスという藁人形への批判であった。

『サンゴ礁の農園と呪術』の初版において、マリノフスキーは原住民のヤム栽培について綿密かつ豊富な記述を行なっている。そこで彼が注目しているのは、生産において呪文が果たす役割であった。トロブリアンド諸島民たちは自分では食べ切れない量のヤムイモを作っていた。その大量のヤムイモは、**ウリグブ**（*urigubu*）〔トロブリアンド諸島の男性が、自分が育てたヤムイモを姉妹の夫に贈与する習慣。自分が食べるヤムイモは妻の兄弟から受け取ることになる〕の支払いとして儀礼の場において自らの母系親族に与えられ、顕示のために高く積み上げられた。また彼らは、農園の外観に大きな誇りをもっていた。これらの諸事実は、「未開人」は生き延びるために必要な最小限のものを得るための努力しかしないという考え方とは相反するものであった。マリノフスキーはまた共同作業の重要性について、それが作業過程における機能性という狭い意味を越えて、より一般的な社会的目的に明らかに寄与するものだと論じている。と同時に、クラの研究においてすでに示されていたように、トロブリアンドにおいてはほとんどの労働が一人で行なわれており、そこには常にある程度の個人的選択の余地があった。最終的にマリノフスキーは土地保有の体系について詳細な記述を行なっているが、その中では、トロブリアンド諸島民が自らの土地区画を個人主義的か集団主義的かのどちらかではなく、同時にその両方のやり方で保有し使用しているということを論じている。実際にこれらの財産所有の関係性は、彼らの社会組織全体の要石になっていた。この結論は、私有財産の登場を避けられないものと想定する進化主義理論に決別を告げるものであった。こうしたマリノフスキーの議論は、その後にイギリス人研究者たちによって世界中で土地所有の研究に適用され、洗練されていった。中でも有名なのは、アフリカにおけるマックス・グラックマンの研究（Gluckman 1965）である。『サンゴ礁の農園と呪術』の補論において、マリノフスキーは自らが定めた民族誌の原則を破ってしまったことを告白している。同書においてマリノフスキーは、原住民の伝統的活動だけを描き出して、彼らが政府の役人や宣教師さらには商人たちによって、新たな植民地主義体制に組み込まれてきた度合いを無視していたのである。後に彼は「部族経済学」と距離を置いて、植民地における「応用」人類学の立ち上げを支援した。彼は自分の育ったオーストリア＝ハンガリー帝国と同じように、大英帝国でも「間接統治」の手法が取られることを理想と考えていたようである。新しい応用人類学の多くはアフリカを舞台としていた。たとえばアイザック・シャペラ（Schapera 1947）は、労働移住がバントゥ（Bantu）共同体に及ぼす影響を調査した最初の研究者の一人であった。オードリー・リチャーズ（Richards 1939）は、北ローデシア（現在のザンビア）の農村地域が、銅鉱山における賃金労働者への需要のために男性不在となり、緊張状態に置かれたことについて優れた論考を執筆した。ローズ・リヴィングストン研究所のメンバーによる銅鉱山地帯についての多くの研究は、人類学者が植民地的接触（マリノフスキーがしばしば「文化的接触」と呼ぶもの）に起因する変容について研究するという形で、人類学を後期植民地期に適応させることが可能であることを示していた。このことは、人類学者が後に「開発」と呼ばれるものの研究に巻き込まれていくようになる道筋を準備していた。この経緯の続きは第六章で見ていくことにしよう。

晩年のマリノフスキーは、人類学の研究対象は植民地状況における未開人に限定されず、「古代文明」における村落共同体も含むと捉えていた。彼はロンドンにおける自らの研究者人生の晩年に、費孝通による『支那の農民生活』（費 一九三九（1939））の執筆を指導した。この研究で費は、長江デルタ地帯における一村落の分析を通して、貧困と不平等について広範にわたる結論を導いた。マリノフスキーは死の直前に、メキシコの地方にある市場《いちば》について共同研究を行なった。この研究において彼は、かつてトロブリアンド諸島において分析した「儀礼的交換」を髣髴とさせる観点から、メキシコにおいて人々が価格交渉に情熱を傾けるさまを描いた（マリノフスキー、デ・ラ・フエンテ 一九八七（1982））。

リヒャルト・トゥルンヴァルトとは異なり、マリノフスキーは新たな学派を興すことに成功した。そして、その学派は二〇世紀中盤のイギリスにおいて人類学の覇権を握った。この時期に至って、ようやくこの新たな学問分野の名称は「民族学」から「社会人類学」に置き換えられたのである。マリノフスキーの機能主義は、ラドクリフ＝ブラウン（二〇〇二（1952））によって最終的に修正された。ラドクリフ＝ブラウンは、経済にはほとんど関心をもっておらず、またフィールドワーカーとしての業績もささやかなものであった。だが、それを埋め合わせたのが、人類学の使命とは社会についての比較の学問たることであるという宣言であった。このラドクリフ＝ブラウンの立場は、後に構造機能主義として知られるようになった。一方で、ロンドン・スクール・オブ・エコノミクスにおけるマリノフスキーのもっとも近しい同僚は、自らの故郷であるニュージーランドの経済について研究していたレイモンド・ファースであった。ファースのマオリ人（Maori）に関する最初の論考（Firth 1929）は、先述したドイツにおける経済人類学の研究成果をおおいに用いていた。しかし一九三〇年代のロンドン・スクール・オブ・エコノミクスにおいて主流となっていたパラダイムは、経済学者のライオネル・ロビンス（二〇一六（1932））が不足状況下での選択に関する研究として再定式化した新古典派経済学であった。ファースはトゥルンヴァルトからよりも、この新たな正統的学説から影響を受けていた。後の研究で彼が示そうとしたのは、近代経済学の概念と分析道具が普遍的な妥当性をもつということであった。『未開のポリネシア経済 *Primitive Polynesian Economy*』(Firth 1939) においてファースは、ティコピア島民 (Tikopia) の間に存在する「複合的な社会的義務」は、「合理的な経済的選択」の基本的な説明力を削ぐものではないと論じた。この論によってファースは、マリノフスキーの提示した問題が前提からして誤った「擬似問題」に過ぎないことを証明できたと考えていた。こういったことから、彼を最初の「形式主義者」——この語については次章でより詳しく説明する——と見ることは妥当である。彼は経済学の基本的なカテゴリーを用いて、同書の諸論考を組み立てた。しかし、いかなる行為のパターンであれ、その根拠を理解するために彼は極めて詳細にわたって社会的文脈を記述しなければならなかった。その結果として達成されたのは、合理的選択という修辞をほとんど使うことのない、経済制度をめぐる豊かな民族誌的記述であった。

アメリカの伝統

フレイザーとマリノフスキーの両者が幅広く用いた「制度」の概念を、ヨーロッパの経済学者たちは使わなかった。だが当時の北米の経済学会では、「制度」の概念が中心的な位置を占めていた。ソースタイン・ヴェブレンとジョン・ロジャーズ・コモンズに率いられた制度派経済学者たちは、従来よりも明らかに政治的な色合いの濃い経済科学を推進した。ヴェブレンが一連の著名な著作(二〇一六 (1899)、二〇〇二 (1904)) において論じたのは、新古典派経済学が「進化論的科学」ではなく、一つのイデオロギーであるということであった。他方でコモンズ(二〇一五 (1934)) は、新古典派経済学が市場は理念的にどう機能すべきかを示そうとしたのに対して、実際に市場が十全に機能するための実際的かつ経験的なアプローチの重要性を誰よりも強く主張した。この時期までに、世界恐慌は自由市場の信頼性を破壊してしまっていた。それゆえ、このときに優先度が高かったのは、現実の経済から大きく乖離していたミクロ経済学の理論を見直すことよりも、銀行システムに対する公的な信頼性を回復する方法を模索することの方であった。早急に回答すべき問いの性質は一般的なものではなく、特定の状況に即したもの——組み立てラインからもっと早く車が作り出されるために、ミシガン州はどのような法律を制定できるのかというような——だったのである。この時期のアメリカには、制度派経済学者が新古典派経済学者の三倍もいたのである（Yonay 1998）。

人類学における主流派は、ニューヨークのコロンビア大学に拠点を置くフランツ・ボアズの一派であった。ボアズ門下の研究者たちは、文化に関するあらゆる側面について証拠を集めてくるのに長けていたが、それは経済に関するデータ収集についても同じであった。ボアズ自身は、アメリカ北西海岸の先住民であるクワキウトル（Kwakiutl Indians）の**ポトラッチ**（*potlatch*）に特徴的な財の破壊について、私たちに大きな知見を与えてくれた（後になって、この財の破壊は植民地主義との接触によって強化されたことが明らかにされたが）。しかしながら一九世紀の進化主義のパラダイムに対する嫌悪感ゆえに、ボアズ派の人類学者は経済と社会の関係を理論化することができなかった。メルヴィル・ハースコヴィッツの『未開人の経済生活 *The Economic Life of Primitive Peoples*』（Herskovits 1940, 第二版（1952）で『経済人類学 *Economic Anthropology*』に改題）は、それまでに蓄積されてきた科学的な民族誌の業績に経済学者の目を向けさせるべく刊行されたものだった。ヨーロッパの人類学者と比べてアメリカの人類学者は明らかに自由主義経済学に敬意を評していなかったものの、ハースコヴィッツは自らの著書を経済学者に馴染みがある形に沿って編集してもいた。彼は、「産業化されていない経済においても土地、労働および資本は常に存在していた力なのだから、それらが何らかの利益を生み出していたに違いないことは明らかである」(Herskovits 1952: 303) とさえ論じている。だが、彼はまた「文字をもたない民族」から収集した民族誌的証拠だけでなく、ケインズやヴェブレン、さらにはマルクスの学説さえも引きながら、歯に衣着せずに経済学の正統学説を批判した。

さまざまな部族が生活する巨大な海外帝国をもたないアメリカの人類学者たちにとって、メキシコ農村部はおあつらえ向きで刺激的な調査地を提供してくれていた。彼らは先住民であるインディオの共同体に特に注目し、彼らの伝統主義を強調する傾向にあった。ハースコヴィッツとファースの両者とともに学んだジョージ・フォスター(Foster 1942, 1948) は、メキシコにおける経済人類学研究を開拓し、「未開の」かつ「民俗的な」伝統について二冊の本を著した。一冊目では、経済的決定のための社会的かつ文化的な文脈について洗練された議論を展開した。この議論は、彼の研究仲間であったファースやハースコヴィッツが擁護していた立場から見て合理的であるといえるものだった。その後にフォスターは、農民たちの抱く「限られた財 (limited good)」のイメージ」についての論考で一躍有名になった。この考え方によれば、農民たちは生活の中に良いもの/財は十分にはなく、それゆえ誰かの得は誰かの損につながる可能性が高いと考えているとされる。この考え方は、メキシコや世界中の農民たちが新たな経済的チャンスの利用に消極的であることについて、妥当な文化的説明を提供しているように見えた (Foster 1965)。こうした農村の共同体は、スペインによる征服にまで遡ることが可能な、広範な権力システムの網の目に捕捉されているものであると当初から理解されていた。費孝通が調査した中国の農民と同じように、メキシコの村は町と、そして究極的には一つの文明全体と複雑な政治的・経済的つながりをもっていた。その複雑なつながりを解明したのは、ボアズの弟子であるアルフレッド・クローバー[4]であった。彼は、メキシコや中国の農村が「部分文化をもつ部分社会 (part societies with part cultures)」であると主張した。この概念は、後にシカゴ大学のロバート・レッドフィールドに継承されて、次世代の「農民研究」に刺激を与えた。レッドフィールドは一九三〇年にはテポストランの村落についての論考を、続けて一九四八年にはユカタンについての研究を出版した。だが、彼がこの分野にもっとも大きな影響を及ぼしたのは一九五〇年代の研究においてであった。この時期、彼は「都鄙連続体（folk-urban continuum）」という考え方を明確に提示し、農村を「大いなる伝統」と、さらには農村社会が部分的に構成している都市と結びつけたのであった（レッドフィールド 一九六〇（1956））。[5]

フランスの伝統

マリノフスキーは、イギリスと中央ヨーロッパにそれぞれ端を発する個人主義の伝統を融合させた。マルセル・モースの『贈与論』（二〇一四（1925））が、この融合に対する独創的な批判であるということは、近年になって次第に知られるようになってきたことである。アメリカ北西海岸のポトラッチがメラネシアにおいても盛んに行なわれていることをマリノフスキーが確証したことについて、モース（一八七二―一九五〇）はおおいに興奮していた。しかし、モースが貨幣と市場を人間にとって普遍的なものであると考えていたのに対して、マリノフスキーはその両者とクラの輪《クラ・リング》とをあえて対置させていた。モースに言わせれば、資本主義社会における非人格的な経済形態は近年になって創造されたものである。彼が経済的個人主義を批判する際に強調したのは、私たち自身の社会を含めたあらゆる社会において、交換には人格的、社会的かつ霊的な次元があるということであった。モースの人類学は、非常にはっきりとした政治的プログラムと結び付いていた（これは「安楽椅子」人類学者としてはモースの仲間であったカール・ビュッヒャーと同様であり、一方でトゥルンヴァルトやマリノフスキーといったフィールドワーカーはそうではなかった）。だが『贈与論』に対しては、その出版以来、極めて多様な解釈が提出されてきた。この論考がモースの**傑作**（*chef d'oeuvre*）と見なされるようになったのは、後になってからのことである。それが英語圏で受容されたのは、特にクロード・レヴィ＝ストロースとマーシャル・サーリンズによって生命を吹き込まれた二種類の英語翻訳版と一冊の二次文献(6)が出版されてからのことだった。だが、その段階に至っても、この論考の根本的なメッセージはしばしば見逃されていたのである。

経済という概念は、英語話者たちが現代世界を理解するために作り出したものである。他方で「社会」やその同系の語である「社会学」、「連帯」は基本的にはフランス語で、ルソーに端を発する伝統を基盤としたものであった。その結果として、フランスでは人類学も経済学も、社会学と明確には区別されていない。実際、エミール・デュルケームは自分を中心として『社会学年報 *Année Sociologique*』誌の編集チームを結成したが、この『社会学年報』にはフランソワ・シミアンとモーリス・アルブヴァクスの両名が経済分析を寄稿していた。デュルケームは自らの処女作にしてもっとも影響力のある著書となった『社会分業論』（一九八九（1893））において、近代経済の社会的な基盤がどこにあるのかを明らかにしようとした。分業化による経済発展という考え方は、アダム・スミスが立ち上げたイギリス経済学の核心をなす部分であった。その立ち上げから一世紀後、経済的個人主義は進化論を支える要となり、またハーバート・スペンサーの社会進化論は、一定期間にわたって勝者側の西洋ブルジョアジーにとってもっとも影響力をもつイデオロギーとなった。こうした楽観的な目的論を、デュルケームは以下のような一連の論証によって修正した。すなわち、労働分業は分離と統合という一つの弁証法的なプロセスであり、そのプロセスを経て社会がより強化され、その結果として個人の行動範囲が広がったのである。市場における個人契約の締結を強調するイギリス流の見方は、経済を可能たらしめている「契約における非契約的要素」のもつ社会的統合力——法、国家、慣習、道徳そして共有された歴史の組み合わせであり、社会学者がよりはっきりと可視化しなければならないもの——を見えにくくしてしまう。個人は社会発展の結果であって、イギリス流の起源神話が想定しているような社会発展の源泉ではないのである。

この「契約における非契約的要素」に明確に焦点を当てているという点において、『贈与論』はデュルケームの著書の直系に連なるものである。モースはカール・ビュッヒャーからの影響を一切認めておらず、『贈与論』においてもビュッヒャーについては二つの脚注で興味なさげに触れているだけである（しかも名前の綴りを間違えている）。モースは、契約の発展を説明するものとされた二つの功利主義的なイデオロギーを簡潔に否定していた。その一つは個人による物々交換は原初的なものであるという、スミスによる「自然経済」の考え方である。もう一つは、未開の共同体は利他的であったが、最終的には私たちの社会がそうであるように、より効率的ではあるが残念なほどに利己的な個人主義に取って代わられたという考え方である。市場を共産主義国家と置き換えようとする同時代の動きに対しては、モースは次の二つのことを主張した。一つ目は、個人的自由と社会的義務との間における複雑な相互作用こそ、人間を人間たらしめる条件と同義であるということ。そして二つ目は、彼が生きていた時代ほど非人格的な形ではなかったにしても、市場と貨幣は普遍的に存在してきたということである。

モースは古代的な契約について、中でも古代インド・ヨーロッパ語族における契約について重点的に研究を行なった。そこで彼が鍵概念として用いたのは、フランスの封建時代の遺物のような、英語には翻訳できない「**給付**（*prestation*）」という語であった。この「給付」が意味するのは、義務から生じる奉仕であり、それをしなければ投獄されてしまうような「共同体への奉仕」に類似したものであり、ある。モースによれば、交換のもっとも古い諸形態は全体的な社会集団の間で行なわれたものであり、そこには人々が互いのためになしうるあらゆることが含まれていた。これが、モースが**全体的給付の体系**（*systèmes de prestations totales*）と呼ぶ段階である。だが彼の中心的な関心は、ここから発達したと思われる一つの形態に向けられていた。この形態はアメリカ北西海岸の事例にならってポトラッチと名づけられた。これらの贈与交換の諸形態は、集団の個人的《インディヴィデュアル》なリーダーの間における攻撃的な競合関係を伴うものであった。モースは、議論の導入として次のような問いを提出している。「遅れた社会、もしくは古代社会においては、法規範と利得の追求に関わるどのような規則があって、贈り物を受け取るとお返しをする義務が生じるのだろうか。贈与されるモノにはどのような力があって、受け手はそれに対してお返しをするよう仕向けられるのだろうか」（二〇一四：六一（1990: 4)）。このように相手に与え、返礼させるという過程を、モースが「互酬」という語で呼んだことはほとんどなかった。この問いに対するモースのおおまかな答えは次のようなものであった。世界中のどこであれ人間は、贈り物に含まれる人格的な特性が返礼を強制するものであると見ている。また人間は、その贈り物が喚起するもっとも広範にわたる社会的かつ霊的な結びつきについて特に敏感になっているのである。

　モースが示した主たる結論は、私的な契約のために自由市場を作ろうとする試みはユートピア的なもので、そのアンチテーゼである利他主義だけに基づいた共同体とまったく同じように実現不可能であるというものであった。世界中の人間の制度は個人と社会を、自由と義務を、そして利己心と他者への思いやりを調和させることの上に成立している。近代資本主義と近代経済学はこの両極のうちの一方だけに執着しており、このことは人間らしいバランスを取り戻すための社会革命を引き起こすことになるだろう。もしイデオロギーによって目を曇らされていなければ、私たちは給付のシステムが現代社会においても生き残っていることに気づくだろう。その残存物は、結婚式やクリスマスあるいは気の置けない仲間内でのやりとりにおいてだけではなく、保険のようなもっと官僚的な形式の中にも、それどころか賃金契約や福祉国家の中にも見出すことができる。モースは自らの政治ジャーナリズムにおいて、職能団体や協同組合、相互保険などの下からの経済運動を提唱していた。それらの運動の原型は、彼が『贈与論』において中心的に取り上げた現象の中にも、また古代社会における宗教の中にも見ることができる。すなわち、それらが世俗化したものが下からの経済運動なのである。これらはみな社会全体を、さらには法律的、経済的、宗教的、美学的といったすべての制度を動かしているという意味で「全体的社会的事象」なのである。

> 全体を丸ごと考察すること、これによって、本質的なことがら、全体の動き、生き生きとした様相を把握することができたのであり、社会が、そしてまた人間が、自分自身について、また他者に対して自分自身が占める位置について、情緒的に意識化する束の間のときを把握することができたのである。全体的社会的事象を考究すること以上に差し迫ったものはないし、また実り多いものもないと、わたしは思っている。
>
> （モース 二〇一四：四四二（1990: 102））

マリノフスキーは西太平洋における原住民の冒険について、あるいは高貴な英雄たちの古代の伝統を後世で受け継いだ人々についての物語を書き、その物語は読者に受け入れられた。トロブリアンド諸島民と、彼らのメラネシアの隣人たちによるクラ・リングは、世界経済の寓話《アレゴリー》を提供した。ここには多くの小さな島々――それぞれ単独では十分な生活物資を得られないような――を跨いで一つの文明が広がっており、その文明は貴重な装飾物の交換によって媒介された国家間取引に依存して成り立っていた。「エコノミック・マン」は、単に存在しないだけではなく、西洋がすでに失った世界の偏狭で浅はかな後継者であるということが明らかにされたのである。[7]モースは、これらの発見のすべてに興奮していたが、その一方でマリノフスキーの議論は行き過ぎであるとも感じていた。マリノフスキーは、トロブリアンドにおけるクラの宝物は交換媒体および価値基準として機能していないがゆえに貨幣ではないということにこだわっていた（Malinowski 1921）。一方で、モースは『贈与論』の長い脚注において、貨幣についてのより広い概念へのこだわりを見せている。

> だが、この伝でゆくと次のようになる……貨幣が存在するようになったのは、貴重な物品が実際に貨幣へと鋳造され……本位貨幣としての品位検定を受け、非人格化され、鋳造者である国家の権威との関係を別にすると、集団であれ、個人であれ、いかなる法的人格とのいかなる関係からも絶縁されるようになってからのことである。このようにして規定されるのは二次的なタイプの貨幣、すなわち、私たちの貨幣にすぎないのである。
>
> （モース 二〇一四：一四八―一四九（1990: 127））

モースが示唆したのは、未開の貴重品は「ものを買い入れる力が備わっていて、かつその力は数値化されている」（前掲書：一五一（ibid.））という点において、貨幣のようなものであるということであった。彼はまた、商業的な自己利益の追求と無償の贈与とのブルジョア的な対立を再生産した責任はマリノフスキーにあると見なしていた――ただし多くの人類学者はその責任をモースに帰しているが。

この『贈与論』というモースの有名な論考は、彼が一九二二年から一九二四年の為替レート危機について自身の所属する政党の機関紙『ポピュレール *Populaire*』に書いた一連の記事（Mauss 1997）と並べて読まれなければならない。当時、フランの安定は際立った社会的関心の的になっていた。なぜなら、それはフランスの国際的地位の指標だと考えられていたからである。それゆえ、フランの価値が落ちる際に政治的混乱が生じるのも当然のことであった。われわれが「市場」と呼ぶであろうものについて語る際に、モースは熟練した市場参加者の口調を採用していた。彼は為替レートの下落の原因は、信用インフレーションにではなく、市場の混乱にあったと結論づけた。そこでは暴風があらゆる方向から吹きつけていたのである。「これらは進行中の人間的現象である。集団心理、測定不可能なもの、信念、騙されやすさ、自信など、そこではあらゆるものが渦巻いている」(29 February 1924)。モースは「社会を分解修理《オーバーホール》する方法――通貨の操作」という未刊行の論考において、こうした国家のポリティカル・エコノミーに対する省察と『贈与論』の結び付きについて論じている(Fournier 2006: 212 and 390 n.105)。ここでモースが主張したのは、偉大な経済的革命は「本質的に貨幣的な」ものであり、通貨と信用を操作することが「痛みや苦しみを伴わない……社会革命の方法」でありうるということであった。彼の目的は、法的な社会主義に経済的な内容を与えることにあったのである。

> もっとも堅実かつ狭い幅の倹約の範囲内で、新たな貨幣的手法を作り出せば、それで十分である。そして、この新たな手法が新たな受益者たちの間で利益を生むように、経済学のもっとも慎重な規則で管理すれば十分なのである。それが革命なのだ。こうすることで、別々の国家に属する一般大衆が自己制御の方法について――言葉や公式あるいは神話を用いることなしに――知ることができるようになるだろう。(8)
> (Mauss, in Fournier, 2006: 390 n.105)

モースは人間の経済について、それが人々の日常生活において役立つような実用主義的観点から理解すべきであると主張した。それから約一世紀近くの時間と、数多くの経済危機が過ぎ去った今、これは私たち自身の議論でもあるのだ。

結び

経済人類学は、民族誌的調査と歴史的調査を並置することによって生まれた。そこにドイツとフランスの社会主義、イギリスの功利主義、そしてルソーに端を発するフランスの批判的な合理主義の伝統など、ヨーロッパの社会思想のさまざまな潮流が吹き込まれた。マリノフスキーとトゥルンヴァルトは、それまでの論者がときに無頓着にも支持していた「エコノミック・マン」という概念が、太平洋のどこにも存在しないことを確信していた。レイモンド・ファースは、ロンドン・スクール・オブ・エコノミクスにおける同僚の経済学者たちが「未開経済」を理解するための鍵を握っているという考えに至っていた。アメリカの人類学者たちは、自国における新古典派と制度派経済学の論争の伝統を踏まえて、より曖昧な立場を取っていた。そしてデュルケームとモースは、可能な限りもっとも包括的なやり方で、功利主義を玉座から引きずり降ろそうと試みていた。

最初期の旅行者の目には、原住民たちはヨーロッパ人の合理的基準とは相反する存在であるように見えた。なぜなら彼らは交換においては子供のように一貫性がなく、貴重な財産を破壊し、労働習慣も不規則で、実利の無い利益のために骨を折っていたからである。一九世紀末以降のドイツ民族学を網羅的に解説したヒース・ピアソン（Pearson 2000）は、こうした見方を「**選択する人**（*Homo gustibus*）」のイトコである「**間違える人**（*Homo erroneous*）」であると言っている。というのも、この人間モデルは、新古典派理論の個人主義的な快楽主義と真反対の心理学的装いが押しつけられただけのものだったからである。最終的には、こうした両方のステレオタイプは共に「**先史経済人**（*Homo *paleoeconomicus*)」に取って代わられた。この理論的な立場からすると、「未開」の経済行為は環境と技術の点で違いを計算に入れれば、近代西洋的な個人に類似していた。経済行動の様式における表層的な矛盾は、「エコノミック・マン」という前提の中で調停できたのである。人は、貯蔵設備のほとんどない場所では時間割引という発想を放棄するしかなかったし、発達した市場や貨幣のない社会では慣習による拘束も認めるしかなかった。しかし、人類学者たちはしばしば原住民よりも一貫性を欠いていた。たとえばレイモンド・ファースは、そのときどきの状況に応じて、こうした複数の理論的立場を使い分けていたのである。

一八七〇年代から一九四〇年代の間に、経済学と人類学はともに大きな変化を経験した。数学的能力を身につけたり、あるいは土着語に習熟したりという形で専門化が進むことによって、もともと決して密接であったわけではない二つの学術共同体の間の距離はますます遠くなっていった。マリノフスキーによる経済学者への挑戦は、正当に評価されることなく、あっけなく黙殺された。モースが安楽椅子から行なった推論は、長年にわたってフランス国外ではほとんど気がつかれることがなかった。ファースとハースコヴィッツは、未開経済についての論考が増加していることから、新古典派経済学の諸カテゴリーを用いた比較分析をはじめるべきだと主張したが、結局これも実現しなかった。その代わりに、ヒース・ピアソンの言葉を借りれば、第二次世界大戦後に「経済学と人類学は見苦しい上に、長期にわたる別離を経験した」のであった。しかしこの両者は、そもそも結婚などしていたのだろうか。もし結婚していたとするならば、この結婚生活の中で性交がなかった理由は何だったのだろうか。

第四章　経済人類学の黄金期

当時ははっきりとは分からなかったが、振り返ってみれば第二次世界大戦後の数十年間、世界にはある種の一体感があった。公共支出と国際協力に力を注いでいたアメリカ合衆国の主導下で、世界の先進産業諸国は一体となって世界史上で最長の好景気を達成した。それは大学、特に社会科学にとっての全盛期でもあった。それゆえ、この時期に経済人類学が大きく花開いたということは驚くべきことではないだろう。この盛り上がりの中心にあったのが、「形式主義－実体主義論争」であった。

この論争の一方の主役である実体主義の誰もが認める創始者は、専門教育を受けた経済学者でも人類学者でもなく、また前章で見たようないくつかの国家的伝統の明確な後継者でもなかった。それでもその人、カール・ポランニー（一八八六―一九六四）は経済人類学を自覚的な知的共同体として確立することに誰よりも貢献し、タコツボ化した学問状況を打破したのである。ポランニーは愛国主義的なハンガリー人として育ち、もともとはブダペストで法学の教育を受けた。その後、第一次世界大戦においてはオーストリア＝ハンガリー帝国のために戦い、一九一九年のハンガリー革命が失敗に終わると、ウィーンで経済誌の記者として働いた。彼の代表作である『大転換』の初版は一九四四年に出版された。この本は主として一九世紀のイギリスにおける「自由市場」の展開について、さらにはその市場が前例のないほどに経済生活を支配したことに対する社会の反応について、歴史的に記述したものである。同書には、ポランニーが大学でポストを得られずに、労働者教育協会で講義をしていた一九三〇年代のイギリスにおける生活経験が反映されている。後にポランニーは、イギリスからアメリカに移り、「古代」社会の経済についてのさらなる歴史研究を主導した。このコロンビア大学で行なわれた学際的な共同研究によって、彼は多くの人類学者を惹きつけるアプローチを確立するに至った。

以下ではポランニーの実体主義的アプローチを概説し、さらに彼の後継者たちの業績についても触れていく。実体主義者たちは新たな地平を切り拓いたが、一方で同時代の世界の大部分を視野の外に出してしまい、経済人類学の適用可能性を狭めてしまった。また私たちはモースについてと同様に、ポランニーとその後継者たちによる貨幣の人類学をめぐる主張には特に注意を払うことにする。その後に私たちが目を転じるのは、ポランニーと彼の学派に対する「形式主義者」からの反応である。形式主義者たちの主張は、新古典派経済学における主流派の立場を言い直したに等しいものであった。最終的に私たちは、一九六〇年代に最高潮に達したこの論争の収支決算書を作成する。半世紀が経過した現在からすると、ポランニーが提示した二分法と類型論はあまりにも整然としすぎているように見える。より最近の学問的見解からすれば、彼が提起したアイディアの中のいくつかは擁護しえないものである。しかし、人間社会を、効用最大化をはかる諸個人に還元してしまうイデオロギーに基づいた自由市場が、再び過剰に自己拡張し世界の大部分を危機に陥れている現状にあって、ポランニーによる批判が再び人気を博すようになっていることはなにも驚くべきことではない。

カール・ポランニーと実体主義学派

ポランニーは、「制度化された過程としての経済」(一九七五b(1957b))という影響力のある論考において、「経済的」という語は形式的な意味と実体的な意味の複合物であると論じた。前者が手段と目的の関係、つまりは経済化の内的な論理に言及しているのに対して、後者は社会において必要とされる物資を一般的に供給することと関係がある。この論争で使われる用語はプラトンまで遡ることができる(同じ本の中でポランニー(一九七五a(1957a))は、自らのアプローチにおけるアリストテレスの重要性を認めている)。何かを「形式的に」するのは、それが概念ないし規範に適合していることである。「形式」と「実体」の間には概念的な対立があるということは、一九世紀には、特にドイツでは常識になっていた。その概念対立が、カール・メンガーやマックス・ヴェーバーといった学者を介して、経済学の言説に入ってきたのである。「形式主義」のアプローチは、概念の規則的なはたらき——これは新古典派経済学が常に主張していたことである——を重要視する。他方で「実体主義」のアプローチは、物質的環境をめぐる経験的内容を優先しており、実際に経験される多様性をたった一組の概念セットだけで的確に把握できるという主張を批判していた。

形式主義論者と実体主義論者はともに、市場が経済の調整にとって重要であることを認めていた。だがポランニーにとって、市場原理は世界経済の歴史における主要な「統合形態」ではありえなかった。彼はすでに『大転換』の中で、前産業社会においては互酬、再分配そして家政といった諸原理の方が市場よりも重要であったと論じていた——ただし、後の著作においては家政はこの中から消えていっているが(Gregory 2009)。互酬とは、平等な地位にある集団同士あるいは個人間における対称的な交換の形式である。例を挙げるなら、トロブリアンド諸島のクラ・リングがそれにあたる。再分配は、身分階層を通して資源がいったん社会の中枢に集められ、その後に分配されるという中心性の原理を反映した交換の形式である。例としては、アメリカ北西海岸のポトラッチ儀礼が挙げられる。これらの統合形態は並存する可能性があったとはいえ、暗に発展の段階が想定されていた。互酬は単純な技術を有する「未開の」平等主義社会において支配的であり、他方で再分配は剰余を実際に溜め込めむことが可能で、さらにはある程度の社会階層化があることが、一般的には前提となっていた。このことは古代の地中海社会において例証されている。とはいえ原理的に言えば、再分配は必ずしも中心性を想定せずとも、そのときどきで狩猟に成功した者が自分の獲物を分配することの記述にもなりうるものである。ポランニーは、ヨーロッパで劇的な変化が生じた一九世紀以前に市場が果たしていた役割を一貫して軽視していた。彼が好んだのは、アダム・スミスのように人間の本性的な「物々交換」への性向を想定して、その帰結としてあらゆる価値を功利主義的な計算へと還元するという考え方ではなく、アリストテレスのように自給自足的なオイコスを通して幸福を追求することに重きを置く考え方であった。この点で、彼はビュッヒャーと同じ立場だった。未開社会にも古代社会にも市場は存在していたが、それらはまだ経済がより大きな社会システムの中に統合(「埋め込み」)された状態を脅かすものではなかった。市場の管理価格は金利と同じように、通常は長期的に安定していた。また商業活動は特定の「貿易港」に集中していた。そうした貿易港における商業活動は大半の人々にはほとんど、あるいはまったく影響を及ぼすものではなかった。

ポランニーの歴史哲学において、経済の「脱埋め込み(disembedding)」は、産業化の生み出した破壊——特にヴィクトリア朝時代のイングランドにおける自由賃金労働市場の創造——によって引き起こされるものとされた。市場を経済統合の支配的形態の位置へと「ユートピア的に」祭り上げることは、失敗する運命にあった。自然、人間さらには社会自体が、土地、労働力および貨幣という「擬制商品」の形で売買されることを、社会は容認できなかった。そこで社会は自己防衛を試みたのである。ポランニーは自由放任主義《レッセフェール》の経済学と、それに対して一九世紀のイギリスで展開された社会の抵抗――チャーティスト運動〔一八三〇―一八五〇年代のイギリスで、成年男子の普通選挙権を要求して、労働者階級によって展開された政治運動〕や労働組合から保護貿易政策までにおよぶ――という、「二重の運動」を見出していた。そこから生じた動きは、二〇世紀の経済恐慌と世界大戦へと必然的につながっていった。ポランニーは、こうした惨事の原因となった市場志向は今や「時代遅れ」であると主張した。実際、ニューディール政策やヨーロッパにおける福祉国家の強化は社会民主主義という新時代の到来を告げるものであり、社会民主主義は市場の幻想に永遠に終止符を打つものと考えられていた。

ポランニーはフィールドワーカーではなかった。経済に関する彼の実践的知識の大部分は、一九二〇年代の赤いウィーン〔はじめて社会民主党が政権を取り、福祉政策に重点を置いた政策を実施した一九一八―一九三四年のウィーン市のこと〕で得たものであった。彼はマリノフスキーと同じく、第一次世界大戦以前にはエルンスト・マッハの哲学的著作について学んでいた。ポランニーは生涯を通じて貪欲な読書家であった。実際、彼の人類学的理論の大部分はビュッヒャー、マリノフスキー、トゥルンヴァルトおよびモースを読んで作成したメモに基づいていた。彼自身が人類学分野へ本格的に進出した最初の業績は、『ダホメと奴隷貿易 *Dahomey and the Slave Trade*』（ポランニー 二〇〇四（1966））〔邦訳書タイトルは『経済と文明』〕であった。彼の後継者たちの主要なフィールドがアフリカになったのはそのためである。ポール・ボハナンはハースコヴィッツから人類学を学んでいたが、ジョージ・ドルトンはもともとは経済学を学んでいた。彼らは、『アフリカの市場 *Markets in Africa*』(Bohannan and Dalton 1962) という重要な論集を共編した。彼らはこの論集において、アフリカの非産業社会には多様な市場《いちば》が存在しており、それらには重要な社会的、政治的さらには宗教的な意義さえもあるということを示した。だが一方でこの論集は、これらの市場《いちば》が他の統合形態に比べて「周縁的」であり続けたということも明らかにしていた。このようなボハナンとドルトンの描き出した伝統的な社会と市場《いちば》は、近代的な市場原理の勃興——たとえば輸出向けの商品作物のような新たな商品の生産、流通パターンから生じた——によって弱体化されていく運命にあった。

実体主義の中でもっとも傑出した民族誌は、ポール・ボハナンとその妻ローラ（Bohannan and Bohannan 1968）がナイジェリアのティブ社会（Tiv）について書いたものである。この本で彼らは、ティブ経済を理解するために現地の文化的カテゴリーを用い、その一方で通文化的な比較のために成熟したポランニーの三類型（互酬、再分配、市場）を導入した。ポランニーはダホメ研究の中で、「一般目的貨幣」（私たち自身が使っている貨幣）と、非産業社会において広く用いられているという「特定目的貨幣」が異なるものであることを主張していた。ボハナン（Bohannan 1955, 1959）はこの考え方を拡張して、ティブ人の間で区別されていた複数の「交換領域」の存在について論じた。生活必需品、贅沢品そして社会的に最高の価値をあらわす財は、それぞれ異なる領域内で循環していた。なぜなら、これらの財は相互に共約不可能だったからである。植民地主義による西洋近代貨幣の導入は悲劇であった。というのも、西洋の貨幣は異なる領域の間にあった障壁を破壊してしまったからである。この物語は、学生が誰でも耳にする人類学のおとぎ話のようなものになってきた（もっともこの話は、歴史学者からは事実に基づいていないと批判され、また多くの人類学者からも理論的に素朴で誤解を招くものだと見なされているのだが）。

それにも関わらず、貨幣をめぐる実体主義者の立場は、モースがこの問題についてマリノフスキーの議論を批判した（第三章参照）以降では、もっとも体系的な議論の展開として注目に値するものである。すでに述べたように、ポランニーは貨幣を三つの擬制商品の中の一つとして挙げていた。「現にある貨幣は購買力の象徴にほかならない。それは一般には、けっして生産されるものではなく、金融または政府財政のメカニズムを通して出てくるものである」（ポランニー二〇〇九：九七（2001: 72)）。ここで彼は、貨幣の自由市場には社会そのものの売買が伴うという主張に接近している。ポランニーは、このアプローチに沿って、貨幣の起源が物々交換にあるという自由主義の神話を覆した。

> こうした主張の論理は、実際のところ古典派の教義の基礎をなしている論理とはほとんどまったく相容れない。正統派の教義は、個人の取引性向から出発し、そこから局地的市場および分業の必然性を導き出したのである。しかしわれわれの現在の知識に照らしてみると、われわれは議論の筋道をほとんど逆にたどらなければならない。すなわち、真の出発点は遠隔地交易である。遠隔地交易は、財貨の地理的分布の結果であり、またその分布に基づく「分業」の結果である。遠隔地交易はしばしば交換行為を、さらにもしも貨幣が使用されれば、売買を生み出し、やがては——しかしけっして必然的ではない——若干の個人に対して値段を交渉するという性向に身を任せる機会を提供するような制度、すなわち市場を生み出すのである。
>
> （ポランニー二〇〇九：一〇二（2001: 58)）

このように貨幣と市場の起源は、社会をそのローカルな核を越えて拡張しようとする試みにある。貨幣は、それと密接に結びついている主権国家と同じように、しばしば外部から導入されるものであるとポランニーは信じていた。この議論は、政治と経済を分けた上で、市場を社会に内在するものにしようとする制度的な試みの転覆を試みたものであった。

ポランニーは貨幣の「代用物《トークン》（token）」形態と「商品」形態とを区別した。トークンとしての貨幣は領域内での取引を促進するために、他方で商品としての貨幣は領域外との取引のために生み出された。とはいえ、その二つの体系はしばしば競合するようになっていた。そうした経済にまつわる内的／外的な側面の間の緊張関係のせいで、しばしば商業は深刻なまでに瓦解してしまう。こうなったときに、貨幣は次のようになるとポランニーは言う。

（貨幣は）商品ではなく、購買力であった。それ自体はけっして有用性をもつものでなく、購入されるものに対する数量的な請求権をあらわす計算手段にすぎなかった。購買力をもつこうした紙券貨幣の持分に従って分配が行なわれる社会は、明らかに市場経済とはまったく異なる構造体であった。（ポランニー 二〇〇九：三五五（2001: 196））

一九三一年に生じた国際的な金本位制の最終的な崩壊は、貨幣の商品形態とトークン形態を切り離そうという破壊的な試みがもたらした一つの帰結であった。こうした分析は、世界恐慌の際に国際取引が崩壊したことについて、そしてそのことが世界大戦において破滅的な結末に至ったことについてのポランニーの説明を裏付けるものであった。

第二次世界大戦後にポランニーは再びこの主題に取り組んだが、その際には彼は論争に情熱を傾けるのではなく、その代わりに人類学者と歴史学者による前産業経済についての比較研究の立ち上げに関心を向けていた。彼が「貨幣の対象物と貨幣の用法」（ポランニー 二〇〇五、II巻：一八六―二二七（1977: 97-121））という論考の中で主に論じたのは、次のようなことであった。すなわち、国家によって独占的に発行される通貨だけが支払い、価値基準、価値貯蔵、交換という四つの機能を統合するのであり、その四つの機能の統合は限られた数の「全目的（all-purpose）」のシンボルを通して維持されうるのである。未開および古代の形態の貨幣は、別々のシンボルに異なった機能を与えており、それゆえに「特定目的（special-purpose）」貨幣と見なされるべきである。

ポランニーの後継者たちは、こうした洞察を非西洋地域に適用した。ボハナンがティブの人々の間で見出した複数の「交換領域」は階層化されていた。そのため、規範の上で交換可能なのは、各交換領域の内部で同等の序列にある財同士だけであった。食糧や家庭用品のような生活必需品からなるもっとも低いランクの財は、ローカルな市場《いちば》において少量のみ取引された。次に、ある一定範囲の価値ある財は遠隔交易と結びついており、たいていは長老たちの管理下にあった。この領域に含まれるのは、具体的には衣服、牛、奴隷そして真鍮の棒である。ここで挙げた最後の財である真鍮の棒は、この領域内部において価値基準および交換媒体の役割を果たしていた。もっとも価値の高いカテゴリーは人間、とりわけ女性をめぐる権利であった。理念的には姉妹は、その兄弟である男性の支配する親族集団の間で、婚姻という形で交換された。ときに、各領域の内部においてのみ交換すべしという規範は破られた。交換を通して、下のランクにある財を上のランクの財に変換することは非常に望ましいものであったが、他方でそれと逆方向の変換は恥ずべきものとされた。だが、いずれの方向の変換をも困難にしていたのは、一般目的貨幣がないことであった。生活必需品はかさばるわりに価値が低く、また輸送は容易ではなく、貯蔵も難しい。それとはあらゆる意味で対極にあるのが、威信財（prestige goods）である。奴隷を一人買うのに、どれだけたくさんのエンドウ豆を支払う必要があるだろうか。つまり奴隷はエンドウ豆では買えないのである。だが貨幣が導入されると、誰もがあらゆる商品を小さな単位で売ることができるようになり、稼いだ貨幣を貯め、その貨幣で威信財を買い、自力で婚姻交換の輪に入ることが、長老たちとは関係なくできるようになった。それはあたかも、ある一つの生活形態を破壊するには、近代貨幣のもつ技術的特性だけで十分であったかのようである。

もし交換領域の概念を西洋社会に適用してみたらどうなるだろうか。アルフレッド・マーシャルが近代経済学のはじまりを告げた著書（一八八五（1890））において述べたように、近代的な消費者が文化的な価値基準に基づいて商品をランク付けすることは珍しいことではない。たとえ同じ価値であったとしても、私たちは食料品の代金を支払うために高価な耐久消費財を売り払うことは望まないだろう。また私たちは、一流の教育のようなエリートたる地位の象徴を手に入れたいと願っている。もし、どれだけの量のトイレットペーパーならＢＭＷと釣り合うのかとか、オレンジが何個あればイートン校での教育を買うことができるのかなどと尋ねたなら、あなたは頭がおかしいと思われるに違いない。しかし、こういったものはすべて、私たちが知り得ないほど長い間、ずっと貨幣で買われてきた。それゆえに、近代貨幣によってもたらされた普遍的な交換可能性は、すべての財が共約可能であることを否定する文化的価値観と両立するのである。それでも、イギリスに古くからある名門大学の番人たちは、彼らが知の特権階級と見なしている地位は貨幣では買えないと主張している。

このことは、私たちに交換領域の論理について考える手がかりを与えてくれる。世界中の支配層エリートたちは、気品は貨幣では買えないと主張している。貨幣と世俗の権力は、世襲された地位と宗教的《スピリチュアル》なリーダーシップよりも下位にあるものだと考えられているのだ。だが実際には、貨幣と世俗の権力が長きにわたってエリート階層にまで侵入し続けてきたことを、私たちは知っている。このことに今なお抗っているのは、とりわけ一つの階級、すなわち知識階級だけである。私たち研究者はティブの長老たちと団結して、近代貨幣の浸食力を嘆き、伝統文化が優先されるべきだと虚しく主張しているということである。

実体主義者を自称した最後の人物は、マーシャル・サーリンズである（とはいえ、彼がどの学派の一員であったかを正確に決めることは容易ではない）。彼の著書『石器時代の経済学』（サーリンズ 二〇一二（1972））は、一九六〇年代の論考と、新たに書かれた論考を集成したものである。サーリンズは「ビッグマン」と首長制の出現について進化論的な枠組みで論じたオセアニア地域研究(Sahlins 1958)で、その評価を確固たるものにした。彼はこの名声を手放して、しばらくの間、実体主義者の陣営に加わったのである。『石器時代の経済学』の巻頭言において、サーリンズは以下のような確固たる二分法を読者に提示した。

〈形式主義か実体主義か〉ということは、つぎの理論的選択をするにひとしい。つまり、正統経済学、とりわけ〈ミクロ経済学〉の既成のモデルは、普遍的に有効であって、未開社会にも**あらまし**(*grosso modo*)適用できるのか。あるいは——この形式主義的立場は根拠がないと考えて——問題の歴史社会にも、人類学の知的発達史にもさらにふさわしい新しい分析を発展させるべきか、そのいずれかにほかならない。大まかにいえば、営利経済の見地——なぜなら、形式主義的方法は、未開経済をわれわれの経済の未発展版と見なすのだから——をとるか、原理的にことなるあり方の社会として未開社会に敬意を表する文化主義的な研究をおこなうか、どちらかなのである。(サーリンズ 二〇一二:三—四(1974: xi-xii))

この論集の最初の論考は、アメリカ人で制度派経済学者の最後の大物であるJ・K・ガルブレイスの有名な著書(1)のタイトルを引いて、狩猟採集民が「原初のゆたかな社会」に暮らしていることを論じている。狩猟採集民は極貧状態で必死に生き延びようとしていたどころか、大半の農耕民集団よりも労働時間が短かった上に、はるかに安定した生活を享受していたというのである。他のいくつかの章では、贈与や未開における交易と交換を総体的に取り扱っている。サーリンズは互酬の類型論を提示し、一方の極には「一般化された」互酬(たとえば家族内におけるような長期にわたる終わりのない相互扶助）を、他方の極には他者との「否定的」互酬（たとえば窃盗）を置いている。その中間には、カール・ポランニーが互酬をめぐる定義で強調した対称的な関係にもっとも近い、「バランスの取れた」互酬が置かれている。このサーリンズの分析は混乱を招いてきたが、その一因は、このモデルでは標準的な市場交換も否定的互酬に分類されてしまうことにあった。同書におけるもっとも長い論考は二章に分割されており、「家族制生産様式（domestic mode of production）」について論じている。これは、マルクス主義に依拠したオイコス論であり、三人のカールたち（マルクス、ビュッヒャー、ポランニー）よりも、アレクサンダー・チャヤーノフから多くの着想を得たものであった。『石器時代の経済学』は、経済人類学の黄金期のまばゆい最高到達点である。というのも、この本が発した混沌としたメッセージは、続いて訪れる空虚な数十年間を予言していたからである。いずれにしてもサーリンズは、実りの少なくなった経済人類学分野への関心を急速に失ってしまった。彼が後に書いた西洋の消費文化についての論考（Sahlins 1976）、および西洋の経済概念をめぐる宇宙論的な起源についての論考（サーリンズ 一九九七―一九九八（Sahlins 1996））を形作っていたのは、形式主義－実体主義論争よりも、むしろクロード・レヴィ＝ストロースの構造主義であった。

形式主義者

一九四〇年に出版されたメルヴィル・ハースコヴィッツの著書『経済人類学』は、人類学者と経済学者の対話を望んで書かれたものであった。これに対して、リスクの経済学に関する先駆的な本（ナイト 一九五九（1921））の著者であるフランク・ナイトは、書評論文において即座にハースコヴィッツの勘違いを正した。ナイトは、部外者が経済学の諸原理――少なくとも彼が専門とする分野についての――を理解していないことを確信していた。彼の議論は、ラルフ・リントンがハースコヴィッツの著書を大げさに賞賛したことを批判するところからはじまっている。

リントン教授は、「……『未開』人の経済問題は私たち自身の問題と本質的に同じであり、そうした問題の多くは『未開』社会においての方がより良く研究できる。なぜならば、それらの問題がより単純な形態においてあらわれるからである」と論じている……このように言うとき、彼は単純に自分が何について論じているのかを分かっていないのである。(Knight 1999: 108)

ハースコヴィッツは実際に「機械社会と非機械社会」を対置したが、同時にその後者にも経済学の古典的な諸カテゴリーを拡張すべきであると示そうとしていた。彼は、経済学者が自らの文化的な限界を認識できていないことを批判したのである。これに対してナイトは、アメリカの「ビジネス産業」の中心的な特徴は、ハースコヴィッツがそう考えていた節があったように「利益を求めて売買すること」にあるのではなく、むしろ「非人格的な態度(それは値切り交渉を排除する)と単一の労働市場こそが真に特徴的」(ibid.: 109)なのだと主張した。だがナイトの批判の核心は、認識論に関するものであった。他の社会科学諸分野は、制度派経済学も含めて経験に基づいている。だが、新古典派経済学だけは、

明白かつ抽象的な諸原理、さらには特に直感的な知識を手法として効果的に用いている。……そのような経済行為についての概念的な理念は、少なくともある限界の範囲内においては、また一つの規範的な理念であると考えられる。ここで言う理念とは、人間は一般的に自分たちの行動と秩序をより「効率的に」かつ無駄なく行ないたいと願うというものである。……人類学者、社会

学者あるいは歴史学者が、演繹的な調査方法で経済原則を発見したり確認したりしようとしているのは、「雲を掴むような」試みだったのだ。そんなやり方では、数学が計量や測量といった方法で検証し得た経済の諸原理には近づくことすらできないのである。

(ibid.: 111-113)

経済学者の知見を学んだ方が良い。

経済学の諸原理は、それがどこへ適用されても不変である。しかし、経済学者は人類学者であるかのように振る舞うべきではないし、一方の人類学者も、文化に関する経済学者の無知をあげつらう前に、経済学者の知見を学んだ方が良い。

ハースコヴィッツは『経済人類学』の第二版に、ナイトによる書評とそれに対する自らの応答を所収した。そこでも彼は依然として、この二つの学問分野が互いに貢献すべきプロジェクトは「比較経済学」であると論じている。ハースコヴィッツは、いかなる科学であれ、演繹と推論だけに依拠して、事実をないがしろにして良いはずがないと論じた。彼が、自分は論争に敗れたとは感じていなかったのは明らかである。また人類学者たちも、ナイトが不満をもっていた諸実践に積極的に取り組む姿勢を変えることはなかった。だがしばらくすると、経済学者は自分たちの学問分野を急速に実証科学へと再構成していった。戦争による組織的な要請が、経済学分野における一九四〇年代の数学的手法の革新につながっていった。それを主導したのは、ヤン・ティンバーゲンとチャリング・クープマンスという二人のオランダ人であった。こうした計量経済学的な手法と、情報処理機器の洗練度が増したこととに支えられて、戦後になると経済学者は前例のないほどの知的覇権の座にまで登りつめた。経済合理性に対するナイトの直感的かつ規範的なアプローチは、かなり古臭く見えるようになってしまった。それに取って代わったのが、現実世界をモデル化しようとする野心であった。経済学者たちは、いくつもの定理や図表、数字を見事に組み合わせ、公共領域についての新たな知的征服を宣言した。第二次世界大戦は、そうした戦後の支配的なイデオロギーの準備期間であった。同時に数カ所の戦線で戦うために戦争中に練り上げられた作戦研究（operations research）は、冷戦初期の間にシステム理論およびゲーム理論と、新古典派経済学の言説や理論とを融合させたものへと進化していった（Mirowski 2002）。この統合によって経済学は欧米社会の、特にアメリカの公的言説の中心へと進出し、覆すことが不可能な地位を築いた。

ポランニーに導かれた実体主義者たちとは異なり、形式主義者として知られる経済人類学者たちの間には特定の一人の創始者がいたわけではない。一般的に彼らが自らの仕事と考えていたのは、新たな枠組みを示すことよりもむしろ、主流派経済学の洗練された分析道具を馴染みのない環境に適用することであった。形式主義者からすれば、経済学の中心的な概念は原則として世界中どこにでも適用可能であった。というのも彼らは、不足状況下において個々の行為者が行なう選択という観点から経済学を定義していたからである。このようにして形式主義者は、合理的利己主義の論理を、実体主義者であればその論理を適用するのが不適切であると考える状況——そこでの支配的な統合形態が非人格的な市場ではなく、互酬と再分配であるような——へも拡張していった。たとえばポランニーは、マリノフスキーのトロブリアンドの事例を数多く用いて、いかに経済が地域の社会ネットワークの中に実体的に埋め込まれているのかを示した。しかし形式主義者たちは、これらの同じ事例について積極的に再解釈を行ない、標準的な新古典派の仮説を立証した。進んだ技術や貯蔵のための設備が無い状況では、生産資本を蓄積することは選択肢に入ってこないのである。マリノフスキーは、トロブリアンド諸島民が消費しきれないほどのヤムイモを生産するのは、隣人に顕示するため、さらには母系親族への義務を果たすためだと証明した。だがこの証明は、近代経済学者の効用最大化の仮説とも合致するものであった。ロビンズ・バーリング（Burling 1962）は、新古典派経済学の伝統（特にロビ

ンズ　二〇一六（1932））にしたがって、人類学者は選択行為と最大化の普遍性を認めるべきであると強固に主張した。

そうした異なる複数のアプローチを検討するために、他の場所に劣らず相応しい場所が非産業社会における世帯であった。すでに見たように、マーシャル・サーリンズはロシアの農業経済学者アレクサンドル・チャヤーノフの研究（一九五七（1925））を用いて、家族制生産様式という概念を確立していた。ロシアの小農世帯は自分たちが生きていくために必要となる食糧の大半を自家生産しており、市場を通して他のものを獲得する必要がほとんどなかったので、利益の最大化をはかる資本主義企業のような行動をとらなかった。価格が上昇している局面において、資本主義企業は増産へと誘引される。その一方で小農世帯では、価格が上昇すればより少ない努力で必要なだけの貨幣を入手できるため、生産量を減らす傾向にある。逆に価格下降の局面になると、小農たちは目標収入に届くように、より懸命に働かなければならなくなるだろう。しかし、こうした市場が発する兆候《マーケット・シグナル》に対する真逆の反応もなお、どれだけの土地を耕作するか、どれくらい懸命に働くかについての合理的選択に基づくものであった。チャヤーノフは、このことを世帯内における労働者と消費者のバランスによって一般的に説明できると考えた。ようするに、養わなければならない若年層や高齢者が多くなるほど、その分だけ当該世帯に属する他の成員は懸命に働かなければならなくなるということである。このチャヤーノフのアプローチは全体として、レーニンによる分析（一九七九—一九八一（1899））——ロシア農村部で階級差異が生じたのは資本主義の浸透の結果である——とは対照的なものであった。チャヤーノフのアプローチが基づいていたのはむしろ、オーストリアの限界主義の仮説と分析手法だったのである。

もちろん、ポランニーが見出した、それらとは異なる経済の意味を重要視していた実体主義者にとってみれば、勘違いしているのは形式主義者の方であった。多くの農民が朝から晩まで重労働を続けることしか知らないのに対して、狩猟採集民および他の極めて単純な技術しかもたない人々があまり働かない傾向にあることが明らかになっているというのに、どうして不足（scarcity）という仮説を人間の行為全般に適用できるだろうか。それに対して形式主義者は、原初のゆたかな社会の成員たちは与えられた選択の機会において、余暇という選択肢を最大化しているのだと反論することができた。「顕示選好」[2]という新古典派の前提のおかげで形式主義者は、人々が消費者としてどのような選択を行なったとしても、個人《インディヴィデュアル》的な効用を必ず最大化していると主張することができた。形式主義のアプローチは、それがより高次のモデル構築につながってくると、いくぶんか興味深いものになった。ここで論点になったのは、個々人の合理的行動が社会の再生産に寄与するような規範を、社会はいかにして発展させるのかということだった。しかしながら、このように論点をずらすことによって、より生産性の高い形式主義者をも途方に暮れさせるパンドラの箱が開かれてしまったのである。アレン・ジョンソン（Johnson 1980）は、形式主義的な観点から農業における意思決定を検証した。その際に彼が気づいたのは、もっとも洗練された数学的モデルであっても、農民たちの最大化しつつあるものが厳密には何であるのかを予見できないということであった。結局は、その予見のために必要不可欠だったのはさらなる民族誌的な知識だったのである。

　形式主義陣営が論客を欠かすことはなかった。その中でももっとも印象的なのは、ポランニーの後継者たちをポランニー自身の言葉を借用して、「時代遅れの反市場志向」の犠牲者だと風刺したスコット・クックであった（Cook 1968）。ハロルド・シュナイダーは、『エコノミック・マン *Economic Man: The Anthropology of Economics*』（Schneider 1974）の中で、自身の形式主義者としての立場をまとめている。彼の経済分析が究極的に依拠していたのは、一般化された功利主義であった。その功利主義はときとして、十代の少女がキスを受け容れるべきかどうかを計算するという想定問答にまでレベルを下げて適用された。この時期、フレデリック・バルト（Barth 1966）から着想を得た「交流主義（transactionalism）」という新たな潮流が盛り上がりを見せた。この考え方を用いれば、（遠い昔にファースがやったように）複雑な制度的文脈でさえも功利主義的な枠組みによって分析できることが示された。ただしこの交流主義は、経済人類学よりも政治行動の研究により大きな影響を与えた。リチャード・ソールズベリーの『石から鉄へ *From Stone to Steel*』（Salisbury 1962）は、新たな技術が導入された後のニューギニアにおける経済変動を説明しており、豊かで繊細な民族誌的な議論と形式主義者の前提が両立不可能ではないことを示した。[3]

形式主義者の一部には、「利益最大化をはかる個人」というレトリックの一般化をいっそう推し進めるために、制度的文脈への敏感な目配りを放棄した者もいた。だが実際には、そういった研究者ばかりだったわけではない。中南米で調査していたアメリカの人類学者たちの中には、ジョージ・フォスター（Foster 1965）の「限られた財」の概念に見られたように農民を一律に保守主義的に捉える向きもあった。その一方で、経済が引き起こした事象――その中には社会的不平等の再生産も含まれる――を理解するためには、ローカルな社会関係の意義に注目する必要があると主張したのは形式主義者であった。マニング・ナッシュとフランク・カンシアンの両者はともに、メキシコ高地（チアパス州）のインディオ共同体で調査を実施し、同地域において**カルゴ**（*cargo*）として知られる儀礼システムの経済的側面を報告した。高位の役職と社会的威信を得るためには、このシステムに必ず参加しなければならなかったが、しかしそのためには大きな物質的支出が必要であった。このように、この儀礼システムは共同体の中で平準化機能を果たし、個人による生産資本の蓄積を抑制していたのである。しかしそれでもなお、個々の生産者がそれぞれ置かれた特定の状況においてどのように選択を行[4]

なうのか、そしてこうした選択がいかに複数の集団の間でパターン化されているかをモデル化することは可能であった。ナッシュ（Nash 1961）は、アマテナンゴでは、所有する土地を以前よりも減らした世帯ほど、より多くの労力を陶器の生産に注ぎ込む傾向があるということ、そしてその傾向は**祭り**（*fiesta*）の準備で現金を必要とする場合に顕著に強くなるということを発見した。メキシコの農民たちが世界中の人々と同様に、それ以上でもそれ以下でもなく、合理的であるということをナッシュは確認したのである。さらにマリノフスキーとデ・ラ・フエンテ（一九八七（1982））がすでに発見していたように、彼らは市場《いちば》での価格に非常に高い関心をもっていた。もしメキシコの市場《いちば》の経済が資本主義市場と異なっているのであれば、その違いは経済組織のあり方——たとえば主要な経済行為体として優位に立っているのが企業ではなく家庭であるというような——における二次的な差異からもたらされたものである。

カンシアン（Cancian 1965, 1972）は、シナカンタン社会の最富裕層と最貧困層が、農民の保守主義というステレオタイプ的なイメージを確証していることを発見した。だが、その一方で両者の間の中間層は、自分たちの家族の地位を向上させるために、はるかに積極的に革新的な技術を採用するというリスクを取ることにも気がついた。後にカンシアンは、ネオ・マルクス主義者たちからの批判を踏まえて、マヤ共同体における耕作の変化がより大きな社会的・政治的システムにおける変化をいかに反映していたのか、またこうした変化によって古いカルゴ・システムがいかに崩壊に至ったのかについて論じた。このように枠組みを拡張したからといって、カンシアンが形式主義的なアプローチを撤回することはなかった。なぜなら彼から見れば、それでもなおすべての決断は最終的には利益最大化をはかる個人によってなされていたからである。

この種の研究が上手く当てはまったのが、後に第六章で検討する開発研究の分野における近代化論のパラダイムであった。ハロルド・シュナイダー（Schneider 1970, 1974）は、タンザニアの経済を近代化することの難しさを甘くみていたわけではなかったが、しかしながら市場と財産の個人所有を推し進めていくことこそ望ましいことと確信していた。なぜなら個人主義的で目的志向的な行為に対する文化的な束縛が取り去られさえすれば、タンザニアのトゥル人（Turu）のような人々は「エコノミック・マン」として、より適切に自分たちの生活をコントロールできると考えられていたからである。初期の近代化パラダイムの支持者の中には、すぐにそこから手を引いた者もいた。その代表格がクリフォード・ギアツである。他方で、近代化パラダイムを用いて経済人類学者として研究を続けた人々は、真剣に経済学に取り組むことが自分たちの研究に重みを与えてくれているということを分かっていた。形式主義は徐々に分裂し、情報理論、ゲーム理論、費用便益分析、合理的選択、農業開発、それ以外で主流派経済学から派生した多くの理論を用いた多様な専門的なアプローチになっていった。一九八〇年代までには多くのアメリカの大学では、経済人類学者は直近の過去の愚行を繰り返すくらいなら、経済学の中でより高い学位を取得すべきだと唱えられるようになった。

結び

一九五七年の論集に所収されたカール・ポランニーのいくつかの重要な論考は、彼が『大転換』において最初に提示した知的な分割をより明確に示したものであった。前産業社会が社会秩序の維持を保証する互酬と再分配の制度によって構築されているのに対して、産業社会は個人的な意思決定に支配された「市場」が抽象的に統治する、脱ローカル化（つまり「脱埋め込み」）された経済であった。前者について具体的かつ経験的な基盤に基づいて研究したのが人類学者であったのに対して、後者により適合したのが経済学者の方法論であった。言い換えれば、経済学者は近代社会における知の指導的地位を保持し、一方で実体主義者はエキゾチックな、ないしは消滅した社会に対する適切なアプローチを確立しようと奮闘したのであった。形式主義者たちは、世界中で抽象的な個人主義を発見することの方を選んだ。

それは言うまでもなく方法論争（第三章参照）——一方は経済は常に同一であると、他方は経済は多様であると主張した——の再来であった。一九七〇年代には、産業社会の誕生が実質的に大転換につながったという一般的合意を踏まえて、この両者の間には休戦が訪れた。だがこれは、まったくもって束の間の**暫定協定**（*modus vivendi*）以上のものではなかった。ジョージ・ドルトンは、このような分業体制を共謀して作り出し、ポランニーの議論を論理的帰結まで導いた。そして現代世界を動かしている諸社会について研究するのは人類学者の仕事ではないということを、ドルトンは実質的に容認してしまったのである。しかし人類学者はその頃からずっと、もっとも洗練された現代的な市場の機能についてさえも言いたいことを山ほど抱えている。他方で、形式主義者の意思決定モデルと合理的選択理論は、かつて「未開」や「古代」として知られていた社会に、いまなお適用されている。結局、形式主義–実体主義論争に終止符を打った和解は長続きしなかったのである。

そうであるとすれば、ポランニー学派の現在の立ち位置はどのようなものになるだろうか。当時ポランニーが入手し、読むことができた「未開社会」についての文献は、網羅的なものではなかった。ポランニーは、マリノフスキーやトゥルンヴァルトのような民族誌家が非功利主義的な動機や共同体の規制に注目した部分は強調したが、一方で形式主義者の立論を支え得たであろう労力の節約や計算といった証拠は無視していた。ポランニーが古代社会に市場がなかったということを誇張して言っていることは間違いない。また土地と労働という「擬制商品」についても、その祖先にあたる存在が前産業経済には数多く存在していた。経済学者と形式主義人類学者は、このようなすべての認識の歪みが、「社会」と「市場」とを単純に対立させるロマン主義的あるいは共産主義的、もしくはマニ教的二分法ですらある見解に起因するものと考えるだろう。文化相対主義者は、もう一つ別の観点からポランニーを批判することができた。それは、ポランニーは大雑把な類型を提示するだけで、個別のローカルなレベルに取り組むことができていないというものであった（と言っても、この批判はボハナンのような弟子たちには当てはまらないが）。ネオ・マルクス主義者たちが批判のやり玉に挙げたのは、ポランニーが交換を特権視して、生産様式に取り組むことができていないことであった。ポランニーが労働と階級闘争にほとんど関心を払っていないということは否定しえない。また彼の互酬の概念は、狩猟採集民の社会にはうまくあてはまらない。貯蔵設備のない平等主義的な社会は、互酬以上に再分配と共有（sharing）に依存するとされており、これはポランニーの類型論が暗に前提している発展図式とは辻褄が合わないのである。

だが、こうしたすべての欠点にもかかわらず、カール・ポランニーによる経済への制度的アプローチの多元主義（pluralism）は相変わらず魅力的である。彼は依然として、強い影響力をもち、またひらめきさえ与えてくれる人物であり続けている。さらに二〇〇八年に端を発した経済危機は、彼の業績に半世紀ぶりの話題性を付与している。こうした新たな賞賛がより広い大衆から寄せられているということは、キャリアのほとんどを経済ジャーナリストとして過ごしたその人物を間違いなく喜ばせることだろう。ポランニーの業績は、古代史から社会学や社会哲学まで、さらには古典研究から国際的なポリティカル・エコノミーにまでわたる巨大な学問体系を形作り続けている。一九六〇年代にポランニーがもっとも密接に関わった経済人類学においては、彼の名前は以前よりは目立たなくなってきている。だが次章において見るように、その呼び名こそ変わってしまったが、形式主義者と実体主義者がとっていた基本的な立場は今日に至るまで引き継がれてきていると言えよう。当時と同じように現在も、対立する立場の間で現実的な妥協をすることに可能性を見る研究者もいれば、他方には、そうした違いはパラダイム上のもので、植民地化以前のティブ人の交換領域がそうであったのと同じように共約は不可能なのだと主張する研究者もいるのである。

第五章　形式主義－実体主義論争以後

形式主義と実体主義の間の論争が、戦後の数十年にわたる経済人類学分野を完全に覆い尽くしていたわけではない。中には、この論争への不関与を決め込んでいた重要人物も何名かいた。メアリー・ダグラスによる中央アフリカのレレ人（Lele）とブショング人（Bushong）の労働についての比較分析（Douglas 1962）は、サーリンズ（二〇一二（1972））に触発されたもので、部族社会の過少生産に関する彼の実体主義的な主張を支持するものであった。ただしダグラスはこのときすでに、独自のやり方で経済学への批判的な取り組みを志向していた（第八章参照）。エドマンド・リーチ（Leach 1961）は、スリランカ農村における財産所有についての取り決めに関して、はっきりと功利主義的な観点から論じた民族誌を刊行した。だが、リーチが自らのフィールドの事例を用いて取り組むことを選んだのは、経済人類学の論争よりもむしろ、当時親族論をめぐって交わされていた論争の方であった。ダグラスとリーチは、他の多くの研究者と同様に、レヴィ＝ストロースの構造主義理論に焦点を合わせるために歴史を放棄したのであった。

人類学者が**長期持続**（*longue durée*）〔民衆生活や集合記憶を焦点化したアナール学派の概念で、それらの長期にわたる変化を指す〕の観点から世界資本主義の体系的研究に取り掛かる上では、数名の先駆者による先行研究が極めて重要になるだろう。一九世紀の進化主義者による遺産をアメリカにおいて前進させたのは、レスリー・ホワイトとジュリアン・スチュアートが率いたミシガン大学とコロンビア大学の一派であった。そこには、マーヴィン・ハリスやエリック・ウルフ、マーシャル・サーリンズも含まれていた。中でも特に革新的だったのは、シドニー・ミンツの手法であった。彼の研究対象は、プエルトリコのプランテーション労働者の伝記(Mintz 1961)から、砂糖をめぐる生産、貿易、そして近代資本主義生誕の地であるイギリスにおける消費の歴史にまで及んだ(ミンツ 一九八八(1986))。

フランスでは、ルイ・デュモンが自らのインド研究と、初期近代ヨーロッパにおけるポリティカル・エコノミーの出現についての歴史研究——これはカール・ポランニーの著作の影響を受けていた——とを組み合わせた(Dumont 1977)。イギリスのジャック・グディは、デュモンほどポランニーの影響を強く受けていなかった。彼は、ポランニーが古代社会における市場交換の重要性を軽視していると感じていたのである。グディと同じように歴史的手法に傾倒した同時代の研究者たちが遡ったのは、せいぜい一六世紀におけるヨーロッパの海外拡張までであったが、グディはそれよりもはるかに古くまで遡った。彼はマルクス主義先史学者であるゴードン・チャイルド(一九五七(1936))に依拠していたが、そのチャイルドは約一万年前にはじまった「新石器(あるいは農業)革命」(アフリカはここに関わっている)と紀元前四〇〇〇年の「都市革命」(こちらにはアフリカは関わらない)という二大転換点を統合していた。チャイルドの基本的な枠組みは、モルガン(二〇〇八(1877))とエンゲルス(一九九九(1884))に基づいていた。そして、そのモルガンとエンゲルスが依拠していたのが、第一章で見たように、ルソー(二〇〇八(1754))であった。グディの独創性は、財の移転に焦点を当て、その財の移転と親族および世帯編成とを関連づけたことにあった。ユーラシアにおける「先進的農業」が男女両方の子孫に対する「垂直的な」財の移転と結び付いている一方で、サハラ以南アフリカの特徴はより集団的な土地所有と「水平的」な婚資の支払いにあることをグディは明らかにした（Goody 1976; Goody and Tambiah 1973）。

史的唯物論はグディ、ミンツ、ウルフといった人類学者に明らかに影響を与えた。それにも関わらず、大半の英語圏の人類学者にとって「マルクス主義」という語は依然として問題含みのラベルのままであった。経済人類学におけるマルクス主義再発見の中で決定的な役割を果たしたのは、フランスの研究者たちであった。以下では、彼らの研究を見ていこう。

マルクス主義

一九七〇年代の英語圏において、フランスのマルクス主義人類学は熱心な信奉者を得ていた。その主唱者たちは形式主義－実体主義の論争について熟知していたが、しかしその両陣営はともに経済的土台の分析抜きに上部構造に取り組むという無為な議論をしているものとみていた。アルチュセールとバリバールの『資本論を読む』（一九七四（1965））は、マルクス主義的なポリティカル・エコノミーを、レヴィ＝ストロースの構造主義的な方法論、さらにはアメリカのシステム理論とつなぎ合わせた重要文献であった。構造主義やシステム理論の枠組みからは事実上抜け落ちていたのが、人間主体や弁証法的理性、さらには実際の歴史自体だったのである。理念の上における生産様式の深層構造は、労働者、非労働者そして生産手段という三つの要素を有しており、その多様な組み合わせが具体的な諸生産様式としてあらわれるものと概説された。特に注意が払われたのは、その生産様式の経済的水準、政治的水準、イデオロギー的水準の間の関係性であり、個々の事例において、それらのどの水準が支配的かつ／あるいは決定的であるのかという問いであった。アルチュセールは、「社会構成体」

という概念を支持して、「社会」というイデオロギー概念を放棄した。どのような社会構成体であれ、一般的にはいくつかの生産様式を組み合わせた（「接合した（articulate）」）ものであるとされた。

こうしたネオ・マルクス主義に対して人類学から捧げられた諸研究の中で、最初に英仏海峡を渡ったのは、モーリス・ゴドリエの『経済学における合理性と非合理性』（一九八四（1966））であった。同書は、ポランニーにはじまる形式主義－実体主義論争については従来どおりの見解を示すだけだったが、その一方でマルクスとレヴィ＝ストロースの統合を主張していた。ゴドリエは合理性の概念を個人にだけでなくシステムにも当てはめることによって、構造と行為主体の間で生じている矛盾——それを彼は調停できなかった——を提起したのであった。ゴドリエによれば、マルクス主義はレヴィ＝ストロースの構造に一つの特殊な機能を付け加えることによって、社会システムを文化人類学的に完璧に分析できるようにした。しかしながら、その成果はマルクス主義というよりも、むしろ構造機能主義の生態学版に近いものになってしまった。マリノフスキー流の機能主義は、制度による個人への働きかけ方に焦点を当てており、他方で構造機能主義（ラドクリフ＝ブラウンや、アメリカの社会学者タルコット・パーソンズと関連づけられる語である）は、行動を社会システムの維持に寄与するものと説明していた。これはマルクスやモースが提起した、ものごとが生じる過程により注目した理解とは大きく異なっていた。

クロード・メイヤスー、エマニュエル・テレー、そしてピエール＝フィリップ・レーは全員がアルチュセールの影響を受けていることを認めていたが、同時に彼らは共通の調査地であった西／中央アフリカの民族誌的解釈をめぐって論争を闘わせた。彼らが主に参照したのは、メイヤスーの『コートジボワールのグロ人の経済人類学 *Anthropologie économique des Gouro de Côte d'Ivoire*』（Meillassoux 1964）であった。この後に行なった総合的研究（Meillassoux 1981）においてメイヤスーは、部族社会、農民社会そして資本主義社会の各々における主要な蓄積手段——女性、食料、そして資本——の比較という野心的な試みをしている。テレー（Terray 1972）はグロ人の民族誌を再解釈する中で、マルクス主義的な分析が多くの場合にあまりにも大雑把で、すべての未開社会にほぼ同じラベルを貼りつけてしまっていたと論じた。そのため、非マルクス主義者の民族誌家たちが、親族構造などに言及することでそれぞれの社会の特異性について論じる余地は大幅に残された。そのようにマルクス主義的な概念を振りかざすのに替わる方法として彼が打ち出したのは、イギリスの構造機能主義のアプローチを見習って、ある社会の物質的基盤を詳細に分類するというものであった。そうすることで当該社会の生産様式を経験的に推測することが可能になり、個別具体的な事象を唯物論的な分析に組み込むことができた。テレーは西アフリカのある王国の綿密な歴史を記述していたとはいえ、この種の史的唯物論において歴史はほとんど登場しない。

ピエール＝フィリップ・レー（Rey 1971）は、コンゴにおける母系親族組織、奴隷制そしてヨーロッパ人の侵入に関する著作において新たな知見をもたらした。彼の研究は、すでに知られていることについて単に新たな専門用語を割り当てるという、一般に蔓延ったマルクス主義的手法とは対照的なものであった。この研究の中で、彼は「リニージ的生産様式」という自身の有名な概念の要点を論じた。さらにレーは「支配構造の内部における生産様式の接合」を唱え、植民地資本主義がリニージ的生産様式と小商品生産様式を再編成する過程を蓄積という観点から具体的に論じた。

一つの謎が残されている。それは、このフランスのマルクス主義者の小さなグループが、その規模に不釣り合いなほどの影響を一九七〇年代の英語圏の人類学に与えたことを、どのように説明したらよいかである。彼らがいくつかの概念を明確化し、英訳されていない数本の民族誌を書いたというだけでは説明にはならない。彼らの成功はおそらく、フランスの構造主義がマルクス主義を含めたドイッ哲学と、英語圏の科学的経験主義との狭間で明らかに統合的な位置にあったことと関係していた。システム理論を組み込むと同時に弁証法を放棄することによってマルクスを近代化することが、構造機能主義の変種を生み出したのである。その変種は、英語話者にマルクス主義を学ぶよう説得できるくらいには十分に、もともとの構造機能主義と異なっていた。そしてまた、英語話者が構造機能主義の伝統的な思考法——それは帝国行政の中で果たした役割ゆえに一時的に信用を失っていた——を捨てずに済む程度には、従来の構造機能主義と似通ってもいたのである。

グロ人に関するメイヤスーの著書は、西アフリカ民族誌の解釈を通して、一九六八年頃のフランスにおける政治的な対立状況を表現可能にするような寓話の宝庫になっていた。たとえば一つの論点は次のようなものであった。長老が若者の労働力を思い通りに使うことができるのは、レーが言うように婚姻交換を通した財の分配調整に起因するものと捉えられるべきか、それともテレーが言うように生産組織に帰すべきものなのか。これは実際には、パリにおける共産主義者と極左の諸勢力との間の議論を再演したものになっていた。そこでの問題は、生産手段の国有を重要視しているという点において、果たしてソ連は社会主義の純粋な実行例であるのか、それとも国家資本主義社会であるのかというものだった。スターリン主義者たちは、ソ連は実際に社会主義的であると考えていた。他方で、彼らの論敵であるシャルル・ベトゥレーム（一九七五（1963））のような論者たちは、財産所有関係は分配の水準においてのみ機能するのだから、さらに徹底したマルクス主義的分析を行なうためには生産組織に基づくべきだと主張した。労働過程を管理統制するという観点からすれば、ロシアの工場は資本主義的な企業と決して異なるものではなかったのである（第七章参照）。こうしたフランスのマルクス主義内部における論争のさまざまな面を、彼らの理論を取り込んだ英語圏の人類学者たちが見落としていたことは、驚くようなことではない。

一九七〇年代の間は、こうしたフランスのマルクス主義的思想が経済人類学を変革しているかのように見えた。ジョナサン・フリードマン（Freidman 1975）は、ゴドリエのみならずイマニュエル・ウォーラーステインの「世界システム」分析（二〇一三（1974））の影響も受け、政治的循環をめぐる唯物論的分析手法に基づいて、リーチの高地ビルマの著名な研究を新たに解釈し直してみせた。モーリス・ブロック（Bloch 1975a）は、マダガスカルにおいて隣接して暮らしていながら異なった経済基盤をもっている集団の間では、財産所有についての観念が異なっており、またその違いに応じて対照的な婚姻や親族のパターンを有していることを明らかにした。ブロックはマルクス主義的アプローチにしばらく傾倒していたが、経済に対する関心は決して強くはなかった。彼は、イデオロギーと儀礼が政治的支配の強化にいかに役立つのかに関して、影響力のある業績を生み出し続けた。フランスのマルクス主義に魅せられた者たちの中で、ブロック以外の人々はある一つの同じ方向へ向かった。彼らはマーヴィン・ハリスの「文化唯物論」にしばしば付された「俗流唯物論」のラベルを敬遠して、生産については最後までまったく触れないままであった。ジョン・クラマー（Clammer 1979）が『新たな経済人類学 *The New Economic Anthropology*』という論集を刊行した一九七〇年代末までには、マルクス主義的な統合という約束はすでに叶わぬ夢となっていた。

こうしてフランス・マルクス主義のバブルは、それが英語圏世界に到達するやいなや弾けてしまった。その盛り上がりが、第二次世界大戦後の大いなる分水嶺——福祉国家民主主義が新自由主義に道を譲った時点——を越えて続くことはなかったのである。ここ数十年の間、英語圏諸国におけるフランス・マルクス主義の灯火は数名の研究者によって別々に引き継がれてきた。だが、彼らの声が一つの知的な運動に結実することはなかった。フランス・マルクス主義を受け継いだ中でもっとも強い影響力をもった著作は、エリック・ウルフの『ヨーロッパと歴史なき人々 *Europe and the People without*

History』(Wolf 1982)である。ウルフは広く流布していた民族誌の書き方、すなわち地域を狭く括り出し、孤立した事例として対象を描き出す手法に抗った。そうではなく彼は、広範にわたる人類学的な知識を、一六世紀以降の西洋資本主義の拡張とそれに対する各地域の反応をめぐる包括的な歴史の中に位置づけたのである。ウルフは、強固なヨーロッパ中心主義的な先入観を伴った史的唯物論の概念的な語彙を使い続けるのではなく、「貢納的生産様式」という新たな言葉を作り出した。そうすることで、東アジアやアフリカなどの地域に封建主義という概念が適用可能かどうかという、次第に不毛になってきた議論に終止符を打ったのである。

マルクス主義は新たな農民研究の大部分に影響を及ぼしたが、それらの農民研究の最盛期もまた一九七〇年代であった。この時期、農民共同体の階層分化をめぐる政治的側面により大きな注目を向けるようになった研究にとって、ラテンアメリカは依然として関心の中心であった。形式主義者のフランク・カンシアン(Cancian 1965)は、中間集団(支配的でもなければ、やっとのことで生存しているわけでもない集団)が高い確率で経済的革新を担う集団になりやすいということを明らかにし、さらにウルフ(Wolf 1969)はこうした中間集団が数多くの革命運動の先頭に立ってきたことを付け加えた。この世代の研究者たちは、農民たちがより広いシステムの中に取り込まれていることを明らかにしただけではなく、いかに弱者の労働が農村の生産システム――大規模なプランテーションにおいてであれ、小農地であれ、その両方の組み合わせにおいてであれ――の中で搾取されているのかについて詳細な分析も行なった(Wolf 1966)。農民がいまだに生産手段を所有している、もしくは柔軟な分益小作制が普及している場所においては、資本主義社会に適した階級分析を適用することはできなかった。また耕作者がどこまで自らの疎外や搾取を意識しているのかに関心を移すと、階級分析はなおいっそう複雑になった。マルクス主義人類学者の中には、地域市場で価格決定しているさまざまなエリート集団の権力に注目した者もいれば、国内と国際の両方における商取引の方法に焦点を当てた者もいた。その他に、生産領域を検証した研究者もいた。中でも有名なのが、かつての形式主義者スコット・クックが、オアハカ盆地で行なったサポテコ人（Zapotec）の煉瓦工場についての研究（Cook 1982）である。この時期までにクックは新古典派のアプローチに不満をもつようになっていた。そしてこの研究において、マルクス主義における「単純商品生産」という概念を用いて、新古典派と同じくらいに精密なモデル――込められた政治的メッセージは極めて異なるものの――を展開できることを発見した。この他にも、農村共同体に関するマルクス主義的な分析は、ヨーロッパ、特に地中海において際立っていた。また、当時アフリカの農業の近代化を妨げていると考えられていた「アフリカの小農」なるものが本当に存在するのかを、マルクス主義的な観点から確認しようとする研究も、しばらくの間盛んにおこなわれた。[1] またドナルド・ドンハム（Donham 1990, 1999）によるエチオピア南西部のマーレ人（Maale）についての研究は、英語圏の人類学者もフランス語圏の先人たちと同じくらい敏感かつ創造的に、きめ細かい民族誌のためにマルクス主義の概念を洗練することができることを遅ればせながら実証した。

第八章において論じるように、一九八〇年代初頭以降、経済人類学者たちははじめて欧米の資本主義についての批判的な民族誌研究に目を向けるようになった。もしかしたら、こういった対象にはマルクス主義的アプローチが非常に適していると期待する向きもあるかもしれない。だがこうした研究に取り組んだ人類学者たちは、自分たちがマルクス主義の影響を受けてきた――一九七〇年代のマルクス主義再興期における先駆者と同じように――と認めた場合であっても、マルクスの批判的視点を世界史に適用することはめったになかった。もし資本主義の最新の危機がもう一度マルクス主義的な経済人類学を復興させることがあるならば、人間の歴史をめぐるマルクス自身の経済的な視点がこれまでの過去半世紀以上に影響力を有するようになることを願うのみである。

フェミニズム

二〇世紀の最後の数十年間、フェミニズムは文化批評の最前線に立っていた。それは、なんといっても女性の運動であった。フェミニストたちは、一九六〇年代に「個人的なことは政治的である」と宣言し、さらに女性の不可視性や排除、搾取といった観点に基づいて欧米の諸制度を痛烈に批判した。このような幅広い批判が人類学の肥沃な土壌に落ちたのである。第一に、初期のフェミニストたちが再発見したのは、女性は「生まれついて」従属的であるわけではないというエンゲルス（一九九九〔1884〕）や史的唯物論者の議論であった。家父長制支配がはじまったのは、原始共産制が解体し、さらに私的所有と階級対立が生じた場合だけである。狩猟採集民の研究者は、食料供給における貢献度が男性の狩猟者よりも女性の採集者の方がしばしば高くなることを明らかにした。このような生産面における女性の自律性は、より一般的な地位をめぐる対等性に反映されていた（Leacock 1978）。第二に、エレノア・リーコック、マーガレット・ミード、ルース・ベネディクトといった研究者たちは、人類学という学問分野の内部において女性が男性と対等の地位を長らく勝ち得てきたことの証左となっていた。このことは、他の大半の社会科学諸分野とは際立った対照をなしていた。オードリー・リチャーズ、ルーシー・メア、ローズマリー・ファースといったイギリスの女性人類学者たちは、家庭の内外における女性の労働を含めてさまざまな経済活動に皆そろって強い関心をもった。世界の一部地域、たとえば西アフリカでは、市場の商人として目立つのは女性であった。しかし北ナイジェリアのイスラム教地域のように、女性があまり可視化されていない地域でさえも、女性は家庭内にとどまりながらも財の循環において重要な役割を果たしていたのである（Hill 1972）。

一九八〇年代は、近代性をめぐる既存の諸カテゴリーが混乱し、信用を失っていった脱構築の一〇年であった。こうした脱構築の仕事を遂行していたのは、学問世界の内外において、不均衡なほどに女性研究者ばかりであった。当初フェミニストたちは、それまでの社会に関する一般的な記述から女性が除外されていることがもたらした帰結を指摘していた。家庭における女性の労働は、賃労働と比べて取るに足らないものとして扱われていたのである。このことは、家庭内での再生産をないがしろにして、市場向けの生産に高い価値を与えることに対する批判につながった。このように、フェミニズム運動の初期段階においては、経済について論じる際に女性を視野に入れ、女性と男性をはっきりと対等に扱う必要性が強調された。

マリリン・ストラザーン（Strathern 1972）は、欧米におけるジェンダー・ステレオタイプはメラネシアの諸文化には適用できないと主張した。そこを出発点に彼女は、個人／社会、さらには自然／文化のような中核的な対概念をめぐって洗練された批判を展開した。フェミニストの中には、女性を男性と対等な存在として社会に包摂せよという要求を越えて、女性が男性とは別に独自のやり方で発展していく権利を主張した者たちもいた。独自の道を行くことこそが、男性による女性の搾取に抗うためのもっとも有効な手段になりうるとされたのである。リゼット・ジョセフィデス（Josephides 1985）は、一九七〇年代以降のフェミニスト的思考において生じた一般的な変化に基づいて、同じニューギニア高地社会に関するかつてのストラザーンの議論に異議を唱えている。一九八〇年代になって、一つの階級として女性が連帯するという前提が崩れたのは、黒人女性と白人女性、レズビアン女性と異性愛者の女性といった女性内部の強力な差異が表面化してきたためだった。このような展開を鮮明に描き出しているのが、ロンドンのレズビアン・コミューンに関するサラ・グリーンの研究（Green 1997）である。マリリン・ストラザーン（Strathern 1988）は最終的に、自らフェミニズムに関わることを考え直すに至った。このことによって、フェミニズム運動と人類学の間の溝は広がってしまった。こうした一連の流れの中で、フェミニストたちは批判的な経済人類学の最先端に留まり続けていた。その中でも、とりわけフェミニストが先導的な役割を果たしたのは、理論的に洗練された最高水準の民族誌を通してなされた、資本主義経済に対する再帰的な批判においてであった。

このようにフェミニスト運動は、以前の伝統を再活性化させ、それを新しい方向に導いた。女性の家庭内における労働と家族の再生産は、家庭外における男性の賃労働と同じくらいに重要なものとみなされなければならなかった。それは仮に「労働」という語を男性が行なうことだけに限定するのに、女性自身が荷担している場合でさえもである。こうした動態を産業社会において探求したのは社会学者であったが、他方でその問題を世界中に、特に農民研究において先導したのはフェミニスト人類学者たちであった。チャヤーノフ（一九五七（1925））は世帯の具体的な中身については言及せず、ブラックボックスのまま残していた。このことは暗に、世帯内における労働（労苦）の割り当ての決定が合意によってなされることを示していた。しかしこのような世帯が家父長中心の制度であるということを、フェミニストたちは容易に明らかにした。あらゆる理論的信念をもった民族誌家たちが、こうした問いに対して熱意を新たにして取り組み、その結果として一般的なパラダイムをより複雑なものにするさまざまな微妙な差異を発見した。たとえば、小規模自作農による綿花栽培が行なわれているトルコのエーゲ海地方においては、次のような例が報告されている。綿花の収穫作業が遅れると、農民が収入を最大化しようとするときに収入が減ってしまう。そうすると、なんとか収穫を早めるために、世帯の女性成員を農地に繰り返し送り込んで骨の折れる単調な仕事をさせるという決断がなされる。その決断は世帯の総意としてではなく、男性の家父長によってなされるのである（Sirman 1990）。トルコ共和国が新しい種類の種子や生産技術によって農村の収入を増やす政策を導入したときに、増加した分の労働作業の負担は女性にばかり降りかかってきた。フェミニスト研究者の間では、このことを、アナトリア地方全体やおそらくはイスラム教世界全体で見出されるコスモロジーと結び付ける向きもあった。しかしながら、より精密な調査によって明らかになったのは、この問題には家父長制自体よりも農村における不平等の方が大きく関わっているということであった。

北東アナトリア地方のラズ人（Lazi）の女性は、一般的には夫からひどい扱いを受けていると考えられている。オスマン帝国時代からラズ人の男性が出稼ぎに出る割合は高く、その結果として男性が耕作を放棄した小規模農園は女性に託されていた。ラズ人の女性たちが家庭外での生産に携わる姿があまりに目立っていたため、アナトリア地方のトルコ人たちは、彼女たちが極めて酷い搾取を受けているものとみていた。だが、そういった労働はジェンダー間の不平等というよりも、むしろジェンダー・バランスの証として捉えることのできるものであった。お茶が二〇世紀後半に新たな換金作物として導入されると、労働集約型の茶摘み作業の大部分を担ったのは女性であった。だが家父長制がより顕著であったのは、ラズ人の間においてではなく、アナトリア地方の各地から来た地元の分益小作人や賃労働者たちの間においてであった。これらのよそ者の間では、世帯の財布と労働の管理をしていたのは男性家長であった。それに比べて、ラズ人の間におけるジェンダー関係はより対等なものであった。このことは、茶栽培による生活水準の全般的な向上が女性に直接的に恩恵をもたらしてきたことを示唆していた。問題は、農村に住むラズ人の女性の地位改善を支えた一因が、外部からの安価な女性労働力の供給にあったことである。このようなパターンは決してトルコに限られるものではない。同様に、都市中産階級の女性たちは、しばしば貧困層の女性による家庭内労働を搾取することによって、自らのキャリアにおける成功を追い求めているのである（Bellér-Hann and Hann 2000）。

イスタンブールの豊かな家庭や小規模な工房で働きつつ、他方でより広い経済的ネットワークの維持に貢献している移民の女性たちは、自らの雇用主を親族のようなものとして考える傾向がある。絨毯工房の経営者たちは、自分が経営する作業場で働くそういった移民の女性たちや、あるいは出来高払いで各家庭において個人的に絨毯を織っている人々と、積極的に私的な関係性を築こうとしている。彼らがアメリカ人の人類学者ジェニー・ホワイト（White 1994）に言ったのは、「貨幣が私たちを親戚にする」ということだった。観察者の目から見れば搾取であっても、そこに関わっている人たちが常にそう認識しているとは限らないのである。そのことは、マウントハーゲンの女性たちについてのマリリン・ストラザーンの民族誌（Strathern 1972）の原点でもある。

人類学におけるフェミニスト革命の中核に位置していたのがジェンダーであった。だがその革命は同時に社会における、特に資本主義の諸社会におけるセックスの位置づけについての新たな関心も生み出してきた。ここで本書の著者の一人であるハートが、かつて一人のガーナ人学生と交わした貨幣とセックスについての会話を通文化的視点から思い起こしてみたい。そのガーナ人学生は、彼の母国で開催されたパーティで一人の若いアメリカ人女性と出会い、その後二人は彼女の家で一夜を共にした。翌朝、彼は部屋を出るときに、愛情の証として化粧台の上にいくらかのお金を置いた。この振舞いが爆発を引き起こすとは、彼はまったく予期していなかった。「あなたは私のことを売春婦だと思っているの!?」。彼の考えとしては、現金は贈り物と何ら変わらないし、贈り物よりもずっと役に立つものであった。貨幣の支払いによって関係性が非人格的なものに変質すると考えられていることを、彼は知らなかったのである。資本主義社会における貨幣は、疎外、孤立、非人格的な社会や外部をあらわしている。なぜなら貨幣の起源は、私たちの制御が及ばないところ（つまりは市場）にあるからである。他方で、貨幣が介在しないことを特徴とした関係は、人格的な統合や自発的な連帯、私たちが親しみを覚えるもの、内的なもの（つまり家庭）のモデルである。この二つの領域は実際には完全に分離することができず、世帯消費が貨幣の支出によってなされるという事実は問題を永遠に複雑化し続ける。

ソフィー・デイ（Day 2007）は、こうした資本主義社会におけるモラル・エコノミーと、公に認められた売春とが、なぜ、どのような点において相容れないのかを説明している。労働の世界において、私たちは貨幣の支払いを受ける代わりに非人格的な組織に従属している。他方で、家庭において私たちは、貨幣の支払いを伴わない奉仕によって維持されている親密な関係性を通して、自分たち自身を表現している。もし近代資本主義社会が、個々人に一つの統合された自己を陶冶するよう促しているのだとすると、このような複数の極端な理念型の間で日常的に揺れ動くことは深刻な実存的問題を引き起こす。家庭の外において恥知らずにも性的な親密さを金銭で売っている「売春婦」が、多くの場合にモラル・パニックの対象となることは不思議なことではない。このようにさまざまな文化的カテゴリーをあからさまに混ぜ合わせてしまうことは、女性とセックスと貨幣を、各々の適切な位置に留め置こうとする多大なる制度的努力を台無しにしてしまうのである。デイは、どのように個々の女性たちが自らの生活の中における公的次元と私的次元を調停しているのかを明らかにした。彼女の民族誌の核心部では、女性たちが人格的側面／非人格的側面を切り分ける際に用いるさまざまな戦略が描き出されている。彼女たちは当然のことながら、セックスについての表向きの制度――そこには欠陥や混乱が日常的に目につく――については批判的であった。だが彼女たちはまた、境界線にまつわる社会規範を極めて創造的なやり方で再生産してもいた。彼女たちは、非人格的な性的接触を境界線によって囲い込み、自分たちの日常生活と切り離そうと苦心していたのであった。だが、誰もがそうであるように、こうした努力はしばしば矛盾を孕んだものであり、境界線は曖昧になってしまったのである。

二一世紀初頭の経済危機が明るみに出したのは、「公的」社会を「私的」経済に還元しようとする試みに伴うさまざまなリスクであった。それに対して、フェミニストの伝統やその他多くの議論に基づいたデイの民族誌が示したのは、人類学者が資本主義をめぐる概念上、実践上の矛盾に対する新たな理論的な取り組みにおおいに貢献できるということであった。

文化的転回

一九八〇年代までに、ポランニー学派は解体してしまった。そうなると、主流派経済学に決して興味があるわけではなかった多くの人類学者たちは、すぐに経済人類学を放棄し、衰退に追い込んだ。モロッコの**スーク**（*suq*）に関するクリフォード・ギアツの論考（Geertz 1979）は、イスラム文明の経済（バザールは第六章で取り扱うインフォーマル経済に先行していたものとして見ることができよう）について広範に考察したものであった。しかし、これは経済人類学という分野を念頭に置いて書かれたものではなかった。マーシャル・サーリンズは『石器時代の経済学』を刊行した後に、比較の学としての「人類学的経済学」の可能性自体を否定した。その理由は、世界のあらゆる場所における物質生活は、地域ごとに異なる相互に共訳不可能な象徴体系――ブルジョア経済学がまさにその一例である――によって構成されているからであった（Sahlins 1976）。この二人の巨人は、ここ数十年の間に「文化的転回」が経済人類学に対して与えてきた影響を体現している。

ギアツとサーリンズの両者は別の方向に向かってしまったが、「人類学的経済学」のプロジェクトはステファン・グードマンによって受け継がれた。グードマンは、パナマにおけるフィールドワークで得た資料（Gudeman 1978）を用いて「ローカルモデル」という視点を生み出した。そして『文化としての経済学 *Economics as Culture*』（Gudeman 1986）において、その視点をラテンアメリカやアフリカ、さらには太平洋地域のあらゆる農民経済のみならず経済人類学分野自体にも適用した。グードマンは世帯と、世帯による倹約実践とに特に注目して、将来のための蓄えを別に備えておきたいという意欲と、利潤を最大化したいという意欲とを区別した。また後の共著（Gudeman and Rivera 1990）においては、民族誌的なフィールドワークを通して知ることができる同時代の諸社会を、古典的な経済学者たちが取り組んできた個々の社会を動かす歴史的な力の実例として取り扱うための、洗練された議論を提出した。[2] またグードマンは、人類学者が取り引きを分析する際に用いる標準的な道具と、経済的な思考の歴史と真剣に向き合うこととを組み合わせるよう、常に人類学者に刺激を与えてきた。こういったことからグードマンは学派を形成してこなかったとはいえ、その影響は重要なものであり続けてきた。

文化的転回が貢献した分野の一例として、一九六〇年代以降に重要性を増した狩猟採集民研究がある。サーリンズがかの有名な「始原のあふれる社会」についての論考（二〇一二：八—五五（1972））、元になった論考は一九六八年初版）で展開した主張——極めて単純な技術を用いる人々は、自らの生存に必要である以上のさまざまな活動に使うための時間を現代人よりも多く有している——は定量的なデータに支えられたものであった。後のさまざまな研究、特にカラハリ砂漠における研究では、こうした狩猟採集民をマルクス主義の用語で「原始共産主義者」と捉える見方が支持された（Lee 1979）。一部の研究者たちは、集団内での交換と「最適採食戦略」に関して数十年に渡って収集したデータを用いて、進化論的な推論を行なった。また別の研究者たちは、同時代の狩猟採集民の経済は他集団との歴史的な相互関係の産物であって、原始状態の証と捉えることはできないと主張した。ジェームズ・ウッドバーン（Woodburn 1982）は、カラハリのクン・サン（!Kung San）や彼自身の研究したタンザニアのハッツァ人（Hadza）のような「即時返済」の経済と、それらに比べて社会関係の平等志向が弱く、貯蔵施設をもつ「遅延返済」の経済とを区別した。だが、文化的転回がもっともよく例証されているのは、ヌリット・バード＝デヴィットの論考（Bird-David 1992）においてである。彼女が自らのインド民族誌に基づいて論じたのは、狩猟採集民の労働倫理と時間に対する態度は、彼らの多くが工場労働者になったずっと後まで、彼らの社会的関係を形作り続けていたことであった。バード＝デヴィットは「与えてくれる環境（giving environment）」という概念を前提としたコスモロジーをより深く掘り下げることによって、サーリンズの議論を拡張した。彼女の研究は、一部の先史学者たちに、初期人類の社会関係に関する基本的前提の再考を迫った（Gamble 2007）。

このような文化的転回の議論にも、フェミニストによる女性労働についての諸研究と同じく、まったく前例がないわけではなかった。たとえば「原始経済」に関するドイツの先駆者たちは、マリノフスキーのように現地人の視点を把握したいと望んでいた。またジョージ・フォスターのような後の世代の農民社会研究者も、農民たちの文化的側面を強調した。「限られた財」の概念が、財の蓄積を妨げる大きな文化的障壁になっているという議論もその一例である。多くの農村共同体はリスクを取ることを明確に嫌っており、マーケット・シグナルに対する反応は「非弾力的」であった。こうした農民たちの倫理をもっとも説得的に説明しようとしたのが、ジェームズ・スコットの「モラル・エコノミー」仮説（一九九九（1976））であった。スコットは、マルクス主義歴史家のE・P・トンプソン（Thompson 1991）がもともとは一八世紀イギリスの都市大衆に当てはめた概念を用いて、東南アジアの農民たちを突き動かしているのは、利潤よりもむしろ安全第一の原則と生存倫理であることを論じた。この議論に対して、サムエル・ポプキン（Popkin 1979）は、形式主義者によるカール・ポランニー学派に対する批判と同じような路線に沿って、即座に攻撃をはじめた。ポプキンに言わせれば、スコットは農民の意思決定における合理的個人主義を否定することで、共同体を空想的に描いてしまっていたのであった。

私たちが言いたいのは、すべての経済には自己利益を求める計算と道徳規範があるということである。問題は、計算と道徳規範が互いに作用し合う関係が、多様かつ可変的だということである。アダム・スミスは、肉屋や酒屋、パン屋は慈善よりも自己利益を求めて振る舞うと指摘した。このときに彼がまだ当然視していたのは、個々の商売人が自分の顧客に対して、人間の飲食に適切な量の品物を提供することであった。しかし、機に敏感で利益を最大化しようとしている商人が、そのような規範をどうして尊重するだろうか。ある最近の研究は、自由市場という新自由主義的な呪物がウガンダにおける基本的な道徳規範を掘り崩したことを論じている（Wiegratz 2010）。それでも、何らかの根源的な変化が生じたと確信するのはまだ難しい。初期の実体主義者たちがローカルな市場《いちば》において不正な実践が体系的になされていることを報告しなかった一因は、おそらく初期のスコット・クックのような批評家たちが指摘したように、実体主義者のロマンティックな想定のせいであっただろう。とりわけ商人たちは、古代メソポタミアからずっと、不正な秤やものさしを使っていると糾弾され続けてきたのである。

「階級」どころか「社会」さえをもなおざりにして、「文化」と「道徳性」とがもち上げられたことは、より広い知的潮流と関連している。ではこの文化的転回は、一九八〇年代以降の新自由主義的な支配とどのように結び付いているのだろうか。組合労働者の敗北と規制撤廃、さらには公的／私的な生活への市場の浸食はすべて、意味と主体性について新たな関心をもたらした。マルクス主義者やフェミニストが生産と再生産を優先したとすれば、アルジュン・アパドゥライ（Appadurai 1986）は資本主義的な商業の匿名領域と捉えられてきた場における主体－客体の関係性を探究するよう、ある世代の民族誌家たちを刺激した。アパドゥライは、イゴール・コピトフ（Kopytoff 1986）とともに、ある種のモノ――大部分の消費財であってさえも――が、いかにして極めて複雑な「伝記」をもつようになるのかに注目した。そのモノは商品の形態をとっているかもしれないが、しかしある文化的共同体の聖物や家宝などになってしまったときには、商品の領域から離脱する可能性もある。人（主体）とモノ（客体）とのブルジョア的な分離は、ストラザーンが再び最前線に立っている新たな人格研究において脱構築された。しかしながら、このような特定文化の中においてモノが主体化するときの生成的な諸形態に対する衒学的なアプローチは、円熟したサーリンズと同様に、経済人類学が確立したさまざまな関心を射程から外したのであった。

実体主義者による資本主義経済と非資本主義経済の区別は頑強なものであった。ここ数十年の間、「商品」と「贈与」の対立は、資本主義の西洋と世界の他の国々――ストラザーン（Strathern 1988）によれば欧米とメラネシア――の交換の違いをあらわすものと理解されてきた。この対比を打ち出したのは、クリス・グレゴリー（Gregory 1982）である。そうは言っても、彼は決してすべての社会の民族誌的分類を代表するような論理的対比を意図していたわけではなかった。彼が強調したのは、パプアニューギニアの諸社会において「商品」と「贈与」が実践的に組み合わされているということであった（Gregory 1997、本書第二章）。第三章で見たように、モースが『贈与論』（二〇一四（1925））において異議を唱えたのは、ブルジョアジーが贈与の利他性と商業的な利己主義を対置したことであった。モースにとって、古代の贈与はその両極を混ぜたものだったのであり、その二つを私たちが分けるようになった経緯を把握することが問題とされたのである（Parry 1986）。ところが、どういうわけかクリスマスプレゼントを純粋な贈与として表象する市場イデオロギーがモースのテキストに投影され、あらゆる経済を対比する――つまり「私たちの経済」と「彼らの経済」とを対比する――ための基盤となってしまったのである。

文化的転回は、何人かのかつてのマルクス主義者たちの後の仕事に大きな影響を与えた。モーリス・ゴドリエは『贈与の謎』（二〇一四（1999））の中で、譲渡不可能な財というアネット・ワイナーの概念（Weiner 1992）を取り上げ、拡張した。エチオピアの社会主義革命に関するドナルド・ドンハムの分析（Donham 1999）は、新しい宗教的信念がマーレ人に与えた影響を説明するために、自らのかつての関心事であった生産を議論の中心から外した。ジョナサン・フリードマン（Friedman 1994）は、生産形態に対する古典的なマルクス主義的関心から離れて、社会的再生産におけるより大きな利益や、変化しつつある国家の役割に関心を移した。ここには、現代の文化のフローに関する研究が含まれる。たとえば、パリにおけるファッションについてのアイディアが、移民労働者を介して彼らの故郷であるアフリカに伝わることで、いかに国境を越えた社会秩序を再生産するのかという研究である。フリードマンが関心をもってきたのは、高度に包括的な水準における構造的変化に取り組むことであった。しかし、彼もまた自らの研究を経済人類学自体の中には位置づけないことを選択してきたのである。

ダニエル・ミラー（Miller 1987, 1996）は、経済人類学を拡張するものとして、「物質文化」をめぐる研究プロジェクトを精力的に組み立ててきた。ミラーはフリードマンとは異なり、明確に民族誌的手法を用いて、フランスの社会学者ミシェル・カロン――彼は経済学者の概念こそ、資本主義社会における市場の機能を形作ってきたと考えていた（Callon 1998）――との論争において経験主義を擁護した。トリニダードに関する一連の論考でミラーは、資本主義とインターネットに付与されたローカルな意味を探求している。その探求は、物質的なモノの獲得と使用をめぐる自身の関心を補完するものとして、「ヴァーチャリズム」[3]（Carrier and Miller 1998）に対する理論的関心へとつながっていった。ミラーの研究プロジェクトは、芸術史、考古学、デザイン、そして消費をめぐるカルチュラル・スタディーズとつながっていた。しかし、かなり主題が重複しているにも関わらず、ミラーは明らかに意図的に経済人類学とは距離を置いている。この論点には、第八章で再び触れよう。

文化主義的アプローチには二つの危険性がある。第一に、歴史とポリティカル・エコノミーを無視する傾向である。第二に、比較と一般化が不可能とも思えるほどにローカルなコスモロジーに没入しすぎることである。ステファン・グードマンについては、たしかに二番目の批判からは逃れているかもしれない。彼が「人類学的経済学」について最近提出した概観的な論考（Gudeman 2001, 2008）は、「共同体」と「市場」という概念の弁証法的な対立に基づいて作られている。グードマンは、その前者と「基盤」もしくは「コモンズ」と彼が呼ぶもの——基本的には家庭の枠組みの中で、共同体のために実施され、価値づけられる諸活動——とを同一視した。その一方で、彼は「市場」と、商売の中で典型的に見られる手段‐目的関係という「計算する理性」とを結び付けた。これは私たちが第二章で提起した、世帯と市場の二極の調停という問題に対する一つの解決策である。グードマンの表現によれば、新自由主義とは、彼が相互性と呼ぶ規範によって以前は統制されていた領域に市場が「雪崩れ込む」ことである。こうした弁証法的な枠組みは、原則的にはあらゆる場所における人間の経済に適用されうるものである。ある最近の批評（Löfving 2005を参照）は、グードマンはローカルなモデルを特権視するという方法から、人類学よりも経済学の方法論に強く影響された普遍主義へと移行していると論じている。また別の論者が主張するところでは、グードマンは「現実主義的な」認識論を欠いた、うわべだけのポスト近代主義者になってしまったという。それらの批評と同じ本に所収されているグードマン自身による熱のこもった反論は、一九六〇年代の論争を思い起こさせる。結局のところ、当時も現在も同様に、論争の当事者同士はときに互いに話が噛み合っていないのである。

ハードサイエンス

二〇世紀が終わりに近づくにつれ、旧世代の大論争における形式主義側の知的継続性が、実体主義側に比べてますます強まっていることが明らかになってきた。新制度派経済学の旗の下に結果的に集うことになった人類学者たちは、自分たちを現代版の形式主義者であると常に考えていたわけではなかった。しかし彼らは、経済行動の予測モデルを求めて、「ハードサイエンス（hard science）」への強い関心をまさに共有していた。ヴェブレンとポランニーが市場を複数ある経済制度の一種類だと考えていたのに対して、新制度派経済学はすべての経済制度を市場とみなしていた。新制度派の研究者たちが目標としていたのは、あらゆる経済制度を自分たちの形式的モデルの中に組み込むことであった。彼らが今や主張するようになったのは、経済制度は単に経済的活動を外側から形作るというよりは、むしろそれ自体が新古典派経済学と一貫した合理的選択の論理を通して進化するということであった。

この文脈において、「制度」は何を意味しているのだろうか。ダグラス・ノースやオリバー・ウィリアムソンのような経済学者、さらには人類学における彼らの支持者であるジーン・エンスミンジャーやジェームズ・アチソンによる新制度派経済学のアプローチは、制度を「ゲームのルール」であると定義している。彼らが好んで例としてあげるのが所有権である。それは、すべての経済に基本的なインセンティブの構造を供給していると、しばしば（たとえばフリードリヒ・ハイエクによって）考えられている。ある初期の研究においては、経済学者のハロルド・デムゼッツ（Demsetz 1967）が民族誌的かつ民族史学的なデータに依拠して、所有権の誕生を、個人的な意思決定主体による外部性の内部化として説明しうると論じた。これを言い換えれば、もし壁を作ることで得られる利益が費用を上回るのであれば、人は労を厭わず壁を作るだろうということである。ほぼ同時期に、ギャレット・

ハーディン（Hardin 1968）は「コモンズの悲劇」に関する論考の中で、誰もが利用可能なシステムは環境悪化につながる運命にあると主張した。それ以来、こういった主張の前提条件である方法論的個人主義は否定されるようになってきている。基本的には政治科学者であるエリノア・オストロム（Ostrom 1990）がノーベル経済学賞を受賞したのは、地域共同体は機会さえ与えられれば、共有地を完璧に効率的に管理できると示したことに対してであった。

この新世紀への変わり目に多くの注目を集めた所有権は、極めて論争的な分野であり、もっとも基本的な諸概念についてすら意見の食い違いがある。ノースやデムゼッツのような経済学者たちが前提としているのは、経済組織の効率性こそが決定的な要素であるべきだということである。他方で法学者たちが指摘するのは、所有システムは経済的効率性には還元できない他の多くの社会的機能をもつということである。一部の人類学者たちに言わせれば、所有権という概念自体が他地域には適用できないくらいにヨーロッパ中心主義的であって、それゆえにメラネシアのような地域の研究に当てはめるのは不適切である。こうした論争において、経済人類学者は一般的に中立の立場をとっている。人々がさまざまな種類のものを保有する方法は、極めて多様である。だが財産所有の規則は生産と消費を制御するという点で、世界中どこにおいても重要な意味をもつ。大半の所有規則は、もの自体に依存して決まっている。たいていの人は、あなたに自分の歯ブラシを貸すくらいであれば、自転車、あるいはコンピューターでさえも喜んで貸すだろう。ほとんどの農作物は、世帯単位で効率的に育てられているだろう。ただし、その世帯が自分たちの資源をよりよく使い、保全しやすいのは、彼らが農地を私有財産として子や孫に相続させることができる場合である。他方で、効率性と平等性はしばしば共同所有権という形態を生み出すが、これは森林がもっとも搾取にさらされる可能性が高い形態である。いずれにしても、オストロムが分析した共同所有という解決法は、さまざまな規則があらゆる面から注意深く条件づけられ、尊重された場合にのみ機能するものである。

　新制度派の研究者たちは所有権以外の多くの主題にも取り組んだが、その洗練度はまちまちであった。ジーン・エンスミンジャー（Ensminger 1992）は、市場の影響によって北ケニアの牧畜民の生活が数十年間でいかに大きく――多くの場合は良い方向に――変容したのかを明らかにし、この研究で広く名を知られるようになった。ここでは新たな制度が誕生したことが、行為者の不確実性のみならず、「取引コスト」を減らすことにもつながっていった。取引コストには、購入前の情報収集にかかるコストや、契約締結前の値引き交渉にかかるコストも含まれている。経済学者は取引コストを、自分自身でものを作る代わりに、まず市場を選んだことの帰結として定義する。エンスミンジャーのケニアの事例においては、集団土地所有が崩壊した結果として、個人が多くの利益を得ることになった。使っている言葉こそ違うが、彼女の分析はアフリカの現代的商業における利益についてのシュナイダーの形式主義的分析（Schneider 1974）と多くの共通点がある。これは第四章で検討したボハナンの、より破滅的な観点とは対照的である。

　ジャネット・タイ・ランダ（Landa 1994）はマリノフスキーの古典的なクラ研究を再解釈したが、その議論はあまり説得的なものではなかった。彼女が経済学者として考えていたのは、トロブリアンド諸島民の儀礼的交換が実際のところ、功利主義的な交易である**ギムワリ**（*gimuwali*）〔七二頁のクラ交換についての記述を参照のこと〕を促進するための単なる装置に過ぎないということであった。そうとでも考えない限り、中心的な政治的・法的制度を欠いた環境でクラのような行為を追求するのはリスクが大きすぎるのである。同様の議論は、かつてシンハ・ウベロイ（Singh Uberoi 1962）のような人類学者たちによってもなされた。個々の行為主体が交換の際に合理的計算をしているということは、マリノフスキーの当初の記述から十分に明らかであった。とはいえ、これらのことが示唆していたのは、狭義の経済分析によって捉えられる以上に複雑な政治的かつ社会的な考察が必要だということであった。ランダは合理性をめぐる第二の水準を特定した。それは、島民がクラの冒険に参加するか否かは、利益が費用を上回るかどうか次第だということであった。このように新制度派のアプローチは単なる民族誌的記述を飛び越えて、研究者がミクロレベルにおける合理的選択を進化理論と結び付けることを可能にしたのである。だが、その欠点は明らかである。「ゲームの規則」を特定するには、経済的な成果の予測では不十分なのである。私たちがさらに理解する必要があるのは、その諸規則が経済行為者の価値観や信念などと同じように、異なる複数の社会的文脈の中で実行される方法である。形式主義者たちとまったく同じように、文脈に富んだ民族誌がなければ、新制度派経済学のモデルがほとんど予測の力をもたないことは明らかである。

サイエンスへの憧れは、実験経済学や神経経済学のような分野でも顕著である。脳スキャンの発明やゲーム理論は、一九世紀の萌芽期から経済人類学を駆り立ててきたいくつかの問いに、ついに決着がつくかもしれないという期待を高めた。一つのきっかけとなったのは、アメリカの大学で経済学者や心理学者が学生たち相手に「最後通牒ゲーム」の室内実験をしていたときであった。このゲームでは、まず一人のプレイヤーに一定額のお金が渡される。そして、そのお金の中からもう一人のプレイヤーにいくらかを提供すると申し出るよう指示される。もし後者がその提供額を受諾すると、彼らはともにそのお金をもらって、ゲームを終えることになる。もし拒否されれば、両者はともに収益なしとなる。この実験結果が示したのは、行為者は公平性を考慮することによって、ホモ・エコノミクスのモデルから乖離していくということだった。ジョゼフ・ヘンリッヒは同じゲームを世界各地で実施して、「文化」が差異を生み出すのかどうかを明らかにすることができると考えた。結果は予想通りであった。市場経済によく馴染んだ人々の方がより「利己的に」振る舞う傾向にある一方で、助け合いに基づく経済の中で生きている人々はより気前の良い申し出をする傾向が見られたのである(Henrich 2004)。

だが、このような実験が比較可能な状況において実施されていると確証することは難しい。それ以上に、このゲームが小規模な孤立した社会において欧米の社会科学者の管理下で行なわれているときに、そこで測られているものが何なのかは決して明白ではない。読者には、調査対象となっている集団の経済的文脈について最小限の情報しか与えられていない。調査者が帰った後に調査対象者たちが戻っていかなければならない日常的な活動については、ほとんど知らされないのである。ヘンリッヒは経済学者たちとの知的な架橋を試み、マリノフスキーと同じように研究成果を先進的な経済学のジャーナルに発表してきた。彼はまた、自然人類学者やその他の進化主義論者との共同研究も試みてきた。一九世紀に打ち立てられた命題の更新をはかるヘンリッヒの試みは、生物学と経済学の間の新たな再接近の一端を担っている。とはいえ、そのことはまだ経済人類学者に大きな影響を与えるには至っていない。

成長著しい神経経済学（neuroeconomics）の分野——意思決定の分析のための基本技法として脳画像を用いる——における初期の成果もまた、新古典派経済学の基本的ないくつかの仮説に疑問を投げかけている。たとえば神経活動の観察結果は、多くの人々がお金を獲得することから直接的な効用を得ていることを示している。だが純粋理論によれば、貨幣はそれ以外の欲求を充足するために間接的に求められるものとされている。神経科学者が、計算するための理性が脳（前頭葉）の一つの小さな区画に限られていると明らかにしたときに、ホモ・エコノミクスという前提は深刻なダメージを負った。というのも合理的選択理論は、比較的に単純かつ実用的で短期間の選択には良く当てはまるかもしれないが、人生の中において重要ないくつもの決断は脳のあらゆるところでなされているからである（たとえそういった決断をした人々、あるいは彼らについて研究している社会科学者が、その決断の合理性を後付けで捏造したとしても）。経済学の理論が合理的意思決定という領域の中ですら予測の力を有さないのは、私たちの意識的な認知プロセスが予測しえない形での感情的要因の侵入によって歪められるからである。こうしたことから、ゲーム理論における最大化の原則は頻繁に破られる。パートナーとして見込まれている人物の評判が良ければ、信頼と信用はたやすく増すのである。人類学者はこのような話題について、実生活における評判の決定要因と、強欲さや偏見といった強力な情動を条件づけている社会関係とを分析することによって取り組むことが可能である。このような観点からは、複数の社会の間だけではなく、それぞれの社会の中にもかなりの多様性が発見できるだろう。たとえば医療実践者のような専門家は、自らの決断が完全に合理的であり、患者の要求に応えるという観点のみに基づいたものと考えたがる。だが脳スキャンの力を借りて見てみれば、彼らの処方は実際には製薬会社から受け取った贈り物の影響を敏感に受けていることが示されるかもしれない。そうであれば、製薬会社による販促活動の合理性は証明されるだろう。この研究に登場する医師たちが、自分は外的な影響を受けていないと想像しているならば、それは自己欺瞞なのである（Zaloom 2008）。

貨幣の人類学

金融市場における信用拡張が続いた数十年間、名門大学の卒業生たちは職業として銀行業を選択する傾向にあったが、その一方で貨幣の人類学もまた近年になって再び盛り上がりをみせている。従来と比べて、私たちは近代経済と伝統経済を分割して、そのどちらか半分だけで生活することをあまり望まなくなってきている。それに呼応するように、伝統的に貨幣を嫌悪してきた人類学者が一般の人々にとって貨幣がもつ肯定的な特徴を次第に認めるようになってきたことは、おそらくは偶然の一致ではない。人類学者や社会学者たちは、主流派経済学による貨幣や市場への非人格的なアプローチを長らく否定してきた。一般の人々は、自らの所有する現金を用途が定まっていないものとして扱うことを拒み、それを「特定の目的に向けてとっておく」ことを好むのである（Zelizer 1994）。たとえばいくらかは食料品の支払いのため、またいくらかは休日を楽しむため、というように。これは家庭生活――今なおその大半が経済学者の視野の外にある領域――には特によく当てはまることである。世界中で、人々は多様な社会的装置を通して、貨幣を各々の目的に仕向けている。すなわち貨幣を人格化《パーソナライズ》しているのである。これは、ジョナサン・パリーとモーリス・ブロックが編んだ有名な論集『貨幣と交換の道徳性 *Money and the Morality of Exchange*』（Parry and Bloch 1989）で論じられていることでもある。

非西洋の小規模社会の事例研究を集めたこの論集への寄稿者たちは、土着社会が近代貨幣のもつ非人格的な論理に従属するのではなく、それを使いこなしているという見方を共有している。その前提となっている理論は、デュルケームにおいて馴染み深い次のようなものである。社会生活には二つの循環がある。その一方の日常的な循環は短期的で個人《インディヴィデュアル》化された物質的なものであり、他方の社会的な循環は長期的で集合的で理念化されており霊的でさえある。市場取引は第一のカテゴリーに分類される。だが、すべての社会はこの第一のカテゴリーにおける活動を、自社会の再生産の条件となっている第二のカテゴリーに従属させようと試みている。西洋の経済においては、いくつかの理由――この論集の寄稿者たちはその理由を探求していないが――から、貨幣は社会的な力をも全面的に自らのものとして獲得した。その一方で非西洋社会は、貨幣をあるべき場所に留め置く力を保持している。ここにおいても人類学者は、社会の持続性を保証する諸制度の方が近代貨幣よりも優先されるという価値のヒエラルキーを保持している。貨幣と市場が非人格的かつ非社会的なモデルを通してしか理解されない場合には、ここで見逃された次元を意識することはたしかに重要である。だが経済は、人間や家族ないし地域集団を越えた、より包括的なレベルにおいて存在するものであり、このことは貨幣や市場の非人格性なしには成立しえない。デュルケーム（二〇一四（1912））が宗教について論じているのと同様に、貨幣は私たち全員にとって日常的な私的経験と、社会——それはより広範に非人格的なところまで及んでいる——との溝を架橋するための基本手段なのである。

社会のトークンとしての貨幣は、個々の人間《インディビデュアル》と彼らが属している関係性の世界とを結びつけるためには、非人格的でなければならない。だが人々は、社会と自らとの関係性を含め、あらゆるものを人格化する。この二面的な関係性は普遍的なものであるが、そのあらわれ方はかなり多様である。こういったことから貨幣は、社会を人間的なものにするあらゆる試みの中心に位置づけられるべきなのである。貨幣は、私たちが社会において剥き出しの脆弱さをさらすことになる主たる原因であると同時に、私たち一人一人が非人格的な世界を意味あるものに変えていくことを可能にする主要な実践的シンボルでもある。

マリノフスキーは、エキゾチックな事例と西洋の民俗理論とを並置することによって、二極化した語彙で経済学の普遍性を批判するという流行を人類学者の間に作り出した。だが彼らは、自分たちの考え方が同時代の歴史に影響を受けていたことを認めなかった。ハート（Hart 1986）は、ポランニー（二〇〇九（1944））に呼応して、西洋の貨幣理論をめぐる二つの見方を整理した。一つは、貨幣を国家が発行する権威のトークンとする見方、もう一つは市場が生み出した商品とする見方である。ハートは、コインを貨幣の二面性をあらわす隠喩として捉えた。片面は、国家の事実上《ヴァーチャル》の権威を帯びている。それは社会のトークンであり、計算する貨幣（つまり頭）である。もう一方の面は、貨幣は本来、それ自体で商品であり、取引に厳密さを与えてくれる。それは実在のもの（つまり尾）である。

その両面は、頭のてっぺんから尾の先まで互いに結び付いている。だが、英語圏における経済政策は、トップダウン的な社会組織と、ボトムアップ的なそれとの間の相互依存関係（つまり「頭かつ尾である」）を認めるよりは、むしろ二極（つまり「頭かあるいは尾か」）の間を激しく揺れ動いているのである。

> 人類学者は、私たちを支えている産業世界のさまざまな概念とリアリティについての広範なイメージと、それに比べて局所的でエキゾチックな自身の志向とを、比較できなければならない。従来の経済的合理性をめぐる議論はあまりにも一面的で、私たちを啓蒙できていない。硬貨が二つの側面を有していることには合理性があり、その両面は必要不可欠なのである。貨幣は、人格《パーソン》同士の関係についての相であると同時に、人格《パーソン》から切り離されたものでもある。（Hart 1986: 638）

多数派の見方では、貨幣は特に希少金属の形態においては、個々の人間《インディヴィデュアル》——自らが売買するものに対して私的所有権を有する——の間での交換や物々交換の単なる便利な媒体である。少数派の見方によれば、国家は主に税金の支払いを保証する手段として、常に貨幣の発行を裏書きしてきた。国家官僚の権力基盤は強制力にある。税金の徴収は、処罰すると脅すことで人々に支払いを強制できる諸機関に依存している。そしてこの作業に不可欠なのが「統治権」である。しかし貨幣が国家ではなく、人々に由来するとしたらどうだろうか。ドイツ・ロマン派の伝統においては、貨幣は国民（*Volk*）の諸慣習をあらわすものだと考えられている。イギリスのさまざまな自由主義者たちもまた、銀行券は共同体の内部における信用をあらわすものであり、信用と債務を人格を伴う形で管理することを制度的に保証することを重んじていると考えてきた。人類学者は、欧米の経済思想を過度に単純化した概念に固執したことで、この分野に自分たちが参入する以前から長らく存在してきた複合的な知的伝統から学び損ねてきたのである。

　近年では、金融機関に関する数多くの研究を含めて、次々と貨幣の人類学的研究が生み出されてきている。こうした研究は、私たちの生を支配する匿名の制度を人間的なものにすることを目指している。実際にそうした研究の中には、読者の日常的経験とグローバル経済との間の隔たりを埋めはじめているものもある。貨幣をめぐるジェーン・ガイヤーの広範な研究は『マージナル・ゲインズ――大西洋岸アフリカにおける貨幣取引 *Marginal Gains: Monetary Transactions in Atlantic Africa*』（Guyer 2004）へと結実した。彼女の研究は、私たちが本書でたどってきた経済人類学の道筋の縮図となっている。ガイヤーは、カメルーンとナイジェリアにおける長期間の民族誌的調査という土台から話をはじめて、西／中央アフリカ地域において少なくとも三世紀にわたる歴史をもつ土着の商業文明について論じている。その文明の基盤にあるのは、身分の違いによって複数の序列尺度を操ることである。このような商業への独特な関わり方を見逃していたのは、ヨーロッパ重商主義の拡張を研究してきた歴史家たちだけではなく、民族誌家たちも同様である。そうした民族誌家たちは、狭い地域だけに視野を限定してしまい、歴史的深度も欠いていたために、自分たちが遭遇していた地域経済システムを外国人商人たちと同じように分かっていなかったのである。ガイヤーは、「交換領域」というボハナンの言説（第四章参照）を退けた。そして、アフリカで発見したことを、自分が居住経験のあるアメリカやイギリスといった国々における経済制度の広範な分析にもち込んできたのである。

　貨幣はまた「メモリー・バンク」（Hart 2000）でもある。つまり貨幣は、個々人《インディヴィデュアル》が数量を把握したいと思った取引を記録してくれる貯蔵庫であり、またそれを越えて共同体にとっては経済的な記憶の源泉にもなる。貨幣という近代的システムは、自分と自分を取り巻く世界との間で行なわれた交換の記録を残すための、そして共同体内部における自分の現在価値の収支を計算するための、幅広い道具を人々に提供する。このような意味で、貨幣の主要な機能の一つは想起である。今日における個人的《パーソナル》信用の拡張が、いっそうの人間中心主義を経済生活の中にもたらす一歩であると捉えられるならば、このことはまた以下のような依存の増大を必然的に伴う。一つは非人格的《インパーソナル》な政府と企業に対する依存、二つ目にはコンピューター処理に関連したある類の非人格的な抽象化に対する依存、そして三つ目に契約的取引のための非人格的な基準や社会的保証に対する依存である。ポスト近代の経済の中で人格を備えた人間《パーソン》の復権がなされるとすれば、それは直接顔を合わせてというよりは、画面上のビット——それはときに、現在生きている人間を具現化する——としてであろう。私たちは、客観的な力としての貨幣によって以前より重みを欠いた存在になるかもしれない。また、私たちがそれぞれ作り出している複雑な社会的ネットワークの記録をつける方法が貨幣であるという考え方をますます受け容れるようになるかもしれない。そのとき貨幣は、ローカルからグローバルまでのあらゆる水準において、個人の行為主体性《パーソナル・エージェンシー》と人間の相互依存性とのどちらとも合致する、多様な形態を取りうるのである。

人々がすでに人格的な実践の一環として貨幣や交換を管理していることを強調するだけでは、経済人類学者にとって十分ではない。それは、私たちの多くが知っている日常世界である。マクロ経済がもたらすかもしれない破滅を避けたいのであれば、私たちは、マクロ経済に関して自分たちが知らない部分に手を伸ばす方法もまた手に入れなければならない。これこそ、ゲオルク・ジンメル（二〇一六（1900））が、貨幣は普遍的な社会を創り出す人間の潜在力の具体的な象徴であると言った際に、彼の念頭にあったものである。

結び

経済人類学の「黄金期」の大論争は、一九七〇年代には批判的アプローチに道を譲った。それらの批判的アプローチの中でも傑出していたのが、マルクス主義とフェミニズムであった。形式主義は基本的には新制度派経済学として存続した。この制度主義の本質は「取引コスト」という概念に大きく依拠しつつ、市場モデルと合理的選択アプローチを新たな領域に拡張することにあった。それは、ヴエブレンとポランニーによる以前の制度派経済学とはかけ離れている。それはおそらく、学問世界においては新古典派経済学が長らく旗手を務めてきた「ビジネス」パラダイムの一変種と見るのが最適である。ジーン・エンスミンジャーは、新古典派経済学を、荒れ狂うポスト・モダニズムの潮流に抗してサイエンスという船の針路を保つために闘った英雄として描き出している。とはいえエンスミンジャーの研究は、レイモンド・ファースを起点として、シュナイダーの形式主義とバルトの交流主義を経てきた知的系譜を拡張したものと捉えた方が適切である。その系譜が民族誌家たちに奨励してきたのは、合理的選択理論のレトリックを用いながら、他方で具体的な民族誌的状況をめぐる制度的な複雑性に取り組むことであった。ゲーム理論を通文化的に適用する目的は、文化的進化と生物進化との間に体系的な関係性を打ち立てることにある。だが、今のところ目立った成果が上がっているわけではない。ホモ・エコノミクスが不適切であるということは改めて証明されてきた。しかし、観察される経済の多様性を「文化」に帰することは、かなり空虚であるように思われる。

多くの人類学者がさまざまな研究成果を用いて、経済に通じる窓としての「文化」というブラックボックスを開けようと試みてきた。最良の部類に入るいくつかの研究は、「モノの社会的生活」に対する民族誌的な感受性と、文化的な価値づけ自体を形成しているのが富や権力、さらには地位の不平等——それは経済的な過程で再生産される——であるという認識とを組み合わせようとしている。経済人類学者は、マルクス主義者が前提としていた因果関係を大幅に棄却してきた。また彼らは、形式主義者と実体主義者の両方の分析道具をも放棄してきた。それらの結果として、経済人類学者は一つの知的共同体として存在することを実質的にやめてしまったのである。しかし、より肯定的な評価をするならば、文化的転回はブルジョアジーの経済的カテゴリーのような紛い物の普遍主義を乗り越えようとする実体主義者の野心を達成したと見ることもできる。彼らは、ブルジョアジーの経済的カテゴリーは、まったく魅力的ではないローカルモデルを新たに一つ作り出しただけだということを民族誌を通して示したのである。この観点からすれば、貨幣と日常的な道徳性に改めて焦点を当てることは、特に見込みがあるように思われる。脳スキャンという技術によって、調査者は一般的な人間主体には利用できない領域を探求することができる。とはいえ、脳スキャンは実際の経済行為についての調査の代わりにはならない。私たちのあらゆる活動を条件づけている道徳規範は、「変化しにくい」わけではなく、むしろ政治的かつイデオロギー的な文脈の変化に応じて変わっていくのである。

一九七〇年代が分水嶺であったことは、その当時でさえ明らかであった。その後の一〇年間に、しばらくケインズ主義の牙城を幾度も脅かしてきた（特にシカゴ学派のミルトン・フリードマンが「マネタリズム」と「自由市場」の最高位使徒となっていた経済学自体の内部において）新自由主義的なイデオロギーが、はじめて実際に適用されたのである。マーガレット・サッチャーは、これまで以上に民営化を推し進める動きを先導した。これは基本的には、英語圏先進諸国における経済危機への対応であった。しかし、公式には植民地主義時代は終わっていたものの、その新しい政策の最初の実験は発展途上国において「構造調整」の名の下で実施された。一九八九年という**驚異の年**（*annus mirabilis*）は「歴史の終わり」（フクヤマ　二〇〇五（1992））とは言わないまでも、少なくとも資本主義世界市場に対する有効なオルタナティブを提供しようとしていた経済相互援助会議（略称COMECON）〔一九四九年にソ連主導で作られた東側諸国の経済連携組織〕を終焉に導いた。私たちは近年の経済人類学の展開を、このような広い文脈の中に位置づける必要がある。経済人類学の再活性化は、さまざまなレベルおいて生じている世界史的な変容の過程に、私たちが直接的に取り組んでいけるかどうかにかかっているのである。続く三つの章においては、いかに経済人類学が現代の大問題に世界史の文脈の中で批判的に取り組んできたのかを検証する。具体的に見ていくのは、不平等な開発、社会主義的なオルタナティブ、そしてグローバル資本主義の三つである。

第六章　不平等な開発

現代人類学を立ち上げたヴィクトリア朝時代の人々は、自身を取り巻く世界が急速に変化していることに気づかずにはいられなかった。今日の私たちは、この変化が産業資本主義が引き起こした機械革命の結果によるものであったことを知っている。だが、当時の人々にとって問題だったのはむしろ、ヨーロッパに出自をもつ人々が比較的容易に世界征服をなし遂げてきたのはいったいどうしてなのかということであった。彼らは世界社会を、皮膚の色の異なる諸民族が各々の文化的能力に応じて序列化された人種ヒエラルキーとして捉えていた。そして人類学は、いかにしてこのような状況が出来したのかを理解するための一つの方法であった。それゆえに一九世紀人類学の主な関心は、人間本性の普遍的特性にではなく、世界史全体を検討することによってしかアプローチしえない「進化」というプロセスに向けられていたのである。この手法は、人種差別的な帝国主義と明らかに結びついていたために信用を失うことになった。前世紀の人類学が民族誌へと方向転換したことは、帝国による世界支配から、独立した国民国家で構成された世界システムへの変容と関連していた。この後者のシステムの基盤には、世界中のすべての人々が自分たちの生活様式を守る権利があるという考えがあった。

こういった流れの一つの帰結として、人類学者は一八、一九世紀の先人たちが有していた世界展望を失い、また多くの場合には、現在をより良い未来への過渡期として理解するための批判能力も失ったのである。

過去半世紀の間の「開発（development）」[1]をめぐる人類学的研究は、ある程度そうした流れの外にあった。ここから私たちが目を向けていく現代の経済史における他の諸問題と同じように、開発研究は、より包括的な水準で社会変化に携わるよう人類学者に要請してきた。開発研究の名でなされてきたことすべてが経済人類学であると見なすことはできない。だが人類学者が、自らの研究対象の人々が現在展開している世界社会から隔離されているという前提を手放すや、旧植民地世界の開発は人類学分野において中心的位置を占めるようになった。第五章で述べたように、エリック・ウルフ、シドニー・ミンツ、そしてジャック・グディの優れたところは、現代世界が極めて不平等になった経緯に取り組むことを可能にする人類学的な歴史プロジェクトを三者三様に立ち上げてきた点にある。マルクス主義者やフェミニストの立ち上げた根源的批判は各々の形でこの問題に貢献したが、しかし彼らはマルクスとエンゲルスがもっていた世界史的視座を欠いていたのである。

第二次世界大戦後の数十年間における「開発」への衝動が究極的に目指していたのは、富める国と貧しい国が手を携えて、後者の経済の行く末を改善する策を探し求めようとする、より良き世界であった。この観点からすれば、「開発」はヴィクトリア朝時代の進化主義が復活したものと見なすことができる。以下では、まず「発展・開発（development）」という語の意味を問うた上で、研究対象として現代の不平等な世界にアプローチする方法を考える。続けて、開発研究と開発産業における人類学の立ち位置をより広い観点から描き出す。その後に、アフリカについて、さらにはこの分野で人類学者がもっとも大きく貢献してきた「インフォーマル・エコノミー」という考え方に関して、より詳しく見ていく。最後に、世界が「開発を越えて」きているのか否かを考察する。

不平等な世界における発展

一八〇〇年の世界人口は一〇億人程度であった。当時、町や都市に住んでいるのは四〇人に一人に過ぎず、その他の人間は大地から生活の糧を得て生きていた。動物と植物が、人類の生産し消費するほぼすべてのエネルギーをまかなっていた。その二〇〇年後、世界人口は六〇億人に達した。都市生活者の割合は半数近くにまでなり、機械によって変換された無生物エネルギー源が今や生産と消費の大部分をまかなうようになった。この二〇〇年のほとんどの期間で、人口は年平均で一・五パーセントずつ、都市人口は年二パーセントずつ、エネルギー生産は約三パーセントずつ増加した。この最後の数値は人口増加率の二倍であり、過去二〇〇年にわたる経済発展の説得力のある指標となっている。多くの人が以前よりも長生きし、労働時間をより短くし、より多くの消費をするようになった。だが、こうしたすべての余剰エネルギーの配分は著しく不平等であり続けてきた。全人類の三分の一は、今なお自分の手を使って田畑で働いている。他方で、たとえばアメリカ人一人当たりのエネルギー消費量は、平均的なウガンダ人の四〇〇倍にもなる。

こういったことから「発展・開発」という語は第一に、多くの人々による村落から都市への熱狂的な大移動を指す。この経済成長とそれに伴う不平等とを推し進めている原動力が「資本主義」――この語については第八章でより詳しく検討する――であることは、広く認められてきた。第二に「発展・開発」とは、以下の二つを両方ともに理解しようとする試みである。一つはいかに資本が増殖するのかについて、もう一つは創造と破壊の循環（ヨーゼフ・シュペンターが言うところの「創造的破壊」）の中でどのように資本主義がもたらす損傷を回復させるのかについてである。第三の意味は、二〇世紀中盤の開発主義国家（developmental state）を、すなわち政府こそが再分配によって持続的な経済成長を立案するのに最適な立場にあるという考え方を指す。このモデルは第二次世界大戦頃の後期植民地帝国に起源を有しており——その先駆けはファシズムや共産主義国家であった——、少なくとも一九七〇年代までには先進国および戦後に発展した新興独立諸国の行動規範となった。

だが過去半世紀にわたる「発展・開発」という語のもっとも一般的な用法は、貧しい国を豊かにするのを助けるという、富める国の責務に言及するものであった。反植民地主義革命が盛り上がっていた時点では、とられた方策にしばしば不備があったものの、そうした責任は十分に現実的なものであった。しかしこの責任は、分水嶺となった一九七〇年代を越えると弱まっていった。一九五〇年代および一九六〇年代には、急速な世界経済の成長が、貧しい国もまた豊かになっていけるという信念を後押ししていた。これに対して一九八〇年代以降になると「開発」という語は、世界市場を開放し、搾取や援助放棄のもたらした傷に絆創膏を貼ることを意味する場合が多くなってきた。このように開発という語は、植民地帝国以降における富める国と貧しい国の間の政治関係をあらわすラベルになってきた。実際、開発という語は数十年にわたって「支援（aid）」という語と組み合わされてきたが、最近ではそこに「パートナーシップ」を組み合わせることの方が好まれるようになっている。

ヨーロッパ諸帝国が崩壊して以降、世界の各地域は極めて異なる形で開発を経験してきている。第二次世界大戦を契機とした反植民地主義革命の後、多くのアジア諸国は資本主義経済をうまく導入した。そこには欧米からの援助があった場合も無かった場合もあったが、いずれにせよそのことによって世界経済力の均衡は結果的に東へと移り、その動きは近年加速してきている。だが他の地域、特にアフリカや中東、そしてラテンアメリカの大部分は一九七〇年代以降、成長停止あるいは衰退してきた。それぞれがこうした分かれ道を進んだ結果として、多様な開発モデルが普及するようになった。

たとえばアジアで力点が置かれたのは、欧米の自由主義と対峙する独裁国家であった（その顕著な例が中国である（第七章参照））。そして、特にラテンアメリカでは急進的な政治的オルタナティブが登場した。

第二次世界大戦後には、全体的な経済成長と比較的強力な国家という二〇年（一九五〇年代と一九六〇年代）があり、その後に経済停滞と弱体化した国家という数十年が続いた。一九七〇年代のオイルショックと「スタグフレーション」〔高い失業率に代表される経済の停滞と、物価の上昇が同時に起こっている状況〕の後遺症に加えて、新自由主義的な保守派が力をもったことによって、一九八〇年代までには開発はもはや真剣に検討すべき課題として取り上げられなくなった。その代わりに開発に向けられていた衝動は、世界経済を資本のフローへと解放することに向けられた。そこでは必要とあらば、国家の統治能力も代償として差し出された。これが、いわゆる「構造調整」である。その結果として、貧しい国々から巨額の歳入が負債利子の返済のために流出するようになった。

一九四五年に国際連合が設立されて以来、世界人口統計が常態的に取られるようになった。だが、人類を一つの存在として考えることはいまだに根づいていない。私たちはそろそろそれを実行する時期にきている。今日の世界社会は、近代諸革命に一掃されてしまう以前の農業文明における、先進的な中心地のようなものである（Hart 2002）。ルソーが不平等についての論考を書いた（第一章参照）、フランスのアンシャン・レジーム期から二〇〇年以上におよぶ政治的闘争と経済発展を経て、世界はその当時と似通った状況になってきている。社会における一握りの少数者が、貧困に喘ぐ庶民——彼らの無力さは今や使えるお金の少なさで測定される——を支配している状況を、不平等以外のいったどんな語で描き出せるだろうか。最新の機械革命の波は、一人の人物に四〇〇億ドルの純資産とグローバル情報産業の覇権を与えてきた。その一方で、何十億人という人がインターネット接続はおろか生活必需品にもこと欠くようになっている。

現代世界には二つの差し迫った特徴がある。一つ目が第二次世界大戦以降の前例のない市場拡大であり、二つ目が富める国と貧しい国の間の極端な経済的不平等である。より距離が近くなっているにも関わらず、同時により不平等の度合いが増していく。これは一触即発の組み合わせである。雑誌『フォーブズ』が二〇〇九年三月に報じたところでは、世界長者の上位一〇人で合計二五〇〇億ドルの純資産を有しているという。これは人口五〇〇万人のフィンランドや、中位の地域大国――たとえば人口二八〇〇万人のベネズエラ、四九〇〇万人の南アフリカや七二〇〇万人のイランなど――の年間歳入と大体同じである。一兆ドルの四分の一という額は、二六のサハラ以南アフリカ諸国――合計で五億人近く、つまり今日生きている人間の一二人の一人を擁している――の一年間の歳入をすべて合わせた額と同じである。

世界の最貧困層に十分な食料と清潔な水、そして基本教育を提供することは、欧米諸国の人々が化粧やアイスクリーム、ペット・フードに毎年支払っている総額よりも少ないお金で達成できる。先進国では一〇〇〇人中四〇〇人が自動車を所有しているが、発展途上国では二〇人を下回る。金持ちは貧乏人の五〇倍も世界を汚染しているにも関わらず、環境汚染で死ぬ可能性は金持ちよりも貧乏人の方がはるかに高い。国連開発計画（United Nations Development Program）の『人間開発報告書 *Human Development Report*』（一九九八（1998））によれば、直近の二〇年間で世界の消費は六倍に増えたが、二〇パーセントの最富裕層が民間支出の八六パーセントを占めているのに対して、二〇パーセントの最貧困層は一・三パーセントにすぎない。世界人口の七分の一を擁するアフリカは、世界の購買力の二パーセントしか有していないのである。

富める者と貧しい者を空間的に分離するというアパルトヘイトの原則は、その露骨さに程度の差はあれ、世界中の至る場所のローカルな差別システムの中に見出すことができる。だが、カリブ地域出身のノーベル賞受賞者である経済学者アーサー・ルイス（二〇〇一（1978））は、二〇世紀の世界社会が特異な歴史的状況において、人種の境界線に沿って構築されたことを説得的に示した。第一次世界大戦に至るまでの三〇年間に、五〇〇〇万人のヨーロッパ人が故郷を離れて、新たな定住地である温暖な土地へ移動した（その四分の三はアメリカ合衆国へ行った）。他方で、それと同数のインド人と中国人――「苦力《クーリー》」――が、契約労働者としてさまざまな植民地へ船で送り出された。こうした二つの移住動向を区別しないわけにはいかない。というのも、彼らの労働や技術の水準は多くの場合で同等であったにも関わらず、白人への支払いが平均で一日九シリングだったのに対して、アジア人は一日一シリングだったからである。アジア人労働者が定住を許可された地域では、賃労働報酬はアジア人の水準まで抑えられた。このとき西欧帝国主義が世界を高賃金の国と低賃金の国に分けたことが、後の西欧の経済成長にとって重大な結果を招いた。高賃金経済圏における要求は、低賃金経済圏よりも強い力をもつのである。それ以降ずっと、世界貿易はより高い賃金をもらう側の利害で組織され続けてきた。税金で潤う国々は、自国の農民に助成金を支給して、安価な食料を海外市場に輸出させることで、地域全体の農業開発を犠牲にしている。またその一方で、自国よりも貧しい国々の工業製品の流入を阻むことで、自国の労働者の賃金を蝕ませないようにしているのである。

人類学者と開発

労働をめぐる学問分野間の分業が次第に確立されていく中で、開発研究は今や半世紀にわたって一つの学際的な研究領域を提供してきた。この分野を活性化する理論は、世界史に連動して変わってきた。一九五〇年代と一九六〇年代の支配的アプローチは近代化、つまり貧しい人々が富める人々ともっと同じような生活をできるようになるべきだという思想であった。これが意味していたのは、「伝統的な」制度を「近代的な」ものと置き換えること、すなわち都市や資本、科学技術や民主主義、万人のための法や教育に関する規則からなる「ブルジョアジーのパッケージ」を採用することであった。最終的には進歩の恩恵が「滴り落ち《トリクルダウン》」てきて、一般的な生活水準を改善するだろうという理由から、不平等の拡大は容認しうると考えられた。一九七〇年頃にはこれがうまく機能しないことが明白になり、マルクス主義の諸理論がより広く受け入れられるようになった。マルクス主義の諸理論においては、富める資本主義諸国によって／のために統制されている世界システムに貧しい国々が参与することが、低開発（underdevelopment）と従属（dependency）を引き起こしていると捉えられた。[2] こうした状況下において貧しい国々が発展するために必要とされたのは、周縁部の富を中心部へと再分配するという、本質的にはゼロサムゲームであるシステムから離脱することであった。この理論は、限られた財をめぐるフォスター（Foster 1965）の農民像と響き合うものである。

一九八〇年代以降になると、新自由主義の隆盛に伴って、開発理論の焦点は国家資本主義を運営する国家の役割――中央官僚制を通じて全市民の利益のために市場や貨幣、富の蓄積を管理する試み（第二章参照）――から離れた。関心の中心は、市場を機能させ、物価を適正化することに移ったのである。このような市場の重視が示唆していたのは、かつての開発の思考や実践における分野横断的あるいは複数分野によるアプローチとは対照的に、経済学の権威が増大したことであった。一九五〇年代には、開発産業はエンジニアリング会社によって統制されていた。なぜなら、開発とは岩を爆破して穴を掘り、その中を水で満たすことを意味すると考えられていたからである。一九六〇年代頃、会計担当として開発産業に関わっていた多くの経済学者たちは、開発を費用対効果の観点から捉え直すべきであると指摘し、費用便益分析を導入した。その結果として分かったことは、開発の推定受益者——そして計画失敗の推定原因——が民衆だということであった。そのために一九七〇年代からは、人類学者やその他の「ソフトな」社会科学者が「人的要因」を観察するために集められるようになった。一九八〇年代の新自由主義的な改革は経済学者に全権を委ね、結果的に開発研究における学際的な精神は事実上脇に追いやられた。「開発」の名を冠した独立した学問研究領域の論理的な存立根拠に、疑問が突きつけられたのである。

これは新古典派経済学の勝利であった。ひいては数学的モデル化と計量経済学の総合的優位性を主張し、さらに計量に対する高度に専門的な関心——それはしばしば「貧困」の数値化へと向けられた——を主張する見方の勝利であった。産業革命以来、エリート層は一貫して貧しい都市大衆の物質的な進歩と退廃を測定することに関心をもってきたが、この関心が特定の技術的形態を取るようになったのである。数学やモデル化、そして計量には、各々の利用価値があるが、私たちはその限界も認識しておくべきである。ノーベル賞を受賞した経済学者ワシリー・レオンチェフは、「批判的視点をもたずに数学的な定式化に熱中してしまうと、議論の移ろいやすい内容を隠してしまう場合が多い[3]」(Leontief 1977: 25) と苦言を呈している。

開発産業は国家官僚・国際官僚の両方と、国民——彼らは階級化されている——との間の階級闘争の舞台であり続けてきたと言っても過言ではない。国民の心からの関心や実践とはそぐわない官僚の計画が、人々の生活よりも優先されたのである。このような見解は、新自由主義的な風潮において、国家すなわち官僚秩序の核心に対する批判に組み込むことが可能であった。その結果、国家は腐敗した無能な存在として無視されるようになり、国家の地位は非政府組織（略称ＮＧＯ）に取って代わられた。もちろん、ＮＧＯは政府ではないとはいえ官僚組織ではあった。開発の調整役を自任してきた国際機関もまた、自らの官僚気質と、人々の自発性——そうした自発性は通常は合理的な管理によって抑制されていた――を現場で刺激したいという欲望の間で、絶えず引き裂かれてきた。

これらすべてにおける人類学者の役割は、世界の変化につれて変わってきた。マリノフスキーは、ロンドン・スクール・オブ・エコノミクスの自分の指導学生たちに、応用人類学に取り組むことを勧めていた。イギリス人の人類学者の中には、植民地行政の中で重要な役割を果たす者もいた。しかし、独立でもっとも盛り上がっていた時期には、どのような形であれ帝国主義に協力することは後ろめたいものとなり、一般的に人類学者は開発ビジネスから外れるようになった。この状況が変わりはじめたのは、一九六〇年代に入って、レイモンド・アプソープ（Apthorpe 1970）のような研究者――彼は人類学者が応用社会科学者として再登場するというケースの先駆者であった――があらわれたときであった。彼らが応用社会科学者にもたらしたものは、フィールドワークに長期間従事するという手法であり、人々と彼らが生きている場所とを結びつけるという信条であり、世界中の民族誌から抽出した概念であった。またそれだけでなく、数学的思考や文字記録、さらにはあらゆる官僚的な技法に対する一般的な無関心や敵愾心ももたらした。人類学者は、経済学者とエンジニアが行なう中心的業務を補完するものとして、開発についての人間的な次元の詳細を伝えるように要求された。それは多くの場合、急な依頼であった上に短期間にであり、さらには人類学者が以前は知らなかった情報提示の基準に合わせて欲しいという要望も込められていた。だが、人類学者は切り札となる〝民衆〟カード――「私はあちら側にいたことがあるが、あなたはそうでない」――をもっていた。ときには人類学者は、自らのすでによく知っている場所に短期訪問することもできたので、そのことによって短期任務の不十分さは緩和された。このやり方は、後に常套手段となった。というのも、ある地域に長く関わった実績をもつベテラン研究者が、数回の短期フィールドワークの実施によってではなく、むしろその蓄積した専門知識において信用されるようになったからである。

人類学者は、自分たちが階級闘争の只中にいることにすぐに気づいた。彼らには三つの選択肢があった。一つ目は、民衆に官僚制の利点を説くことであった。二つ目は、民衆利益の擁護者として民衆の肩をもつことであった。三つ目は、仲介者として間に立って、民衆の言葉を官僚に、官僚の言葉を民衆に通訳して伝えることであった。もっともよく選ばれた選択肢は最後のもので、それはローン・レンジャー的役割という人類学者のロマン主義的な趣味と一番相性のよいものであった。(4) 個人主義者としての人類学者の自然な立ち位置は、あらゆる人々の間に空いている隙間の中にあったのである。

こうした政治的苦境を別にしても、民族誌のパラダイムと開発プロセス自体との間には純然たる矛盾があった。結局のところ開発とは、民族誌家が二〇世紀の変わり目にきっぱりと否定した、ヴィクトリア朝時代の進化主義を蘇らせたものであった。人々が現実の社会状況の中から、なんらかの新たな可能性を実感するための助けとなるような世界についての研究方法を作り出すのは、容易なことではない。多くの人類学者はポスト植民地期の数十年間に、自らの調査地に関するローカルな探求の中に、国民国家と資本主義をめぐる歴史を組み込もうと努力した。だが、このことによって同時代の社会に対する批判的視点が促され、その視点からすると開発機関の世界がいっそう異質なものに見えたのだった。結果として、一つの困難な状況が生じた。伝統的な民族誌家は開発の諸問題に携わる方法をもち合わせていなかったし、史的唯物論や関連する弁証法的手法を進んで取り入れた批判人類学者はしばしば開発産業への不信感が強すぎて、そこに加わろうと考えなかったのである。

一九八〇年代以降、状況は再び異なったものになった。エキゾチックな場所でフィールドワークをした経験をもつ（もしくは訓練を受けただけで実際にはフィールドワークをしていない）人類学者が、今や世界中のどこでも開発行政にとって適切な人材とみなされるようになったのである。これは開発計画の規模を縮小して、完全に特定地域にプロジェクトを絞り込む動向と同時に起こった。その背景には、その頃までにはすでに貧富の差を縮減しようという真剣な取り組みは放棄されていたことがある。「開発人類学（anthropology of development）」[5]と呼ばれる新たな専門分野が立ち上げられ、開発官僚の中に正式に人類学者を取り込んでいく道が模索された。簡易農村調査（Rapid Rural Appraisal）のような諸々の手法が、たとえそれらがフィールドワークの伝統を破壊するものであっても受容されるようになった。「参与型開発」といった題目の下で、人類学者は全力を尽くして、コミュニティを変革するプロジェクトに対して現地の人々が意見を言える状況を作り出そうとした。特に注意が払われたのは、貧困かつ周縁化された集団の要望であり、そしてもちろん女性たちであった。

アフリカの開発をめぐる人類学

アフリカを開発するプロジェクトは、第二次世界大戦期やその直後の植民地期末期に定着した。だが、植民地支配からの独立によって、アフリカにおける経済開発の模索に新たな次元がもたらされた。一九六〇年には、ガーナの経済規模はインドネシアよりも大きく、一人当たりの国民所得は韓国と同水準であった。だが、その後の数十年にわたる経済的失敗によって、アフリカが現代世界における貧困と無秩序の代表格になるという今日の状況が引き起こされた。

近代経済史の中で、西アフリカは土着資本主義のもっとも分かりやすい事例を提供してくれる。一八八〇年代から第一次世界大戦までの時期には、商品の大量生産と大量消費が突如として生じたのが観察されたが、そうした商品の大部分は植民地として急速に獲得された領地にあった原材料に基づいたものであった。これらは、一般的にヨーロッパ人の所有する鉱山（金、銅、ボーキサイト）とプランテーション（茶、ゴム、アブラヤシ）からもたらされていた。そうした鉱山やプランテーションでは、地元労働者とアジア人の契約移民労働者が織り交ぜて雇用されていた。例外はカカオ産業であった。カカオ産業は植民地政府による援助や知恵を借りずに、ゴールド・コースト（現在のガーナ）の熱帯雨林で生まれた。他の多くの国が後に加わったとはいえ、ガーナは独立時点では、まだ世界市場のほぼ半分を供給していたのである。

こうした事実にもかかわらず、ガーナにおけるカカオ生産者についてはほとんど知られていなかった。彼らは自給自足用の農園で、新たにカカオの栽培を追加することでわずかな追加収入を稼ぐアフリカの「農民」と考えられていたのである。ポリー・ヒルは、『南部ガーナの移住カカオ農民 *Migrant Cocoa-Farmers of Southern Ghana*』（Hill 1963）の中で、カカオ産業の発端を世紀の変わり目まで遡って追った。移住してきた起業家たちは集団で処女林を開拓し、またスイスの建築会社を雇って自分たちが必要としていたインフラ基盤——それを植民当局は提供できなかった——を整備していた。ヒルは、カカオ農民がれっきとした近代的階級であることを示したのである。彼女の研究は、歴史的記録とフィールドワークを組み合わせることによって、そこに関わる社会組織の複雑性を報告した。その新しい農民たちは、全員が移住者であった。とはいえ、彼らの大半はかつて奴隷やゴムといった輸出貿易によって蓄財してきた一族の出身であり、たいていは高い教育を受けていた。彼らは**アブサ**(6)（*abusa*）と呼ばれる新たな制度を作り出した。それは収穫の三分の一の取り分で働いてくれる労働者を募集し、地主が収穫の残り三分の二を取る方法であった。主流派の経済学者は分益小作制を説明しようと試みてきたが、彼らの単純化されたモデルでは、分益小作制は「自由」労働市場に比べて効率面で劣った成果しか産まないものとして以外には理解できなかった。他方で人類学者は、脆弱で、リスク回避傾向にあり、公正な問題解決を重視している耕作人にとって、分益小作制が社会的にも経済的にも有利になりうる理由を示してきた（Robertson 1987）。このガーナの事例において、カカオ産業は最初から資本主義的であったとヒルは確信していた。しかし、この資本家階級は国家の主導権を握ることはできなかった。クワミ・ンクルマに率いられた独立直後の政府は、大半のカカオ農民が生活していたアシャンティ州とは敵対する利益共同体を基盤としていたのである。こうした新興支配階級にカカオ農民の富は浪費され、カカオ産業は衰退した。こうしてガーナ経済は失敗し、ようやく最近になってそこから立ち直りつつある。

ヒルが発見したことと、当時の（そしてそれ以降の）開発経済学者や行政官が抱いていた慣習的な考え方との違いは、いくら強調してもし過ぎることはないだろう。ヒルはこの違いを、『論争中の開発経済 *Development Economics on Trial*』（Hill 1986）においてまとめている。彼女の研究は、ほとんど人類学者には受け入れられてこなかった。なぜなら、ガーナには土着の資本主義があったが国内の政治的対立が理由で衰退したという彼女の議論は、人類学者が暗に抱いてきた経済的主導権をもつ西欧と後進的なアフリカという根深い人種差別的な信念とは相容れないものだったからである。そして後者のような信念が、よりあからさまな形の進化主義的な諸理論と比べて、はるかに捨て去ることが難しいということはこれまで証明されてきたことである。

ポリー・ヒルの事例は、同じように西アフリカ農業の停滞と活力の源を探求することに関心をもっていた若い世代の人類学者たちの注目を集めた。ハート（Hart 1982）は、植民地支配からの独立が一つの矛盾した前提——伝統的な小規模農業を世界市場向けの生産に適応させることによって近代国家の建設が可能となる——に基づいていると論じた。新興国の運命は、資本主義が国家を支える中核的な農業や産業部門において十分に発展するか、さもなくば二〇〇年前の革命後にハイチが陥ったのと同じように小農経済のレベルまで沈んでしまうかのどちらかであった[7]。この後にアフリカで起こったことは、その悲観的な方のシナリオを裏付けるものとなった。

ポール・リチャーズ（Richards 1985）は、ポリティカル・エコノミーよりも生態学と地理学を重視していた。彼は、西アフリカ農民が在来の知識体系や経験的手法を用いて生産にまつわる諸問題を克服できるかどうかについて、より肯定的な見方をしていた。そうした体系や手法は、「緑の革命」の技術官僚が提供する既成の外来手法とは対極にあるものであった。だが不幸にも、彼がフィールド調査を行なったシエラレオネはすぐに「失敗国家」となってしまった。激しい内戦によって農地を蹂躙された人々にとって、土着科学はあまり役に立つものではなかった。

開発官僚が、権力、階級そして政治を考慮しない傾向は最初からあった。開発を特徴づける暴力的な社会動乱や社会闘争に目をつぶったことが、南半球で、特にアフリカにおいて典型的であった未開の不平等（savage inequality）を理解することをいっそう難しいものにした。ジェームズ・ファーガソン（Ferguson 1990）は、この傾向を描くのにふさわしい「反政治機械（anti-politics machine）」という表現を作り出した。(8) レソトという内陸国において人類学的調査をおこなったファーガソンは、その小国に関する世界銀行の分析レポートに着目した。そのレポートにおいてレソトは、世界の他の地域から山岳と文化的伝統によって遠く切り離され、孤立した希望なき場所として表象されていた。これと対照的にファーガソンが描き出したのは、レソトが特に鉱山の移民労働者の調達先として南アフリカと強く結び付いている様子であった（cf. Schapera 1947）。世界銀行が抱いている、余計なものを取り除いて純化された開発展望にしたがえば、レソトではスリランカやペルー向けに考案されたのと同じ方針が適用されるべきとされた。こうした国々を異なったものにしているのは政治である。だが、貧困緩和ばかりに焦点を絞り込むことによって、その側面は規範として排除されているのである。

欧米のメディアにおいてアフリカは、疫病、戦争、飢餓、死という黙示録の四騎士の遊び場にすぎないものとして登場する。だが、その大陸の人口は年二・五パーセントの割合で増加しており、二〇五〇年までには全人類の四分の一に当たる一八億人に到達すると予想されている。アフリカは二〇世紀のはじめには、世界中でもっとも人口密度が低く、もっとも都市化していない地域であった。だが今やアフリカは両方の点で世界標準に近づいており、前例のない速さと規模の人口爆発と都市革命を経験してきている。アジアの製造品輸出諸国は、世界市場におけるアフリカの潜在的なシェアの重要性を、欧米よりもいち早く理解してきている。その大陸の開発展望は、同地域唯一の資本主義大国の南アフリカや中国のような新規参入国が重要な役割を果たすことによって、次の半世紀で大幅に改善する可能性がある。

インフォーマル・エコノミー

一九四五年以降、世界規模で都市化が進んだ。その大部分を占めてきたのは、かつて「第三世界」と呼ばれていた地域に乱雑に広がった諸都市である。そうした都市を訪れる者は誰でも、マイク・デイヴィス（二〇一〇（2006））が「スラムの惑星」と呼んだような強烈な印象を受けるだろう。それらの都市の路地は生命に満ち溢れている。行商人や荷物運搬人、タクシー運転手や物乞い、売春斡旋業者やスリ、詐欺師といった人々が絶え間なく往来している。彼らは全員、「本当の仕事」の恩恵にあずかることなく生きている人々である。この種の初期近代の路上経済はディケンズの読者には馴染み深いものであるが、それに付けられてきた名称は数知れない。「地下の」、「非統制の」、「隠された」、「黒い」、「第二の」経済など、多くの言葉が溢れている。開発に対する人類学者の取り組みは、官僚への登用と民族誌と批評という三者の間で揺れ動き、妥協し続けてきたものであったかもしれない。それでも人類学者は開発の理論と実践に少なくとも一つの概念、すなわちインフォーマル・エコノミーという考え方を提供してきた。

クリフォード・ギアツは、人類学における「文化的転回」に着手する前の一九五〇年代と一九六〇年代に、経済発展について四冊の本を著した。中でももっとも重要な著作は、インドネシアにおける起業家精神の二つの側面について検討した『行商人と王子 *Peddlers and Princes*』(Geertz 1963)である。ジャワの都市住人の大半は、「バザール型」の路上経済――現地の支配的な経済制度であったスークに因んでギアツが名づけたものである――に従事していた。それに対して「会社型」の経済を主に構成していたのは、国家法の保護を受けた欧米企業であった。これらの企業はヴェーバー(一九五四―一九五五(1922a))の言う「合理的企業」の意味での形式(form)を有しており、法規や計算そしてリスク回避に基づいていた。国家官僚はこれらの会社を競争から一定程度は保護してやり、そうすることで秩序立った資本蓄積を可能にした。他方で、「バザール」は個人主義的かつ競争的で、蓄積などほとんど不可能であった。ギアツは、ある一群の改革派イスラム教徒の事業家たちを見つけ出した。彼らは、思想的な観点から言えばマックス・ヴェーバーを説得するに十分な合理性と計算高さを備えていた。しかし、国家官僚が既存の企業に与えた制度的庇護は認められておらず、それゆえ彼ら流の資本主義は誕生時のままで停滞していた。ギアツが同書および後のモロッコのスークについての著作(Geertz 1979)の中で指摘したことは、近代経済学がバザール・モデルを使って競争的市場における個人の意思決定を研究する一方で、国家官僚の保護を受けた支配的独占を変則的なものとして取り扱っているということであった。ところが経済学者がこのモデルを見出した一九世紀後半は、まさに官製改革が企業の方針に沿う形で大量生産と大量消費を変革し、以前よりも強力な国家が国家資本主義を確固なものとしつつあった時代だったのである。

ジャワのバザールに関するギアツの論考は、バリに関する別の論考と対になっていた。バリの王族カーストに属する子弟たちの中には、工場を所有しはじめた者もいた。その狙いは、大勢の政治的支援者のために職を確保することにあった。こうした事業をめぐる彼らの経営は、ほとんど、あるいはまったく経済学の諸原理に基づいていなかった。重要なことは支持者の確保にあったので、彼らはどのようなときでも、利益の有無に関係なく労働者を雇用し続けた。この話は、冷戦のもう一方の側である社会主義の皮肉な寓話として見ることができる。社会主義については、次章で主題として取り上げることとする。

本書の読者の多くは実質的に、私たちがフォーマル・エコノミーと呼びうるものの内側で生きている。これは給与や補助金、家賃や住宅ローンの支払い、明確な信用格付け、税務所への恐怖、規則正しい食事、刺激剤の適度な服用や良き健康保険からなる世界である。もちろん、ときには経済危機にさらされる家庭があり、常に貧しさを味わっている人々——特に学生——もいる。だが、こうした生活様式を「フォーマル」にしているのは、その秩序の規則性、すなわち私たちがしばしば当然視している予測可能なリズムや秩序感覚である。

ハートは、このように暗黙の前提とされた「フォーマル」な側面からのアプローチが極めて不適切になってしまう西アフリカの都市スラムにおいてフィールド調査をおこなった。そして、その調査に基づいて博士論文を完成させた後に、自らの民族誌的経験を開発経済学者に伝えようとした（Hart 1973）。当時、発展途上経済に関しては、ルイス（二〇〇一（1978））の二元モデルが極めて大きな影響力をもっていた。実際に、「フォーマル／インフォーマル」という対概念が生まれたのは、農業労働者が産業資本主義による組織度合の低い都市に移住した際に、彼らに生じた事態を把握するための試みからであった。経済のフォーマルな側面とインフォーマルな側面は、言うまでもなく結び付いている。なぜなら「インフォーマル性」という概念は、社会をフォーマルな側の方針に沿って組織しようとする制度的試みに付随するものだからである。第四章で形式主義について論じた際に述べたように、「形式」は規則（the rule）、すなわち社会生活において普遍的であるべきものについての概念である。実際、二〇世紀の大部分の期間において支配的であった形式は、官僚制、特に国家官僚制の諸形式であった。なぜなら、社会は国民国家とほとんど同一視されてきたからである。

開発政策を立案する人々の間では、一九七〇年代初頭の世界的危機は「第三世界の都市型失業」への恐怖としてあらわれた。第三世界の諸都市は急速に拡大していたが、その成長に見合うだけの「仕事」——政府や企業の正規雇用と認識されているもの——が増えていなかった。ケインズ主義者もマルクス主義者も同じように、国家のみが経済を発展と成長に導くことができると考えていた。それゆえ、設定された問いは次のようなものであった。いかにして「私たち」(官僚や彼らに学術的な助言を与える者)は、人々に必要な仕事や健康、住居などを与えることができるのか。そして、もし私たちがそうしなければ、何が起こるのか。ここでは都市暴動どころか、革命の亡霊さえも頭をもたげていた。「失業」は世界大恐慌の、つまり街角でうずくまって衰弱した集団のイメージを喚起したのである。

だが、こうした物語のすべては、ハートがガーナの首都アクラのスラム街で二年間にわたって実施したフィールドワークの経験とは合致しなかった。彼は、開発経済学者に「失業」モデルを放棄させて、さらに草の根経済が彼らの官僚的想像よりもはるかに先行していることを認めさせようとした。彼は、一つの概念を作り出そうという野心をもっていたわけではなかった。ただ開発産業をめぐって現在進行している議論に、非正規の経済活動をめぐる民族誌的考察を差し挟みたかっただけなのである。だが、国際労働事務局のケニアに関する報告書(International Labour Office 1972)は、「インフォーマル・セクター」という一つの概念を作り出そうとしていた。その概念は、後に学術的に政策作りをする官僚の一部門の設立を後押ししたキーワードになっている。それゆえに、「インフォーマル・エコノミー」という考え方は、開発をめぐる二つの側、すなわち官僚(国際労働事務局)と民衆(民族誌）を反映した二重の起源を有していると言うことができよう。

次に何が起こるのかを予測できた者は誰もいなかった。国家が「自由市場」を制御する度合いを下げるべきだという新自由主義からの要請の下で、国家経済に加えて世界経済自体が根本的にインフォーマル化された。通貨管理が国外に移っただけではなく、企業も労働力をアウトソーシングして雇用を削減し、パートタイム雇用に切り替えた。公共サービスはしばしば汚職にまみれたやり方で民営化された。麻薬貿易と非合法の武器貿易が急増した。「知的財産権」をめぐる世界規模の争いが、金儲けを求める欲動の中心に浮上した。さらにはモブツ政権下のザイールのような国家は、自国の経済業務の中でいかなるフォーマル性も装わなくなった。壁《フォーマル》そのものが存在しないのだから、もはやそこには「抜け穴《インフォーマル》」など存在するはずもなかった。市場の狂乱は、インフォーマル・エコノミーが国家の作った官僚制を乗っ取るという「管制高地」〔レーニンが経済分析に転用した軍事用語で、そこを押さえれば戦場や国家経済全体を俯瞰できる地点〕につながった。今やアフリカにおける国家経済の七〇―九〇パーセントが「インフォーマル」になっていると言われており、資本主義の合法形態と非合法形態の近似化は両者を区別し難くなるところまで進んでしまった。二〇〇六年には、日系電子企業のNECが、同じ名前かつ同規模で活動し、完全に法律外にいたがゆえに当のNECよりも高い利益を上げていた自社の犯罪的なコピー企業を発見している（Johns 2009）。

インフォーマル・エコノミーは、新自由主義的なグローバリゼーションの結果として大きく成長を遂げてきた。おそらく私たちは、管理のおよばない経済活動に対する研究方法をより研ぎ澄ませていくべき時期を迎えている。だが、そうであったとしても、もし「開発」が世界中の人々の生活水準を向上させたいという願望であるならば、人々の自律的なエネルギーを活用するために官僚の調整能力を活かすという試みがなされていくべきである（Guha-Khasnobis et al. 2006）。

開発を越えて

富める国が貧しい国の「開発」を支援するという前提――当初は植民地の領主という地位において、後には国家独立の枠組みの中において――は、第二次世界大戦直後からの数十年間には実際に一定の影響力をもっていた。だが、三〇年間にわたる新自由主義的グローバリゼーションは、そのすべてを台無しにしてしまった。貧しい国々の歳入は債務返済によって流出し、自国民を保護する政府の能力は構造調整によって蝕ばまれ、支援のレベルは単に象徴的に存在しているだけという程度にまで縮小してきた。今や多くの人々が開発を、現代世界の経済的現実をごまかしている金持ち側の道徳的優越性を偽善的に主張するためのものとみているのも、驚くべきことではない。こういったことから「ポスト開発」アプローチの提唱者たちは、開発はもはや終わったと述べてきたのである (Rahnema and Bawtree 1997)。彼らが代わりに関心を寄せるようになったのが、新自由主義的なグローバリゼーションの前提と実践に異議を申し立てる社会運動であった。それらの運動を結び付けてきたのは、過去一〇年にわたって続いてきた世界社会フォーラム (World Social Forums) であった。(9) ファーガソン (Ferguson 1990) やアルトゥーロ・エスコバル (Escobar 1996) のような批判人類学者に言わせれば、「開発」は単なるひとつの語り口 (「言説」) に過ぎず、貧者を貧しいままにする一方で、一部の金持ちが以前よりもはるかに豊かになっていくという現状を皮肉にも維持する以上にはなんの現実的な影響も現実世界に及ぼさないのである。

世界大恐慌の際、経済崩壊で生じた貧困と失業に政府が押し潰されそうになっていた事態を憂慮した国家エリートたちに、ケインズ (二〇〇八 (1936)) は実践的な解決策を示した。それは大衆の購買力を向上させることであった。今日の豊かな国々は、多くの生きている者を捉えている人間の窮状という海のただ中で、当時と同じように流されるがままになっている。マルクスは、生産行為をめぐる社会関係が生産力向上にさまざまな足枷を課していると論じた。ここで彼が言おうとしたのは、資本主義市場が社会全体の利益のために機械生産を組織化することはありえないということである。今日、人間の経済の発展にとって主たる足枷となっているのは、国民国家の行政権力である。ごく最近になって生じてきた世界統合という状況により適合する新たな形態の世界経済の出現を妨げているのも国家権力なら、国境を越えて購買力を再分配することによって世界の貧困を緩和するというケインズの企図の実現を妨げているのもまた国家権力なのである。

現代のポリティカル・エコノミーの核心には大きな虚偽がある。私たちは、普遍原理としては万人が平等で自由であるという、自称民主主義の中に生きている。だが私たちは、ある種の人々に劣った権利しか与えないことを正当化せざるをえない。さもなければ、経済についての不平等な役割分担は脅かされていただろう。こうした二枚舌は、近代国民国家の遺伝子に刻み込まれたものである。ナショナリズムとは、体系的なあるいは世界的な装いを伴わない人種差別主義である。いわゆる国民とは、それ自体がしばしば何世紀にもわたる不平等な闘争の所産である。そしてこの国民という概念は、文化的差異と出生を結び付けて、すべての外来者との対比において市民権を定義している。結果として生じるアイデンティティは、領土分割と国境を越えた移動の規制との上に構築されたものであり、市民でない者に対する不当な扱いを正当化し、人類共通の利害について人々の判断を鈍らせているのである。

現代経済に蔓延している二元性は、人生のチャンスに関して極めて不平等な人々を切り離しておく必要性から生じたものである。エンゲルス（二〇〇〇（1845））はマンチェスターを訪れたときに、金持ちが都市中心部で働きながら郊外に住んでいることに気づいた。彼らは通勤の際に車で大通りを往来するが、その大通り沿いの店舗の裏にはスラムのひどい住宅状況が隠されていた。アパルトヘイト廃止後のヨハネスブルクでは、これが極端になっていた。北部の郊外にある豊かな白人の暮らす地区は門で閉ざされて民間警備会社に守られており、その一方で貧しい黒人は、今なお黒人居住区に押し込められていた。そうしたアパルトヘイトの原理は、どの程度あからさまであるかに差はあれ、今や世界中あらゆる地域における差別のローカル・システムの中で見出すことができる。

富める国と貧しい国の人々の歴史的関係は、双方向への移動をめぐる関係に他ならない。第一次世界大戦前の数十年間が、ヨーロッパ人が温暖な新開拓地へ、アジア人の「苦力《クーリー》」が熱帯の植民地へ大規模移住したことを特徴とする「グローバリゼーション」の時代であったとするならば、現在私たちが目にしているのは貧しい国の人々による欧米の主要中心地への移住である。西欧資本が世界経済を統合し、大規模な機械産業が勃興した。その結果として、植民地の安価な労働力とは切り離された、本国の高賃金経済の誕生が促された。今や最安値の農作物はブラジルから、最安値の製造物は中国から、最安値の情報産業はインドから、教育を受けた最安値の移民労働者はソ連帝国の廃墟からやって来る。三〇年にわたる新自由主義の経済政策が、貧しい国々からの移民の波を促進した。資本は特にアジアにおいて、新たな生産と資本蓄積のゾーンへと拡散されることによって、はじめて真にグローバルなものになってきている。まさにその中で西欧の労働者たちは、本国においても海外においても加熱する労働市場での競争に直面しているのである。構造的な人種差別によって高賃金と低賃金の労働力移動を分離しておくことは、世界社会の普遍原理にまで引き上げられており、あらゆる水準で多かれ少なかれ公然と反復されてきたのである。

結び

遅かれ早かれ、経済的かつ政治的な危機が、世界的な人間の経済を組織する諸原則に再考を迫るだろう。人類学者は、今日の世界的不平等に直面する中で、それぞれの地域の人々がいかに自分たちを組織化しているのかだけではなく、どのようにすればより公正な社会を作っていけるのかも示さねばならない。ここには「開発」の名の下で行なわれてきた現行の思想や実践を、根本的に批判することが含まれる。最近、富める国々においては、一般的には「持続可能な開発」という語で呼ばれる、生態的ないし環境的な義務についての主張が強まってきている。ここで前提とされているのは、あらゆるものが全員に行き渡るほど十分にない以上は、貧者は金持ちのようになれないということである。欧米諸国（およびアジアの一部の国）は、自国の経済面と人口面の衰退を開き直って美徳として捉え、一九七〇年代に一度目の流行を経験した「成長の限界」論（メドウズ、メドウズ、ランダース 二〇〇五（1972））を復活させてきている。エリートたちは、貧しい人々の引き起こした歯止めの効かない人口爆発が自分たちの安寧にとって脅威となっていることを常に憂慮してきた。これが現在、全世界に波及してきている。

富める国々は、発展途上国の温室効果ガス排出水準を、アメリカ合衆国やEUよりも低く抑えるように提案している。ブラジル、インド、中国、南アフリカ、そして今日の資本主義の世界規模での再構築に主要参加者として加わっている他の国々はこれに異議を唱えている。その理由として彼らは、すでに大気中にある大部分の二酸化炭素は欧米に責任があるということを挙げるが、これは決して不当な主張ではない。二〇〇九年にコペンハーゲンで開催された「世界温暖化」に関する首脳会談の場で、ブラジルと中国の両国の指導者は次のような冗談を言い交わしていた。アメリカはまるで、晩餐会で満腹になった後に隣人たちをコーヒーに招いて、割り勘にしてくれと頼んでいる金持ちみたいだ、と。想像してみればよい。もし世界経済の支配的地位を失いつつあったイギリスが「持続性」の名の下に発展を抑制すべきだと提案していたら、アメリカやドイツがどのように反応していただろうか。

開発の古い前提は、今現在を生きている大多数の人間にとっていまだに当てはまるものである。人々は、テレビで見ることができるような、諸々の特権を有した十全な世界市民になりたいのである。そして、自分たちがすでに有している以上のものを欲しがっており、そろそろベルトを締めるべき時期ではないか、などとは言われたくないのである。アフリカ人は欧米人よりも子供を亡くす可能性が高いので、今なお多くの子供を生んでいる。もしアフリカの人口が三〇年ごとに倍増していくとすれば、それはアフリカの人々を戦争や疾病、飢餓から守るための改善が限定されたものでしかなかったということを反映したものである。だが、欧米――そこでは現代経済の恩恵は永久に続かないかもしれないが――で当然視されている現代経済の恩恵を享受するまでには、まだ先が長いことをアフリカの人々は知っている。そのときが来るまで、環境のために抑制を呼び掛ける声は開発への衝動によって掻き消され続けるだろう。

第七章　社会主義的なオルタナティブ

すでに述べてきたように、一九世紀に経済人類学が興った当初から一九六〇年代と一九七〇年代の西側のマルクス主義者たちに至るまで、社会主義からの資本主義市場経済についての批評は、経済人類学の形成に大きな影響を与えてきた。こうした批評の多くは、社会主義の諸概念を用いて、西洋思想の動向と非西洋社会とを広く関連づけるものであった。アジア的生産様式はあったのか。アフリカに封建的生産様式はあったのか。ピョートル・クロポトキン公子の相互扶助論（二〇一二〔1902〕）はブッシュマンの間における相互交換を解明できるのか。現代の農民は「小商品生産者」として理論化できるのか。

これらの関心とは対照的に本章で提起する問いは、市場資本主義における社会・経済のオルタナティブとしての社会主義的な社会・経済を、程度の多少はあれ体系的に作り出そうとしてきた国々に注目する。一九一七年のロシア革命以降、社会科学者が「現存している社会主義」における日常的な人間の経済について調査することは事実上不可能になった。そのため、冷戦期の政治的非難の応酬や西側のマルクス主義内部の派閥闘争は、世界最大の国家の内部で実際になにが展開しているのかを知らないまま続けられていた。第二次世界大戦後になると、ソ連は一つの国際同盟の揺るぎない指導者となった。経済人類学の黄金期は「埋め込まれた自由主義」（Ruggie 1982）によって西側世界で生じた長期にわたる好景気とだけでなく、北ユーラシア大陸一帯で支配的になった社会主義的なオルタナティブの最盛期とも重なっていた。モスクワは一九六〇年代までには、生活水準を向上させ、「宇宙開発競争」でアメリカと競争し、さらにアフリカや他地域の新興独立国に自国の資源や技術を分け与えるといったように、自らの成功を誇ることができるようになっていた。

こうした「第二世界」の大部分の地域における経済発展は、私たちが前章で見てきたのと同様のさまざまな基本的問題に取り組まなければならなかった。しかし、そこでは資本主義的な近代化のパラダイムは否定され、商取引と貨幣は農耕時代にそうであったようにまったく信用できないものと捉えられた。そして生産手段は共同所有に移行した。これは主に共同所有と国有という二つの形式で行なわれたが、国家による所有の方が、労働者たちが農場や工場を共同所有することよりもイデオロギー的には上位に置かれた。ソ連において猛烈な速度で出現した産業経済は、西側の産業経済とは多くの点で異なっていた。特に、女性を労働力に取り込んで結果的に家内関係を変えたことは顕著な違いであった。西側の社会科学者たちは、この種の社会主義を理解するためにさまざまな理論を考え出したが、その中でもっとも有名なものが「全体主義」であった。社会主義における計画的な生産形態と資本主義的な生産形態との違いは、都市の工場においてよりも地方における方が明らかに著しかった。しかし資本主義と大差ない程度まで発展した都市部であっても、社会主義政権当局が「新しいソビエトの人間」[1]という自分たちの理念を達成したどころか、そこに近づいたという証拠すらほとんど見出すことはできなかった。むしろそれとは反対に、中央計画経済の効率の悪さゆえに、人々はそのシステムの範囲内において経済学者のような振る舞いをしなければならなかった。ここに至って**ホモ・ソ**

ビエティクス（*Homo sovieticus*）の外皮を身にまとって登場したホモ・エコノミクス――すなわち社会主義という特定の条件の制限下において自己の利益を追求する人間――は、皮肉なことに日常的なリアリティに現実的に接近しているようにも見えた。

以下では、まず社会主義に関する文献を概観し、その後に特に所有関係に注意を払いながら過去二〇年にわたるソ連圏の変容について考察する。最後に目を向けるのは、一党支配と市場への大きな依存とがうまく組み合わされてきた現代東アジアの混合形態である。その上で私たちが考察するのは、この東アジアのケースが社会主義的なオルタナティブに完全に終止符を打つのか、それとも二一世紀に向けて実行可能な社会主義の刷新につながっていくのかという問題である。

社会主義

社会主義諸国はほとんど例外なく、社会主義時代以前から人類学に関する独自の学問的伝統を有していた。とはいえ、そこで注目されがちだったのは、ロシアや中国の場合には国内のエキゾチックなマイノリティであり、東欧の場合には「国民民族誌」の中で国民の本質を保っているとみなされていた産業化以前の農民の民俗文化であった。これらの研究はいずれも経済人類学には重点を置いておらず、また社会主義による変革がもたらした衝撃について調査する立場にもなかった。国民民族誌は、東ロシアと中国においてはマルクス主義の史的唯物論に適合するように徹底的に作り変えられたが、東欧においては驚くほど長い間続けられた。社会主義圏において人類学は一般的には民族学の名で知られており、民族学は未開性と後進性――いずれも社会主義の前進によって克服されるべきもの――の研究と結び付いていた。人類学者が社会主義そのものに疑問符を突きつけるなどということはありえなかった。あったとしても、それはおそらくは表向きはまったく異なった主題についての研究の中に皮肉な論評を忍ばせるという形でのみであった。こうした体制批判的な寓話を理解できたのは、一握りの同僚を別にすれば、イギリスにおいてソ連人類学の論文を熱心に追っていたアーネスト・ゲルナーだけであった（Gellner 1988）。経済人類学にもっとも多くの貢献をしてきたロシアの学問的伝統は農村の農地統計であった。だがそれも、その代表的な研究者であったアレクサンドル・チャヤーノフが処刑された一九三七年よりも早い段階ですでに消滅してしまっていた。

西側の研究者たちによる初期の調査が行なわれたのは、人類学者の自然な生息地と考えられていた、中心から遠く離れた農村地域であった。ソ連の集団農場である**コルホーズ**（*kolkhoz*）についてのもっとも詳細な研究は、キャロライン・ハンフリー（Humphrey 1983）の手によるものであった。彼女は農業集団化のわずか一世代後の一九六〇年代に、ブリヤートでフィールドワークを実施した。彼女は以下のような問題について論じていた。たとえば、農場の役人たちは、上司から課された計画目標を上手く切り抜ける余地をどうやって見つけ出すことができたのか。またより一般的には、カール・マルクス集団農場（Karl Marx Collective）と呼ばれる農場の近代主義的な官僚組織が、いかに地域的な親族関係と宗教実践とに覆われていたのかといった問題である。その後になされた東欧の集団化された農業団体に関する研究において、より大きな注目を集めるようになったのは、一般的な村人たちの戦略および彼らの個人的な利害追求がかなりうまくいっていたことであった。村人たちは、ときに集団農場の管理に役立つように協力し、またときには計画立案者の目標を転覆することもあった。その極端な例が、一九八〇年代のソ連のウズベキスタンにおける「綿スキャンダル」(2)であった。一部の批評家たちに加えて多くの中央アジアの研究者たち自身が論じていたのは、モスクワが当該地域における植民地権力であるということであった。その一方で、あらゆるレベルで共謀して統計値を改竄することで、中央から地方への重要な資源の流出が可能となっていた。しばしば起こっていたことであったが、ここでは中央計画経済が一種の環境災害となっていた。しかし、それでも中央からの資源が滴り落ちてくる《トリクルダウン》ことによって、現に地域共同体に十分な利益がもたらされていたのである。

スターリン主義者の「地方の工場」構想は、東欧においては近代化のプロセスに道を譲った。その近代化のプロセスとは、結婚相手の選択や農村からの脱出をめぐる「個人主義化」のような、人類学者たちが西欧や南欧において報告していた出来事と大きく変わるものではなかった。旧エリート層からの土地収用を含めた最初の激動があった後に、社会主義革命は「飼い馴らされた」のである（Creed 1998）。驚いたことに、その新しい制度は地方に不釣合いな繁栄をもたらした。社会主義イデオロギーに従うならば、農民たちは集団化されていたとしても、産業プロレタリアートとの階級連帯にあっては依然としてせいぜい従属的なパートナーに過ぎなかった。だが実際には、集団農場の成員たちはたいていの場合、私的な商業活動を行なう余地を見つけることができた。政府は中央計画から外れた販路を閉ざすという危険を冒すわけにはいかなかったのである。それをしてしまうと、急増する都市住民向けの食料供給を脅かすことになっていたであろう。都市化が比較的進んでいなかった社会主義諸国でさえ、個人の経済的主導権の余地は、たとえば住宅の建設や贅沢品の入手という点において、西側諸国で一般的に想像されていた以上に許されていたのである。

中国では、他の社会主義諸国に比べて、社会主義革命の飼い馴らしにより多くの時間を要した。だが一九七九年以降、社会的総生産の代わりに「世帯責任制」を導入したことによって、ついに中国でも農村の生活水準が急速に向上しはじめた。もともとの社会主義が目指していたような、生産を世帯から切り離し、労働の報酬を「労働点数」で払い、市場を廃止するというようなやり方を完全に放棄したときに限って、人間の経済は活性化されたのである。

ハンガリー社会主義末期の数十年間に関する論考は例外的に豊富である。なぜなら、第二世界の他の大多数の国々に比べると、ハンガリーには外国人が入りやすかったからである。当のハンガリーの民族誌家たちもまた、社会主義的な農村改革という劇的な出来事を比較的自由に記録できた。一九五六年に反社会主義的な「対抗革命」が鎮圧されてから一〇年あまりが過ぎた一九六八年に、ブダペストの権力者たちは、もっとも劇的な影響力を地方に与えた諸改革を実行しはじめた。一九六八年以降、世帯単位に支給されるようになった奨励金は、「自己搾取」[3]（チャヤーノフ 一九五七（1925））の割合を高めることにつながった。都市部の鼻もちならない知識人気取り《スノッブ》たちは、元農民たちが経済学者然とした行動をとることを軽蔑した。だが、すぐに大部分のインテリゲンツィアたちも同じように新たな私的蓄積の機会に飛びついた。このような後期社会主義のハンガリーから得られた証拠は、主流派経済学者たちが当然のものとしていた考え方を否定するものであった。つまり、人々がより効率的な生産方式を追求するのは、確固とした所有権が保障されているときだけではなかったのである。ハンガリーの村人たちは土地に対して、自身の「家庭農園」に対してさえ、明確に特定された権利を有していなかった。だが、このことが彼らの労働倫理に目に見える影響を及ぼすことはなかった。彼らの労働力は、社会主義機関が都合良く利用できるものであった。その典型的な連鎖は、以下のとおりである。集団農場が近代的技術を用いて集団化された農地で効率良く穀物を生産し、その一部を世帯に販売する。それを世帯が労働集約型の家畜を育てるために飼料として用いて、その後に育てた家畜を社会主義機関が世帯から購入するか、世帯を支援して私的に市場売買させる。こうした社会主義経済と農民の世帯経済との「共生関係」は、生産手段の所有に依存してはいなかったのである。実際、後期社会主義の地方における過剰な経済活動を動機づけていたのは、消費財を、それも特に家や車を手に入れるチャンスを拡大するためであった（Hann 1980; Lampland 1995）。

西側諸国ではじめて東欧の民族誌が出版される頃までには、カール・ポランニーの概念枠組みはすでに時代遅れのものになっていた。だが、ポランニーの分類区分はこうした社会主義の農村経済を描くのに極めて適している。そこでは再分配はもっとも顕著な「統合様式」であった。社会主義の役人たちは一つの新たな階級を形成していた。企業や農場に属して自身の農園の世話をしていた下級官僚と、高位の全権力を握る指導者層**ノーメンクラトゥーラ**（*nomenklatura*）とはもちろん明白に異なるレベルではあったが、それでも彼らは一つの階級を形成していた。だが社会主義的な再分配は、長年にわたって市場の諸要素によって調節されていた。それは具体的には、労働点数が給与や賃金に置き換えられて、その結果として市場への個人的なアクセスが拡大するというような形においてであった。また農園と菜園が惜しみなく割り当てられたおかげで、世帯は消費および生産の生活単位であり続けた。最終的には、互酬の複雑なパターンが、社会主義時代以前から存在した相互扶助方式において世帯同士を結び付け、また同時に「第二の」あるいは「地下の」経済を通して世帯と社会主義の役人たちを結び付けた。後者は再分配の様式にフィードバックされ、社会主義版の「インフォーマル・エコノミー」を構成する重要な特徴となっていた。そうした再分配の方式を世界中で形作っていたのは、つながりを介してものごとを処理する際のローカルな規範であった。そうした規範は、しばしば翻訳不可能な概念――たとえば中国では**グァンシー**（*guanxi*）〔漢字で書くと「関係」である〕、ロシアでは**ブラート**（*blat*）など――で表現されていた〔もし日本語で言い換えるならば「コネ」や「袖の下」ということになるだろう〕。

都市の産業化された状況においては一般的に、社会主義的な労働はより明確に家庭生活と分離された状態が続いていた。しかし仮に食料品などの消費財の慢性的な不足だけがその存在の理由であったとしても、都市における互酬のネットワークの重要性が農村に比べて低かったわけではない。いくつかの国（たとえばチェコスロバキア）では、民族誌家たちは鉱夫のような労働者階級集団の「民俗文化」を研究することを要求されたが、工場でフィールドワークをすることはなかった。社会主義における工場の状況をもっとも詳らかにした報告を書いたのは、当該国の人類学者でも外国の人類学者でもなく、毛沢東主義を掲げる反体制派のミクローシュ・ハラスティ（Haraszti 1977）であった。彼は一九六〇年代後半にブダペストにあるレッド・スター・トラクター・ファクトリー社で働いていた。工場の労働状況は、ほとんどあらゆる面において非人道的であった。だがそれでも、労働者たちが給与を支払われていたのは機械と向き合って過ごす時間に対してではなく、自らの作り上げた製品に対してであった。そのため労働者たちは、少なくとも自分の労働を自分でコントロールすることはできたのである。マルクス主義的観点からすれば、そうした「出来高払い」制の方が搾取率は高くなるかもしれなかったが、それでも労働者が機械との関係で一定の自律性を保てたという点において疎外は縮減されていた。このような自律性の中には、工場の設備を使って「家庭用の品（homer）」を作り、こっそりと工場からもち出すことも含まれていた。家庭用の品は、私的に用いる実用品である場合も、もしくは単に美しさを見て楽しむだけのものである場合もあっただろう。ここでハラスティは、あるユートピア的空想に耽っている。家庭用の品を生産することで得られる充足感を人々に与えられるように、ハンガリーの経済全体を組織できたらどうだろうかと。

中央計画経済における工場生活の現実は、大いなる家庭用の品というハラスティの夢とはまったく異なるものであったが、世界の他の地域における工場生活について私たちが知っていることとそう異なるものではなかった。とはいえ、こうした工場の仕事は地方出身の出稼ぎ労働者にとって極めて魅力的であった。社会主義の崩壊後に行なわれたさまざまな研究は、大部分の従業員が職場の同僚と満足のいく社会関係を享受していたことを裏付けている。そうした職場集団（brigade）は団結の源泉であり、しばしば居住集団よりも重要であった。居住集団と職場集団は、一部の社会主義世界では一致していた。有名なのは、中国の作業単位である**ダンウェイ**（*danwei*）である。それは日本の工場共同体や終身雇用制度と似た役割を担っていた。

社会主義の「不足の経済」[4]は、ハンガリーの経済学者ヤーノシュ・コルナイ（Kornai 1980）による古典的研究の主題であった。コルナイは、一九六〇年代に過度に中央集権化された経済の改革を理論化する手助けをした人物である。彼が最終的に目指していたのは、社会主義の中央計画経済と資本主義市場経済との制度上の違いを理解することだった。コルナイはもともとは共産党の忠実な構成員であったが、次第に社会主義に対して批判的になった。彼が注目したのは、社会主義企業が労働力を温存する傾向と、破綻などほとんどありえないほど「緩い予算制約」であった。この緩さは市場の規律によってではなく、経済的効率性などせいぜい遠くにある目標くらいにしか考えていなかった官僚たちによって調整された結果であった。日用品の不足は、間違いなく社会的ネットワークに影響を及ぼした。経済的必要性と相互利益に端を発した交流は、より私利私欲を伴わない形の友情へと至る可能性もあったが、その逆もまたありえることだった。たとえば、ロシアにおけるブラートの支払いは、支払う側と受け取る側の間の嘘偽りのない親密さにとって障害になりうるものであった。中にはそうしたネットワーク・システムから可能な限り身を引いて、「国内移民」という侘しい生活をしていた者もいた。ただ議論の余地はあるものの、そうした逸脱者たちでさえ、自身の周囲のあらゆるところで作動していた徹底的なネットワーク化の恩恵を受けていた。これと同じ状況は、西側諸国でも見られた。すなわち、アソシエーションへ市民参加率の高さゆえに、自身はそこに参加していなかったにもかかわらず、恩恵を受ける人々は同じように存在していたのである。ともあれ、社会主義下における日常消費にかかる高い取引費用は、さまざまな政治的結果をもたらした。そうした高い取引費用が連帯感情を促し、その感情は容易にエリート層に対する反感に転じた。なぜなら、エリート層はいくらでもモノが入手できると考えられていたからである。一九八九年から一九九一年にかけての諸革命にはさまざまな要因があり、その中にはたしかに人権を理想として掲げる人々の勇敢な活動があった。だがベルリンの壁崩壊につながる抗議活動をした大半の人々の主な動機が、より多く、より品質の良い消費財を自由に買いたいという希望にあったことはほぼ疑いのないことである。

毛沢東主義者で反体制派のハラスティと、市場原理主義者のコルナイとが対照的な社会主義批判を展開した国であるハンガリーが、実際には他の社会主義国家よりも市場を開放して、新たな消費パターンを促進していたのは皮肉な話である。中央計画経済に関する古典的モデルでは、モノの供給不足が生じている場合には通常、モノは他のモノとの物々交換で入手されるようになると考えられていた。これは生産者の間でも、消費者の間でも同様である。そうなると、貨幣を所持していても何の役にも立たない可能性がある。社会主義圏のいくつかの国では、自国の通貨がごく限られた範囲でしか通用しなくなり、その一方で外貨――一般的には米ドルやドイツマルク――が「全目的貨幣」以上の機能を引き継ぐことがあった。だが、ハンガリーの市場社会主義下ではドル向けの闇市場が衰退し、消費者たちは自国通貨のフォリントを蓄積していた。フォリントは一九六八年以降、資本主義社会の貨幣と実質的に同じように、財やサービスの価値序列を指し示す国民通貨になったのである。

実際、貨幣が以前は締め出されていた諸分野に入り込んでいくにつれて、こうした価値序列はときに西側諸国よりも大きな意味をもつようになったように見えた。後期社会主義時代のハンガリーにおけるもっとも悪名高い例は、公共医療サービスであった。多くの病院の医師たちは個人病院も経営しており、そちらにはより裕福な患者たちが、より早く、そしておそらくはより良い治療を求めてやって来た。しかし国立病院内でさえ、医師や看護師に現金を渡すことは慣例になっていた。それは**ハーラペンズ**（*hálapénz*）と呼ばれる文字通りの「謝礼金」であり、通常はフォリントの紙幣を無地の封筒に入れた状態で手渡された。もちろん、この支払いは道徳的にはいかがわしいものだった。ハーラペンズについて、一部の人々はそれがあらゆる社会主義の原則と反する、嫌悪するべきものであると見ていた（とはいえ自分の家族の一員が治療を必要とする場合に、彼らが適切な支払いを思い留まることはまずなかった）。また中には、社会主義における医療分野に対する給与は社会主義経済の他部門と比べて相対的に低く、それゆえにハーラペンズのような非公式の支払いが正当な補填と見なしうるのだと言う人々もいた。

ヤーノシュ・コルナイのように市場社会主義を批判する者たちは、ハーラペンズのような実践を取り上げて、こうした道には基本的に未来はないと論じた。中央計画経済における贈賄は、それなしには体制が機能不全に陥ってしまうおそれもある、必要不可欠な潤滑油として擁護できるかもしれない。だが市場社会主義が拡大していくにつれて、市場に対する継続的な規制と所有権の制限には、金銭的賄賂の蔓延が必然的に伴うことが分かってきた。コルナイ（Kornai 2001）は、真の資本主義がそうした悪弊に終止符を打つものと確信していた。実際にこれは体制移行のリトマス試験紙になったのであった。

キャサリン・ヴァーデリー（Verdery 1996）は、社会主義に関してより一般的な理論を作ろうと試みた唯一の西側の人類学者であった。彼女はルーマニアにおける自身のフィールドワークにだけでなく、コルナイや他の批判的な東欧知識人にも依拠して議論を展開した。ヴァーデリーの議論によれば、社会主義体制は西側の企業が抱くような貨幣や資本を最大化しようとする欲動によってではなく、彼女が国家官僚の「配分力（allocative power）」と名づけたものを最大化しようとする欲望によって、全体として駆動していた。このように自由市場のアンチテーゼとなっていた体制の内部において、ヴァーデリーは形式主義的な経済人類学の原理にこだわったのである。彼女の分析は見事なものであった。ただしその議論は、一九七〇年代と一九八〇年代の市場開放によって生活必需品の慢性的不足という問題を大幅に克服してきた社会主義諸国よりも、どちらかと言えばチャウシェスク時代のルーマニアの方によく当てはまるものであった。以下では、東アジアの文脈において「社会主義混合経済」のもつ可能性に再び目を向けよう。だが、まずは旧体制が一九八九年から一九九一年の間に極めて劇的に崩壊したソ連圏におけるポスト社会主義の経験を検証してみたい。

ポスト社会主義時代の変化

一九九〇年代までに経済人類学は、もはや対立する学派間の白熱した論争を特徴とする分野ではなくなっていた。この時期には、かつて西側の研究者にとって困難であった旧ソ連圏における調査は格段に容易になっていたが、そこで行なわれた研究は経済人類学におけるいくつかの流行を全体として反映したものであった。ここでも大きな注目を集めたのは、労働市場で起こった劇的な変化よりも、新たな消費の形態についてであった〔第八章の「消費」の節を参照のこと〕。とはいえ市場や所有関係、さらには個人の対処戦略のすべてについても重点的に研究が行なわれた。社会主義との決別において要点となるのは、多党制民主主義の導入や市民社会の拡大に加えて、中央計画経済から市場経済への、そして共同所有から私的所有への転換であると考えられていた。西側諸国の新自由主義にしたがって、通常の意味での経済とは何ら関係のない諸領域に市場的な思考が拡張された。多くの西側諸国からの助言者たちが（ときに人権というレトリックを使いながら）重点を置いたのは、国外に拠点を置くキリスト教団体の布教を認めることによって、「魂の市場」を開放することであった。こうして雇用不安と全面的な崩壊という状況の下で、プロテスタント系の福音派諸団体のメッセージがしばしば肥沃な大地に落ちたのであった（Pelkmans 2009）。

社会主義からの移行の初期段階において、分析者たちはポスト社会主義的な市場経済へと至る二者択一の道を示した。一つはアメリカ人経済学者のジェフリー・サックスが一九八九年にポーランドに対して行なった提言に代表されるもので、「ショック療法」であった（Lipton and Sachs 1990）。サックスは中途半端な方法あるいは言い逃れを推奨しなかった。国有財産を即時かつ完全に私有化して、あらゆる経済主体に「厳格な」予算を課さなければ、市場の恩恵は失われるだろうとサックスは言った。この提言に文字通り従うために、ポーランドは大きな代償を払った。だが結果的に生産は回復し、ポスト社会主義の一〇年目から一九年目の間の成長率は比較的高いものになった。もう一つの選択肢は、いわゆる「漸進主義」であった。こちらの主唱者たちは、国家がより緩やかに国有財産を処分し、雇用水準を維持するために市場に介入し、そして外国資本の流入を制限したり遅らせたりすることを認めていた。だが実際には、その二つの道はすぐに区別困難になってしまった。というのも、問題の焦点は改革の優先順位を決める官僚の技術的な方法に絞られ、またどちらの道を選んだにせよ、この地域のすべての国々は自分たちが組み込まれた世界市場の規律に順応することを強制されたからである[5]。

この「移行」のプロセスは、市場原理がより長期にわたって、より徹底的に抑圧されてきた国ほど、より破壊的になる傾向があった。そのために一九九〇年代のソ連は、一部の批評家たちの目には資本主義よりもむしろ封建主義に向かっているようにも映った。実際、社会主義時代の上層部は**法令上の**（*de iure*）、さもなければ少なくとも**事実上の**（*de facto*）私企業の所有者になったのだが、彼らは気がつくと、社会主義時代以上にマフィアのボスのような形で経営せざるをえなくなっていた。中央計画経済は金まみれの市場原理にではなく、新しい形のパトロン－クライアント関係や、賄賂に媒介された新たな物々交換に取って代わられたのである。人類学者はこうした移行のプロセスをさまざまな形で報告している。ジャニーヌ・ヴェデール（Wedel 1999）は、西側諸国からロシアやポーランドに向けた支援や政策提言の流れを追うことで、国家間のレベルに注目した。彼女は支援の与え手と受け手の間が一貫して断絶していること、さらには地方官僚による資金の不正使用にアメリカがおおいに加担していることを報告している。このような事態の一つの要因は、異なった価値観に根差した文化的な誤解であった。もう一つの要因となったのは、政府を通さずにNGOを通して支援金を流すべきというイデオロギー的な要請によって新たに開かれたさまざまな可能性を、個人が悪用したことであった。

　人類学者は、国家よりも下の水準における市場行動を報告し理論化することに、より頻繁に力を注ぐようになった。実体主義者たちが論じていたのは、産業社会において支配的な市場《しじょう》原理が強力になっていくにつれて、前産業社会において中心的な制度であった市場《いちば》が重要性を失っていく傾向があるということだった。ところが一九九〇年代の旧ソ連圏では、小規模な市場《いちば》が爆発的に増加した。それどころか、たとえばジョージア人とブルガリア人がバスをチャーターして資本主義国のトルコまで出かけるなど、交易のために外国まで出向くケースも増えていた。こうした「交易目的の旅行者」の多くは、脱集団化と工場閉鎖の犠牲者であった。彼らは生活必需品を手に入れるために、職場の中から、さらには自分のアパートの中からさえも売れるものは何であれ売り払っていた（Konstantinov 1997）。小規模取引は一つの生存戦略になっていたのである。もう一つの戦略は、これは一部の都市住人にとってさえ重要となっていたのだが、自分の所有する家庭農園ないし都市の割り当て菜園を使って自給自足の生産を強化することであった。こういった展開の中で、多くの人々は困惑せざるを得なかった。それまでに彼らが現代的かつ先進的なものとして経験するようになっていたあらゆるものが、今や自分たちから無情にも離れていってしまったのである。これと同じ困惑は、第八章で取り上げるザンビアの銅鉱山地帯の人々が覚えていたのと同じ感覚である。

市場と貨幣は言うまでもなく、長年にわたって社会主義による否定的プロパガンダの標的であり続けてきた。そうした否定的プロパガンダの基盤にあったのは、誠実な労働以外の手段によって獲得された富を軽んじるという、はるか昔からの伝統であった。民族誌家たちは、新たな危機的状況から利益を産み出す能力をもった新しい**ビジネスマン**（*biznismen*）が登場したことだけでなく、**投機**（*spekulatsiia*）に対する道徳的批判が引き続き力を保っていることも報告している。民族誌家たちは、新しい階層化のパターンが、しばしば社会主義の旧制度に対する肯定的な再評価につながることに気づいた。会社を買収した西側の企業が新たな経営方針を導入し、その方針が家庭に影響を及ぼすようなローカルな価値観と対立した場合には、旧制度への再評価は特に顕著であった（Dunn 2004）。東ドイツの労働者たちは、新たな市場経済にすぐに「幻滅」を感じるようになった。なぜなら新たな市場経済における彼らの職場（彼らに職場があったとするならであるが）が、社会主義的な職場集団が有していた同僚との親密な関係性を与えてくれることは一切なかったからである（Müller 2007）。東ドイツが、トラバント自動車のような自国独自の工業製品をもつ独立国であった時代に対するノスタルジー（nostalgy）は、**オスタルギー**（*Ostalgie*）と呼ばれる。オスタルギー現象は消費者の嗜好や芸術表現の分野で顕著に見られてきた。このことは、もしできることなら旧型の社会主義で生きる方が良いと人々が思っていたということを意味するわけではなく、新エリート層と欧米製品の支配に対する抵抗を反映したものである（Berdahl 1999）。国家自体が消失した点で東ドイツの例は極端であるが、同じようなノスタルジー感覚と新自由主義的な資本主義への抵抗は世界各地で報告されている。

新しい市場経済は、国家ないし国家より下位の共同体がかつて所有していた資産を、程度の差はあれ急速に私有化したことによって強化された。ここでは期待と現実の間には、しばしば非常に大きな隔たりがあった。こういった状況で、人類学者は地方に注意を向けた。一部の人類学者は、社会主義時代に研究していた村落や集団農場へと戻っていった。農村部門における私有化は多様な形態をとっていた。ブルガリアやルーマニアは、社会主義時代以前の所有者に土地の私有を認めた際に、もともとの境界線を尊重した。他方でハンガリーでは、この原則は修正された。集団化に比較的成功していたハンガリーは、統合された大規模農場をすべて分割してしまうことによって生じる経済的悪影響を避けたのである。それとは対照的に旧ソ連の大部分の地域では、土地はそこを使用し続けてきた組合員と労働者の間で均等に分割された(6)。東欧の大部分の地域においては、新たな所有者が一般的には家庭を基盤として生産責任を負った。他方で、旧ソ連では一般的には生産単位は変わらなかった。ロシア政府は家族単位での農業を推奨しようとしたが、新たな土地所有者のほとんどは、帰属するポスト社会主義企業から、自分の割り当て分の土地を引き揚げようとはしなかった。このような社会主義時代を引き継いだ共同体の拘束力は、妬みの感情やさらには「限られた財」の感覚さえもその動機となっているようであった。そこでは起業家精神が抑制されて、結果として政治的なコネをもつ者だけが

「民営」農家 (*fermery*) として危険を冒して挑戦することができたのである。

　農村における生産水準と土地の生産力は、ほとんどあらゆる場所で低下した。東側の農民たちと、巨額の補助金に支えられたEUの農業生産とでは競争にもならなかったのである。社会主義時代の補助金が終わったことによって、多くの者は肥料を購入したり、機械を維持したりすることもできなくなった。新たな所有者が割り当てられた区画の活用に失敗すると、大部分の耕作地が生産停止状態になった。人々が新たに割り当てられた資産を経済的に十全に活用することができず、家庭農園のみで働くことを選んだり、あるいは西側諸国のどこかで介護者《ケアテイカー》やお手伝いとして働いてみることを選ぶのはめずらしいことではなかった。彼らのそうした振る舞いは一見すると非合理的に見えるかもしれないが、そうとは言えない。農場の運転資金の高さや、不十分な自己資本と労働資源のことを踏まえれ

ば、割り当てられた土地を取得しなかった者（中にはそれがどこにあるのかを探す労すら取らなかった者もいた）は、単に現実主義的であっただけなのである。

　このようなポスト社会主義期の展開に対して新自由主義側から出た典型的な批評は、市場を適切に機能させるための諸々の前提条件を当局が創出できなかったことを嘆くものであった。たとえば、効果的な地籍調査がなされれば、より効率的に土地が測量されただろう。実効的な法律制度があれば、所有権が登記されただろう。まともな金融制度があれば、新しい所有者は商業的農業をはじめるために貸し付けを受けられただろうといったものである。これらはすべて妥当な指摘ではあるが、しかしもっと重要なことを見逃している。それは農村共同体の道徳的価値観である。カール・ポランニーは「擬制商品」の中の二つとして土地と労働を挙げているが、この彼の洞察はポスト社会主義の地方において繰り返し裏付けられてきた。たとえば土地所有者になろうとしたハンガリー人の多くは、自らの祖先に対する敬意から正当な資格を登録する義務を感じた高齢の村人たちであった。その土地から経済的利益を見込めるか否かは、彼らにとって関係なかったのである。結局のところ多くの場所で明らかになったのは、農地は資産というよりはむしろ負債だということであった。また農場労働の自由市場という考え方も、現地の道徳的共同体には馴染まなかった。ここで私たちが思い起こすべきことは、もっとも先進的な資本主義経済圏の農業部門においても、無報酬の家族労働が極めて重要な役割を果たしていることである。

　旧体制の廃墟の中で、ほどなくして新興エリート層が出現しはじめた。彼らはときには、研究者のみならず一般人からも新しい階級だと認識されていた。もっとも金になる資産を取得したのは、しばしば旧共産党員たちであった。彼らは、新たに手にした資産を活用して利益を生み出すために必要な情報と「社会資本」を有していた。ハンガリーの農村部門においては「緑の貴族（Green Barons）」

が重要な役割を果たした。彼らはその当時、解体することを求められていた社会主義機関のトップにいた高学歴の人たちであった。ハンガリーにおいて農村が比較的円滑に移行できたのは、部分的にはそうした新しい企業家たちのおかげでもあった。というのも、彼らは過去数十年の社会主義時代の間に、ここでの新たな役回りに役立つような訓練を受けてきたようなものだったからである。だがユーラシア大陸の農村における脱集団化と私的所有の法制化は、より効率的な経済組織にも、より魅力的な形式の共同体生活にもほとんどつながらなかった。特に中央アジアにおいては、新しい形態のパトロン－クライアント関係は社会主義時代の古い官僚制よりもはるかに抑圧的であったが、地元の人々には以前よりも少ない資源しか滴り落ちて《トリクルダウン》こなかったのである（Trevisani 2010）。

ポスト社会主義時代に入ってからは、都市部においても田舎においても大半のモノは実際により容易に入手できるようになった。だがそれは、人々自身が顔をしかめて認めるように、お金を払うことのできる人間に限った話である。新しい車やトラクターを入手するためには、あるいはバラトン湖や紅海で休暇を楽しむためには、もはや適切なネットワークをもっているだけでは十分ではない。結局は、お金だけがモノを意のままに操ることができるのである。多くの世帯にとって、生存は現実的な難題となってきている。絶対的貧困が増加してきてはいない場所でさえ、**成金**（*nouveaux riche*）の建てた郊外邸宅や新しいショッピングモール——そこで買い物できる金銭的余力のある地元住民はほとんどいない——を目にすることで、人々は排除と相対的剥奪の苦い感覚を味わっている。ユーゴスラビア連邦共和国の崩壊は、買い物をめぐる状況変化について、心痛む事例を提供してくれる。社会主義下では、女性たちはまずまずの品揃えの百貨店で日常的に買い物をしていた。しかし最近では、これらの百貨店は一方では豪華な新しいモールに、他方では小規模業者とフリーマーケットに取って代わられるようになってきている。あるボスニア人女性は、人類学者ラリサ・ヤシャレヴィチ

(Jasarevic 2009) に対してぶっきらぼうに次のように言った。「食料雑貨品店にストッキングが置いてあったとしても、私が欲しいのはそれじゃないの」。

多くの民族誌研究が示唆しているのは、一時的な労働移民——その全貌は公式統計ではまず捉えられない——の影響があるとはいえ、家族や社会的ネットワークの性質が社会主義時代から大幅に変わってきたということである。そうは言っても、より豊かな資本主義経済圏において支配的になっているパターンとは依然として著しい違いがある。かつての不足の経済においては、モノの入手可能性に関する情報が極めて重要な資源であった。今日、それと同じくらい決定的に重要なのが、欧米の主要大都市における仕事と一時的な宿泊場所についての情報である。当時も今も変わらずに、多くの人々は贅沢品を好きなだけ買えると見られているエリート層に憤りを覚えている。だがこうした新しい富の源泉は、社会主義の指導者層であるノーメンクラトゥーラがかつて享受していた諸々の特権ほど露骨ではない。

旧社会主義諸国はすぐに先進的な欧米民主主義諸国の規範に合流するだろうという単純な予想に対して、最初に異議を申し立てた人々の中には人類学者たちがいた。私たち人類学者が好んで語ったのは、新たな安定状況を示唆する語である「移行（transition）」よりも、むしろ「変化（transformation）」であった。二〇年という時間が経過した今でも、まだどこにも安定性は見当たらない。他の学問分野は「経路依存性」[7]という概念ツールを開発し、次第に道筋が多岐に分かれていく様子を説明したが、人類学者はまだ分野独自の鍵概念を創り出すに至っていない。人類学者は、第五章で取り上げた文化的転回を踏まえて、個々の特定の象徴秩序に焦点を当ててきた。彼らは貧困や周縁性という喫緊の課題に取り組んでいるときでさえ、当該地域の具体的事実から踏み出すことはめったになかった。おそらく人類学者の主な功績は、当該地域の復元力《レジリエンス》、すなわち他の学問分野が無視した持続性の存在を報告したことである。ここで復元したり、持続したりするものの中には、規範に対する強い願望も含まれている。そこには、まだ社会主義時代の刷り込みが生き残っているのである。ポスト社会主義の経済は、それに先行する経済と同じように複雑な異種混交体である。その内部では、カール・ポランニーが言う統合の諸形態の一つ一つが関連し合っている。非人格的な市場とそれに関連した道徳的規範は、他の諸形態を犠牲にして大きく発展してきた。これはポランニーが一九世紀のイングランドに見た脱埋め込みの一つの形態として、多くの人に経験されている。人々は物質的なものから社会・文化的なもの、そして道徳的なものまで、さまざまなものを剥奪されてきた。そして残念なことに、これらの剥奪に対して、人々が必ずしも穏やかに反応しているとは限らない。こういうわけで、旧第二世界におけるポランニーの「二重の運動」は、しばしばポピュリスト的な反動政治と外国人嫌悪を特徴とするものになるのである。

ヤーノシュ・コルナイが移行成功のリトマス試験紙であると述べていた、ハンガリーにおける医療専門家への心づけ、ハーラペンズの問題はその後どうなっただろうか。社会主義が崩壊して二〇年が経過し、医師や看護師の賃金には大幅な改善があったにも関わらず、ハンガリー人の入院患者はハーラペンズを払い続けている。受け取っている側は、ハーラペンズが患者に提供する治療に影響を及ぼすことはないと断言する。だが、患者はリスクを取ることを好まない。高い教育を受けた若い医師たちは、受け取った金の一部をスカンジナビア半島諸国の言語講座に投資している。彼らの多くは、北欧の医療マーケットで得ることができる今よりも高い給与に心惹かれているのである。

社会主義の改革

旧ソ連圏における社会主義の終焉が人類学者に一連の難題をもたらしたとするなら、世界各地における社会主義の存続はそれとは異なるもう一つの難題をもたらした。キューバは興味深い一例である。というのも、ソ連からの支援が終わって以来、この島では市場の適用範囲を多くの分野に広げることを余儀なくされてきたからである。国の規模とここ数十年の驚くべき経済成長とを踏まえると、中国やベトナムはキューバにもまして興味深い存在である。中国では毛沢東主席の死からわずか三年後の一九七九年に、ベトナムでも同じような勢いで一九八〇年代から、広範囲にわたる諸改革がはじまった。一部の批評家たちに言わせれば、そうした諸改革のせいで、これらの国に特有の社会主義的な特徴が奪われてすでに久しい。だが、この分析はあまりにも性急であるように思える。というのも、共産党は国家権力を独占し続けており、ほとんどの生産資源が私的にではなく共同で所有されており、さらに中央の計画者たちが今なおあらゆる水準で経済活動を計画できるからである。さらに言えば、これらの社会の成員たちは自分の社会を国家資本主義やそれに類似した名称においてではなく、一般的に社会主義であると理解している。中国では過去三〇年間にわたって、「改革派社会主義」という名称が好んで用いられている。だからこそ、私たちもその名称を用いるのである。

では何が改革されてきたのだろうか。中国とベトナムにおける社会主義統治の最初の数十年間は、以前のソビエト連邦と同じように、再分配力と市場抑制の圧倒的な強化を特徴としていた。国家は社会生活のあらゆる領域を統制しようとし、その統制の対象は市場のみならず、宗教集団や有志団体などにも及んだ。さらに、両国は暴力的衝突に巻き込まれていった。ベトナムでは対フランスの反植民地闘争に続けて、アメリカとの戦争を経験した。中国では革命の熱気を保つと同時に権力を維持するために、毛沢東が大躍進政策（一九五八）や文化大革命（一九六六）を推進した。こうした方策はすべて社会主義の名の下に実施され、その結果として数多くの人々が命を落とした。これらの悲劇の後の特別な大事業として、「社会主義的な商品経済」の構築が推進されたのである。その政治的装置は依然として巨大である。しかしながら改革時代の幹部たちは、ヴァーデリーが示唆したように自分たちの「配分力」を最大化するのではなく、企業家や市民消費者（citizen consumers）の自治と権利を尊重せよという教育を受けている。それと同時に、多くの幹部自身も企業家になってきた。この中国の新たな消費主義の結果として生じた腐敗と、その他の魅力に欠ける側面については、これまで数多くの観察者が報告してきた。ジャン＝ジャック・ルソーやカール・ポランニーは、そのおおいに拡大する不平等に同意を示すことはないだろう。

だが、こうした政策が数多くの人々を絶対的貧困（マリノフスキーの弟子であった費孝通が一九三〇年代に報告したような）という以前の状況から救い出してきたことも認識されるべきである。市場原理がすべての領域において支配的になることは認められておらず、私有化の進行は緩やかであり、加えてエネルギーのような主要な公益部門における最大企業は依然として国有のままである。国家は、都市の雇用労働者に「最低限の」生活水準を保証する社会保障計画を導入してきた。何よりもさまざまな地域共同体が今なお農地を所有している。世帯単位で農地が耕作されているのは、この部門におけるもっとも効率的な生産単位が世帯だと経験的に証明されてきたからである。とはいえ、土地は長期賃貸のままである。また多くの地域では、いまだに平等性を担保する目的で定期的に物資を再分配することによって、実際の必要最低限の生活が維持されている。中国農村に降りかかっている経済上かつ人口上の難題は今なお大きい。しかし、土地や労働を丸ごと商品化することなく、近代化に向けた重要な措置が色々と講じられているというのも事実である。

農村変容に関する一つの重要な特徴は、労働力の大量流出である。流出した人々が、都市において「流動的な」人口を形成している。南の発展途上国《グローバルサウス》のどこにでもいる移住者たちと同じように、北京の新規移住者たちはインフォーマルなネットワークに依存している。彼らは公的な社会保障計画の中に含まれておらず、地元の国家幹部たちの抑圧に剥き出しでさらされている（Zhang 2001）。それでも数多くの新規移住者が、新たな工場で職を得ている。それらの工場の多くは外国人が所有するもので、世界市場に向けた生産を行なっている。そういった世界市場の競争圧力によって、過酷な労働状況が常態的に正当化されている。最終的に、多くの者はせめてものわずかな恩給を受け取って、自分の村へ戻っていく。都市の社会保障制度は、もはやかつての職場単位であるダンウェイが担うべきものではないのである。住宅ストックは私有化され、転職率は大きく上昇した。新たな消費習慣は、改革社会主義の都市を欧米の諸都市とますます似通ったものにしてきた。デヴィッド・ハーヴェイ（二〇〇七（2005））は、こういった「中国的特徴を備えた新自由主義」について書いている。

だが、これは考えうる唯一の診断ではない。マルクス主義の用語で言えば、中国の大部分の生産者はいまだかつて所有剥奪（dispossessed）されていたことはない。市場が支配的だということは明らかであるが、しかしその主要な機能はスミスとリカードが言った意味での労働分業の促進にあり、そのことが全市民の福利に寄与しているという議論も可能である。漸進主義的な戦略は明らかに大衆の支持を得ており、また今日の共産党は、毛沢東時代の大惨事の後の時期に比べて、より大きな敬意を集めていると言えよう。こうした中国がたどった経緯は、ポランニーの語を用いて、改革社会主義の経験に特有な「再埋め込み」の一形態として理論化できるだろう（Hann 2009）。一九四五年以降、先進的な資本主義諸国は社会的な民主主義を促進するために市場を規制した。他方で二〇世紀の終わりに東アジアの社会主義諸国家は、全面的な再分配という原則を緩和した。極端な「脱埋め込み」という暴力的経験を経て、東側も西側も同じように新たなバランスを取らなければならなかったのである。このことは必然的に東側と西側を著しく接近させた。とはいえ両者が一つにして同じものになったと結論づけるのは時期尚早であろう。

結び

第二世界について研究してきた経済人類学者たちは、第三世界における「インフォーマル・エコノミー」に相当する概念を考え出してこなかった。それでも、ジェラルド・クリードの「革命を飼い馴らす」という概念は、全体主義の標準的なモデルの不十分さや世帯の復元力《レジリエンス》に注目していた。実際の社会主義の経済にはかなりの多様性があったが、その大半は複合的で、複数の形式が組み合わされたものであった。中央計画経済の教義と、「社会主義＝共同所有」／「資本主義＝私的所有」の二項対立とは、全体像の一部をあらわすものに過ぎなかったのである。一九六八年以降のハンガリーの事例に関していえば、より現実に即した呼称は「市場社会主義」であった。だがこう呼んでみても、世帯が果たす決定的な役割や社会的ネットワークや自然発生的な協力の有する特徴的な側面を十分には言い表せてはいない。

一九八九年に勃発した諸革命の一因には、多くの市民が自分たちの経済の非効率的な様相と西側諸国の市場における豊富な消費財の供給とを不都合にも比較してしまったことがあった。だが新自由主義革命を飼い馴らすことも、社会主義の経済に比べてより難しいわけではないにしても、同じ程度には困難であることがいくつかの形で証明されてきた。ついこの間まで社会主義経済を嘆いていたのと同じ市民が、すぐに「移行」に幻滅するようになった。実際、二〇年が過ぎてオスタルギーという現象が生じたのは、決して東ドイツ国内に限った話ではない。ソ連圏において社会主義の実験が失敗に終わり、その後に市場資本主義の形成に必要な大規模な社会工学が実践された。この二つの局面はともに人間の経済の複雑な性質について、さらにはユートピア理念の危うさについての洞察を与えてくれる。中国とベトナムの共産党の統治者は権力を維持し続けながら、一九六八年以降のハンガリーで行なわれた市場社会主義の先駆的な実験よりもはるかに大きな規模で市場を拡大してきた。これらの改革は結局のところ、社会主義の「埋め込み」だったのである。それは第二次世界大戦後の西側諸国において生じた資本主義経済の「再埋め込み」と同じようなものである。どちらの場合でも、それは市場交換と再分配の原理の間に新たなバランスを確立するという課題なのだ、とカール・ポランニーなら言っただろう。

だが西側諸国の社会民主主義の実験、すなわち埋め込まれた自由主義は長くは続かなかった。その後に続いたのは新自由主義的な反動であった。それが最終的には、今やグローバル経済に完全に編入されたポスト社会主義や改革社会主義の国々にも影響を及ぼす経済危機へとつながった。ソ連と毛沢東による社会主義のモデルが過去に退くにつれて、人類学者は「ポスト社会主義」という言葉と疎遠になってきた。人類学者の中には、「所有剥奪」というマルクス主義の分析概念を用いて、都市と村落の双方における新自由主義に反発する政治観を説明した者もいた。また別の人類学者たちは「ポスト植民地主義」と比較して、これまで世界のあらゆる地域が欧米帝国主義の影響を受けてきたのとまったく同じように、社会主義に影響されてきたことを強調した。冷戦終結以降になると、「第二世界」について私たちの抱いていたイメージの大部分が欧米帝国主義の維持していた幻想――たとえ現実を知っても決して自らの誤りは認めなかった――だったと、以前よりも容易に認められるようになってきている。

しかしながら第二世界の多くの市民にとって、社会主義とは単なる見せかけ以上のものであった。彼らは社会主義の成果の一部を肯定的に評価し、また社会主義経済が解体した際には自分たちの喪失を嘆いた。ソ連圏における近年の激動の歴史は、かつては相互扶助によって特徴づけられていた領域への市場の「雪崩れ込み《カスケーディング》」という、ステファン・グードマン（Gudeman 2008）の概念によって解釈可能である。あるいは経済学者のより散文的な用語を使えば、「集合行為問題（collective action problem）」の特殊な形態としても解釈できるだろう。市民は個人的な選択を行なう機会を与えられると、圧倒的多数が一党支配の放棄に票を投じた。人々は中央計画経済と相互扶助の幻想とを混同することはなかったのである。しかし彼らは、この新たな状況において、自分たちに深く根づいた価値観と合致する集合的な制度を実用的なものとして作り出すことが困難であることに気がついた。それは長く確立されてきた西洋民主主義の中で、西洋の人々が同じような集合的な制度を作るのと比べても、より難しいことだったのである。この観点からすれば、今日の東アジアにおける非民主主義の戦略は、擁護しうるものであるし、希望に溢れたオルタナティブさえ示しているのである。

第八章　一つの資本主義世界

一九八〇年代以降、人類学者はようやく「未開」社会――後の「非産業」社会――に対するこだわりを捨てた。どうやら私たちは皆、資本主義によって統合された一つの世界に暮らしているようであり、人類学者は今やその一つの世界について研究するようになったのである。またその調査地についても、この学問の中心地である欧米への回帰という顕著な傾向が見られる。だが同時に、一部の人類学者たちは世界が縮小しているという明らかな感覚に突き動かされて、「グローバリゼーション」について世界中のあらゆる場所で研究する新たな手法を編み出した。こういった変化を支えていたのは、次の三つの歴史的な展開であった。まず一つ目が、勝者側にいた一部の人々から「歴史の終わり」として歓迎された冷戦の終結である（フクヤマ 二〇〇五（1992））。続く二つ目が、アジアによる重大な挑戦を欧米の覇権国家に知らしめた、中国とインドの資本主義大国としての勃興である（フランク二〇〇〇（1998））。三つ目が、インターネットに象徴される通信手段におけるデジタル革命である（Castells 1996）。

マーシャル・サーリンズ（Sahlins 2002）が「〝ポスト〟（post）を冠した学問（afterology）」と呼ん

だもの——ポスト近代、ポスト構造主義、ポスト・フォーディズム、ポスト開発など——が、相次いで生まれてきた。このことは、「開発を越えて」いくことの可能性とつながっていた。資本主義の文脈においては、産業化時代の階級制はすでに消滅したと宣言された。豊かな国の人々はもはや労働者としてではなく消費者として、すなわち自らの購買力を通して資本主義に奉仕するようになっていた。今や価値をめぐる古典的な問いは、次のように形を変えた。なぜ人々は現在のようなやり方でお金を消費するのだろうか。この問いに導かれて、経済人類学の一派が自国の消費をめぐる物質文化の研究に取り組むようになった。同時に、資本主義の世界全体の労働力は拡大し続けてきている。人類学者はこうした潮流を分析し、工場労働や他の労働形態に関する優れた民族誌を生み出してきた。第二章では、経済という概念が家内と公、田舎と都市、家庭と市場との間で歴史的に揺れ動いてきたことを指摘した。これらの両極間の関係については、最新版の資本主義においてもまだ争点となっており、決着は見ていない。いまこそ経済人類学はこれらの二つの間を揺れ動くのではなく、両極の統合を試みるべきである。こういった意図から、本章では資本主義の展開に関する伝統的な理論と民族誌を概観するところからはじめて、次いで工場労働や消費について考察する。その後に法人資本主義と金融について検討し、最後に本書執筆中に起こった世界規模の経済危機について手短に考察して締めくくろう。

資本主義の発展

私たちは村から都市へ、さらに世界市場——それはすでに、多くの人々にとって一つの現実となっている——へと慌ただしく行進している。その行進はいかなる社会と技術の形式によって組織されているのだろうか。こうした経済のダイナミズムを記述、説明する際に好んで使われるのが「資本主義」という名称である。この語は一八五〇年代までには一般に流通していたが、マルクスとエンゲルスは用いていなかった。その語が社会理論にもち込まれたのは、今から一〇〇年前、ヴェルナー・ゾンバルト（一九四二（1902-1927））やマックス・ヴェーバー（一九八九（1904-1905））を経由してであった。現代世界が二極化していく傾向の根底には、この資本主義における貨幣と機械の結び付きがあるとしばしば考えられている。

資本はさらなる富を生み出すために使われる富である。富とは経済的価値を有するあらゆる資源である。人々が高く評価するものは価値を有する（Graeber 2001）。だが一般的に経済学では、貨幣という普遍的な等価物によって計ることが可能なあらゆるものの量を価値と呼ぶ。したがって、資本の本質とは、その価値を増殖することができる富（一般的には何らかの形態の貨幣）である。一般的用法と科学的用法の両方において、「資本」という語の意味は蓄積（生産された生産手段、すなわち物質的な設備、特に機械）を物質的・技術的に強調する見方と、現代経済に浸透している貨幣と同一視する見方の間で不安定に揺れ動いている。資本の増殖と家畜の自然繁殖との間の類似性を示唆しているのは、その二つの語彙の古い結び付きを示す**牛**（*cattle*）という語の語源である（Hart and Sperling 1987）。**カピタリス**（*capitalis*）――字義通りには「頭の」――という語は、「重要な」、「最高位の」、「一番目の」を意味する語であった。その中性形である**カピタレ**（*capitale*）は、動産や牛のような重要な物質的財産を指していた。こうした広い意味において、資本は頭と同じように生命維持に不可欠なものである。しかしながら現代的用語としての「資本」は、中世の銀行業における利子の蓄積を通して増殖する貨幣の量をあらわす一つの表現――「元金」という概念に類似したもの――から、より正確には派生している。したがって、ここでは二つの見方が対立している。一方は、広い意味での自然のカテゴリー――動物の家畜化や植物の栽培における基盤とつながるようなもの――の中に資本主義を取り込もうとする見方である。他方は、貨幣を用いて貨幣を作り出すことに特化したより最近の、そしておそらくは短命に終わるような社会的編成として、資本主義を捉える見方である。

現代文明のキーワードとしての資本は、いくつかの対照的なイデオロギー——それらは資本主義を表象するために作り出されたものである——を反映している。多くの経済学者は、資本と、生産において使用されながらそれ自身も生産されるさまざまなものの蓄積とを同一視している。一方でカール・マルクスや彼の後継者たちは、一貫して資本の定義を貨幣形態だけに限定してきた。マルクス（一九七二（1867））は、実業家による富の蓄積を搾取という一つの社会関係として捉えた。その社会関係は、資本と物質的な設備とを、そしてその設備を所有する者の合理的な収入と利潤とを、同一視することによって神秘化されていると考えた。ジョン・ロック（二〇一〇（1690））にとってそうであったのと同じように、マルクスにとっても富の源泉は人間労働であった。労働に機械を付け加えることは、人間労働をより生産的にするに過ぎないのである。しかしながら経済学者たちは、モノを直接的な消費から撤退させて次なる生産に振り向けること、さらには資本家が投資した労働以外の要素の生産性を高めることを強調する傾向にある。結果として起こる増殖は、そのような犠牲を払ったことに対する報酬ということになる。この議論が当てはまるのは、貨幣の形をとった富が生産の機械化に投資された場合にもっとも予想通りに循環する産業社会においてである。とはいえ、多くの資本蓄積の形態（たとえば銀行業や貿易など）が、工場生産と同程度に物理的な設備を伴うわけではない。さらには、それよりも広く資本を定義しようとした場合には、資本をモノとして（すなわち実在（real）として）取り扱い、そこに含まれる社会関係を神秘化することによって、貨幣と機械とを混同させてしまう傾向にある。このような経済学者による定義が抱えている問題は、生産と貨幣循環の関係にまつわる歴史的変化を取り扱えないことである。マルクスの弁証法は、そこを論じることができる。経済学者の定義では、この後で取り上げる現代の金融危機を間違いなく取り扱うことができないのである。

私たちの理解では、資本主義とは、すでに大量の貨幣をもつ者がさらに貨幣を増やそうという目論見の下に、もっとも重要な生産部門を運営する市場経済の形態である。貨幣を用いて貨幣を作り出すためのもっとも信頼のおける方法はこれまで、そしておそらくは今でも、機械に投資して労働生産性を向上させることであった。これがマルクスの立場である。彼にとって近代資本主義とは、自由な賃労働と自由な資本との交換という形で、貨幣が貨幣を生む方法であった。それゆえにマルクスは、人々の労働力が封建制農業の法的責務から解放されて、その上で蓄積されてきた資金が新たな生産形態への投資に向けて放出された過程を明らかにしようと試みたのであった。こうした「原始的蓄積」の過程を、彼は『資本論』第一巻の末尾で論じている。アダム・スミス（二〇〇七（1776））は、利益水準と、労働者の効率性の向上によって達成される費用低減とをすでに関連づけていた。スミスは、この効率性の向上のための最善策が専業化と分業であることを突き止めていたのである。マルクスの偉大な発見は、より多くのよい良い機械が生産過程に導入されるのが、この論理によってであることを突き止めたことにあった。マルクスは、資本主義下における賃金奴隷制が封建農奴制と根本的には同じであることを示した。したがって、産業資本主義のもっとも原始的な形態は、封建制における労働の取り扱いが賃労働という産業化されたシステムに移し換えられたものなのである。これは「スウェットショップ資本主義（sweatshop capitalism）」〔搾取工場とも呼ばれる、発展途上国の低賃金かつ劣悪な労働環境で生産した商品で、先進国の企業が利益を上げている状況を指す〕と呼ばれることもある。

マックス・ヴェーバー（一九五四―一九五五（1922a））は、マルクスの説明に同意していないわけではない。だが彼にとって、財産所有関係（「生産手段の所有権」）は、マルクス主義者たちが信じていたほどには重要な問題ではなかった。ヴェーバーに言わせれば、マルクス主義者たちは封建制から産業社会への変化について十分に掘り下げて説明をしていなかった。農耕社会と都市にできたその飛び地では、各々の経済を組織するときに常に慣習的な確実性――つまりは、かつて自分たちがやってきたことを反復すること――に頼る傾向にあった。それゆえに、人間の歴史における農耕段階の間は、社会と技術が相対的に停滞していた。この段階の人々に、自分たちの生活を資本家――基本的には将来の不確かな利潤を志向する――の手に委ねるよう説得するには、大きな文化的な変革が必要であったに違いないとヴェーバーは推測していた。したがって、資本主義は単に狭い経済的な観点からだけでなく、政治的さらには宗教的な観点からも考察される必要があった。ヴェーバーにとって、資本主義は合理的企業（rational enterprise）を基盤とした一つの経済システムなのであった。彼はこうした用語の一つ一つを、慎重に選択していた。

企業とは、将来の利益を見込んでなされることである。どのようにして、社会全体が自らの生活を企業の不確実性に委ねることができたのであろうか。企業は一般的に二つの形態を取る。第一の形態は投機的であり、自分たちはきっと勝つという直観に基づいて人々を賭けに巻き込むものである。こうした「アニマル・スピリッツ（animal spirits）」が資本主義のダイナミズムの核心にあると見たのは、ケインズ（二〇〇八（1936））であった。彼は、このアニマル・スピリッツをもった投資家の大群が意外の利益（windfall profit）を求めて最新の機会を追いかけるのに合わせて、好況と不況が循環するものと考えた。ヴェーバーが注目したのは企業の第二の形態であった。それは、不確実な未来へ依存することに伴うリスクを削減したいという衝動に駆られたものであった。合理性とは選択した手段を用いて、明確な目標を、計算に基づいて追求することである。ヴェーバーによれば、合理的企業は何よりも成果を予測する企業家の能力に基づいている。資本主義が根づくためには、不確実性は確実な知識とまではいかないにしても、さまざまな可能性に関する信頼に足る計算と置き換えられる必要がある。このような企業の形態分類のお蔭で、私たちは資本家のパラドクス――イデオロギー上は競争のリスクを称えているのに、実際にはリスク回避のために全力を尽くす――を理解することができる。ヴェーバーは、誕生したばかりの資本主義経済がいかにして、より信頼に足る計算方法を使うことによって進展していったのかを明らかにした。これはすなわち、簿記、労働慣行さらには技術の面での改良を意味していた。とりわけ国家はさまざまな企業の要求に配慮して、法によって資産や利益を保護し、さらには市場経済の状況を安定させなければならなかった。ヴェーバーは、ヨーロッパ資本主義における富の蓄積については、重商主義的な植民地主義を事例として用いても十分に説明できないと考えていた。なぜなら、そのような富の蓄積と類似したシステムをいくつかの商業帝国（たとえばフェニキアなど）が長い時間をかけて発展させてきたにもかかわらず、そこでは近代産業資本主義が生じることはなかったからである。[1] むしろ彼は、資本主義の特異性は宗教領域における展開に負うものと考えていた。『プロテスタンティズムの倫理と資本主義の精神』（ヴェーバー 一九八九（1904-1905））の中で、ヴェーバーはプロテスタント信仰と合理的企業の間の「選択的親和性」について論じている。マルクスが資本蓄積を機械や賃労働体系とうまく結び付けた一方で、ヴェーバーは合理性と宗教を強調した。そのヴェーバーのおかげで、私たちは貨幣と市場というシステムにおける諸展開を文化的な革新として理解することができるのである。この両者のアプローチは、経済人類学に多大な影響を及ぼしてきた。

資本主義は、それが成長するそれぞれの特定の状況によって常に修正される。イタリアの資本主義は日本の資本主義ではない。ブラジルの資本主義もまた異なっているという具合にである。民族誌はそれぞれの社会におけるリアリティを明らかにするが、それらの研究は現代世界における経済組織の普遍的諸原理の探求に情報を供給することができるし、そうあるべきである。というのも、私たちは経済組織に共通する形態だけではなく、その無数の異なるバリエーションについても説明しなければならないからである。人類学者は、ある歴史の決定的な瞬間――非西洋社会の人々がさまざまな新たな搾取システムの中に引きずり込まれ、そして最終的に自分たち自身のやり方で世界経済に参加しはじめた瞬間――を記録していた。ある東アフリカの事例研究は、この普遍的な論点に関してマルクスとヴェーバーの両者を想起させる方法で明らかにしている。

ギリアマ人（Giriama）はケニアの東海岸に暮らす人々である。ここではディヴィッド・パーキンによる民族誌（Parkin 1972）を参照しよう。ギリアマ人はかつて牛を飼育しており、植民地期にはしばしば季節労働者として働いていた。この時代には、コプラ（ココナッツ）の輸出市場が立ち上げられ、新たな企業家階級の関心を集めた。ヤシの木は以前は基本的にヤシ酒を作るために使われており、そのヤシ酒はさまざまな社会的な機会、特に婚姻や葬式などにおいて飲まれていた。人々は親族関係に細心の注意を払いながら、互酬と責務に基づいてお互いのために働いていたのである。コプラの圧搾のためには、ココナッツの木の所有権を獲得し、さらに十分な労働供給を管理することが必要であった。企業家たちは、ココナッツの木の所有権を得るために、関係する土地の取引における証人として長老たちの支援を勝ち取る必要があった。こうした資本蓄積の初期過程には、さまざまな伝統的な権威の源泉による支援が欠かせなかったのである。他方の労働については問題含みであった。なぜなら、通常は親族関係では、一人の所有者に利益を委ねることがなかったからである。実際、親族共同体はそうした利益を公の儀礼で使うよう求めた。もちろん、そうした儀礼はヤシ酒を飲むことによって、気前よく円滑に営まれていたのである。

このギリアマの話は、マルクスが貨幣と土地および労働との交換に焦点を当てたことの妥当性をある程度まで支持するものである。だが、ここにはヴェーバー的な要素も含まれている。企業家の中には、新たな宗教を信仰することで、さまざまな伝統的な制度から抜け出そうとする者もいた。その流れは、しばしば次のようなものであった。まず彼らは、自分が見た夢について占い師のところに相談に行く。すると占いの結果、その夢はイスラム教への、つまり葬式や結婚式の場における飲酒を禁止している宗教への帰依を啓示しているものだと明らかになるのである。この分析は、プロテスタントの倫理という命題が有していたほどの説得力はもっていないかもしれない。それでも、このような形で共同体の広範な結び付きから解放されることは、資本主義的な利益のより確実な計算と相性が良かった。パーキンのギリアマ民族誌は、ケニアがアフリカの先進的な資本主義国の一員として自国を確立しようとしていた時期に書かれたものである。この一時期にアフリカでは、一部のアフリカ人に対して富と権力が再分配されたことによって、商業的繁栄の雰囲気が生まれていた。一九六〇年代および一九七〇年代初頭の世界経済もまた好景気にあった。しかしながらこの好調は長続きせず、今やケニアにおける経済状況の悪化は数十年も続いている。萌芽期の資本主義の力がギリアマ人の村落における自給自足という伝統的な規範を消し去ったとは、まだ言うことはできなかったのである。

ピエール＝フィリップ・レー（第五章参照）は、西アフリカ植民地における資本主義の経験とイギリスにおける資本主義の原初の経験とを、単一の理論の枠内にもち込もうと試みた。資本主義が発展した場所ではどこにおいても、新たな階級が旧来の財産所有階級と折り合いをつけることを強いられたが、その結果として生まれた両階級の混合物はそれぞれの当該社会に固有なものであった、とレーは論じた（Rey 1973）。イギリスの企業家たちは、封建的な農業を工場システムに置き換えていくために、土地を所有する貴族と手を結ばなければならなかった。同様に、西アフリカでは土着のリニージの長老たちが植民地当局と手を組んで、若者の労働力をプランテーションと鉱山に供給した。この種の階級同盟は、資本主義への移行期には悲しくなるくらいよくある話である。ここで見てきたものこそ、社会学的かつ制度的な複雑性の一事例である。だが、より高度に抽象的な経済学の理論は、しばしばこのような事例を見過ごしてしまうのである。

産業労働

マンチェスターにおけるフリードリヒ・エンゲルスの研究（二〇〇〇（1845)、本書第六章参照）は、都市の産業状況に関する記述人類学（descriptive anthropology）の草分けであった。ジャーナリストのヘンリー・メイヒューが『ロンドン貧乏物語――ヴィクトリア時代　呼売商人の生活誌 *London Labour and the London Poor*』（二〇一三（1861-1862））という簡潔な研究において示したのと同様に、チャールズ・ディケンズやエミール・ゾラのような小説家たちも後の研究に豊かな資料を提供している。人類学者による労働研究への取り組みは、あらゆる場所において後発だったのである。マリノフスキーやリチャーズのような先駆者が部族経済の文脈において行なった研究の後に続いたのは、ビュッヒャーやチャヤーノフが確立した伝統の中でなされた小農世帯の労働過程に関する研究であった。だが人類学者たちは、資本主義における農業ビジネスについて研究することを自分たちの仕事であるとは考えていなかった。それは農業部門における労働の大半が賃金労働者によって担われていた国々においてさえも、そうだったのである。

一九五〇年代以降のイギリスでは、農村および都市地域において数多くの民族誌研究がなされた。その大半は、マックス・グラックマンが主導していたマンチェスター大学の社会人類学部門の下でなされたものであった。この調査計画は、当初はケルト外辺〔ブリテン島辺縁部のスコットランドやウェールズ、さらにアイルランド島などを指す〕を主要な対象としたものであったが、その中でもよく知られているのは、ヨークシャーの鉱山コミュニティについて豊かな記述と分析を提供した一つの学際的研究であった（Dennis et al. 1956）。研究者たちは小さな「コミュニティ」の視点を通して、第二次世界大戦後のイギリス社会におけるより大きな動向——特に脱工業化とジェンダー役割の変化に伴うさまざまな影響——を捉えようと試みた（Frankenberg 1966）。

産業労働や失業に関する批判的な経済人類学は、こうした初期のいくつかの著作を別にすれば、人類学以外の情報源に大きく依拠せざるをえない。それらの先行研究の大半は、社会学者たちの手によるものであった。だが、世界恐慌がオーストリアの産業コミュニティに及ぼした影響に関する初期の学際的研究において、中心的な役割を果たしたのは心理学者のマリー・ヤホダであった（Jahoda et al. 2002）。この研究では、マリーエンフェルトの失業した男性の稼ぎ手たちが、日々繰り返していた仕事《ルーティン》を奪われたことで、何をすればいいのか分からなくなってしまったことが明らかにされた。男性たちと比べて女性たちは、大幅な負担増加に直面したにもかかわらず、はるかにうまく状況に対処していた。人類学者のレオ・ハウ（Howe 1990）はその半世紀以上後に、これと同様のパターンをベルファストの失業者の間で発見し、報告している。労働市場に見捨てられたとき、人々は、男女ともに自給自足的な、あるいは日曜大工的な活動に力を入れるという形で代替的な労働形態をとるようになったのである。社会学者のレイ・パール（Pahl 1984）は、このことをケントのインフォーマル経済に関する報告の中で明らかにした。

マルクス主義に感化された社会学者ハリー・ブレイヴァマン（一九七八（1974））とマイケル・ブラヴォイ（Burawoy 1979）は、資本主義の労働過程に関する私たちの知識を大きく拡張してくれた。私たちがブレイヴァマンに負っているのは、「熟練の解体（deskilling）」という概念である。これは、職人が伝統的な技能をほとんど必要としない機械の番人にまで降格されていく過程を指す概念である。

他方で、ブラヴォイは世界中で製造業に関わる民族誌的研究を実施し、その中でいくつかの根本的な概念の問題に取り組んだ。その中でも特に有名なのは、いかにして工場の作業現場において不平等への「合意」が達成されるのかを明らかにした研究である。同様にマルクス主義における疎外への関心に影響を受けたヒュー・ベイノン（一九八〇（1973））は、フォード社の自動車工場におけるフィールドワークに基づいて、傑出したイギリス研究を生み出した。この自動車工場の労働者たちは、たしかに熟練の解体が進んだことによる犠牲者であった。だが、このことは彼らが受動的で従順な従業員であったことを意味するものではなかった。それどころか彼らは、自分たちの仕事を嫌っ
ていたのである。それに対して、炭鉱夫が採掘場を嫌うことはめったになかった。とはいえ、自動車工場の仕事は感謝され、望まれてさえもいた。なぜならその賃金のおかげで、労働者は労働時間外に資本主義的な消費の魅力にどっぷり浸ることができたからである。フォード社の工場における労働は、部族社会や農民社会における規範とは異なり、家内集団と完全に切り離されていた。それにも関わらず、それはジェンダー役割や家族生活の変容に直接的な影響を及ぼしたのである。

ポスト・フォーディズムは、より幅広い多様性をもたらした。人類学者マッシミリアーノ・モローナは『メイド・イン・シェフィールド *Made in Sheffield*』（Mollona 2009）の中で、この北部イングランドの鉄鋼都市の経済史をいくつかの明確な段階に分けてしまうことで問題が生じることを指摘した。そうやって時代を区切ってしまうと、一八世紀から現在に至るまでこの都市において、異なった複数の形態の資本主義的組織が共存してきた様子が分からなくなってしまうのである。実際、そうした複数の資本主義的な組織の形態は、柔軟で機略に富んだ労働戦略を生み出し、また世帯とより大きな共同体を繋ぎ合わせているインフォーマル・エコノミーに緊密に統合されていたのであった。モローナは、「コミュニティ・ユニオン（community union）」への移行を批判的に分析し、労働を通して

形成された経済関係が依然として集団的抵抗のためのもっとも効果的な基盤であり続けていると論じている。人類学者は世界各地の事例――ボリビアのスズ鉱山（Nash 1979）やマレーシアの工場（Ong 1987）――を通して、ローカルなコスモロジーがそうした抵抗の形態を根底から形作る様子を明らかにしてきた。

ジョナサン・パリー（Parry 2008, 2009）は、また別の鉄鋼都市であるインドのビライ――独立後に新たな近代精神の中でコスモポリタンな産業コミュニティが形成された地――において、長期のフィールドワークを行なってきた。インド中から来た農民たちはソ連が造った工場で働くことに魅力を感じていたが、その工場用地を空けるために地元住民は立ち退かなければならなかった。ここで、複雑な階級分割のパターンが生じた。腐敗したユニオンに奉仕されていた自己満足した労働貴族たちは、自分たちの利害と、正規の組合とは別に自身で組織を立ち上げている日雇い労働者たちの一団――工場が機能するためには同程度に欠かせない労働力である――の利害が対立することに気づいていた。このような産業化における階層化のパターンは、マルク・ホルムストレーム（Holmström 1976）のバンガロールに関する研究の結論を裏付けるものであった。当初、ホルムストレームは完全に二元的な労働過程モデルを提示した。だが彼は後に、労働貴族の占領する「既得権益の要塞」と、そこへの加入を要求する大人数の臨時雇いや出稼ぎ労働者との間に複雑な繋がりがあることを認識した（Holmström 1984）。こうした実態は、新自由主義の数十年の間に下請け（あるいは「アウトソーシング」）が拡大したこと、また労働保護法制の実効性が弱かったことによって、よりいっそう見えにくくなってしまっている。

人類学者たちは、ザンビアの銅鉱山地帯における産業労働を一九三〇年代――農園における男性の不在が農村地帯にいかに厳しい状況をもたらすかについてオードリー・リチャーズ（Richards 1939）

が研究した時期――から研究し続けてきた。一九五〇年代にマックス・グラックマンによってローズ・リヴィングストン研究所に集められた民族誌家たちは、アフリカ人を村落部にある彼らのホームランド〔南アフリカにおける人種隔離政策の中でアフリカ人を一定地域に押し込めて作られた自治区〕に閉じ込めて、「白人の」都市地域には一時的居住のみを許可するという人種隔離の植民地政策に反発した。民族誌家たちが主張したのは、鉱夫としてであれ、工場労働者としてであれ、鉄道員としてであれ、現代的な職を得ていた場合、アフリカの労働者たちは都市に帰属していたということであり、さらに彼らはユニオンや政党を通して表現されてもおかしくない労働者アイデンティティ（「都会人は都会人であり、鉱夫は鉱夫なのである」）を獲得していたということであった。同時に、そうした民族誌家の一部は、農村と都市の間の関係についてより楽観的な見方をしており、この頃には労働移民は以前よりも豊かな村落生活に積極的に統合されていたと主張した。これらの労働者たちは、都市生活への移行に伴って、発展が不可逆的に進むことを当然視しており、グラックマンのマンチェスター学派もこのような見方を概ね支持していた。だが一九七〇年代の銅価格の暴落によって、近代性のための物質的基盤は破壊されてしまった。多くの労働者は出身地方に戻って、食料生産の仕方を改めて覚え直すことを余儀なくされた（Ferguson 1999）。鉱物資源の世界価格という振り子は、いずれにしても銅に関しては、現在もう一度上方へ振れつつある。ザンビアの鉱夫たちは、シェフィールドの鉄鋼所工員たちの柔軟な生存戦略を見習う必要があったのである。このことは、民族誌と長期的な歴史的視点とを組み合わせることの意義を示してくれている。たとえフォーディズムのモデルが公共領域と私的／家内領域との相互依存関係を一時的に覆い隠してしまったとしても、フォーマルな職場をさまざまな文脈――家内や家族の生活、インフォーマル・エコノミーと共同体というローカルな文脈、さらには都市と農村の間の関係性というより大きな枠組み――の中に位置づけることが常に必要なのである。

消費

ここ数十年間で一貫して起こっている動きの特徴は、より安価な労働力を有する国への工業生産の移転と、中国やインド、ブラジルにおける商業組織のいっそうの洗練化であった。新自由主義の故郷たるいくつかの国々では、労働力をアウトソーシングし、労働力の規模を縮小し、さらにはパートタイム化するという波がユニオンのもつ政治力を削ぎ落した。またこの動向は同時に、欧米の大衆が今や生産者というよりも、第一に消費者として資本主義に参与しているという見方を支持しているようにも見えた。結果的に人類学者は、再び社会学者や歴史学者を手本として消費研究に取り組むようになった。ここでの課題は、なぜ現代経済において人々は生存にはまったく必要がないモノを買うために、ときに多大な犠牲を払い、困難を背負うのかという問いに答えることである。そこに再び最初に登場するのが、ソースタイン・ヴェブレン（二〇一六〔1899〕）に代表される社会学者たちであった。

人類学者の中には、物質文化に関する自らの伝統的な専門知に依拠し、さらには経済人類学の中心的な論争から距離を取ることによって、独自の観点を展開した者もいた。そのような形で物質文化に焦点を当てるのは、どのように物質文化が主体－客体の関係性――つまり私たちがモノを介して、自分と他者あるいは世界との関係を調停する方法――を扱っているかに関心があるからである。こうした調停には、世界中どこの事例であれ、実践的で社会的かつ象徴的な複数の側面がある。初期の物質文化研究では家庭の装飾品について記述しているが、その対象はほとんどの工芸品が手作りされている田舎の農民たちに狭く限定されていた。こうした研究手法を当時の都市の装飾品に当てはめるのは容易ではなかった。なぜなら多くの場合で都市の家内空間は、同じ機能を有したごくわずかに形状が異なっているだけの家具や装飾品で調度されていたからである。こうした都市状況ではじめて研究を行なったのは、ポスト・マルクス主義やポスト構造主義の視点を応用した一九七〇、八〇年代のフランスの社会学者たちだった。彼らが主張したのは、大量生産された商品を通して独自のアイデンティティを表現することは、消費者にとって簡単ではないということであった。こうした大量生産の商品にできたことは、消費社会——それは必然的に個人の外部に存在するものである——がそれらの商品に割り当てた文法を用いて、人々の社会的地位を表現することだけであった。そうしたシステムの中で、モノが唯一伝達できる意味は人格性《パーソナリティ》の記号ではなく、その人がどのように社会的に認識されるかという記号であった。

ジャン・ボードリヤール（一九八一（1975））は、記号論に刺激を受け、消費を記号の操作として捉えた。同じ機能を果たしている異なるモノ同士の形式的な違いは、それを所有する者の社会システム内における相対的地位の観点から理解できると、ボードリヤールは論じた。消費者の行動規範は、差異化と順応の両方と関係がある。消費者は自らが所属する社会集団の行動様式に順応しようと試みる一方で、同時に他集団と自分たちを差異化しようと試みる。こうした形で、消費の様式が社会的かつ文化的なアイデンティティの構築を支えているのである。フランス社会について、より社会学的なアプローチを展開したのがピエール・ブルデュー（一九九〇（1984））であった。彼は、自らのアプローチの中で、客観性と主観性を調停しようと試みた。消費行動は、ブルデューの鍵概念である**ハビトゥス**（*habitus*）のあらわれとして捉えられるだろう。とするならば、人々が所有するモノはそれがなんであれ、客体化された社会関係を具現化しているということになる。私たちが所有しているモノの差異は、一つの社会的言語となる。もし個々人がこうした外にあらわれた見掛けの構造を、実践とモノの階層とともに、世界をめぐる自分たちの慣習的な表象方法に組み込んでいるのだとすれば、差異は単に卓越化を意味するだけである。ブルデューは、消費者が主体的に個人的選択をしていることを認めている。他方で彼は、こうした「モノ－記号」について個々人が同じ意味コードを共有していると想定することによって、消費と社会的地位とを関連づけている。こうしたコードは、何らかの形で抽象的に外部から押しつけられているのである。

イギリスにおいては、メアリー・ダグラスが『儀礼としての消費』（二〇一二（1979）、バロン・イシャウッドとの共著）の中で、消費をめぐって同様に過度に社会化された見方を提示した。彼女の議論の標的は、経済学者たちであった。もし経済学者が、消費者の選択は資本主義経済の原動力になっていると真剣に考えているのであれば、彼らは現代イギリスのような国々における「消費階級」について人類学者に助言を求めるべきであった。だが後述するように、実際には企業マーケティングの専門家たちは、まさにそれをめぐる科学をすでに作り出していた。ダグラスより後の世代の英語圏の人類学者たちは、大量生産された製品の消費者たちに、自らの行動についてもっと語らせようとした。彼らはモノの体系という考え方を採用していたが、同時に消費者が個人的な世界観を構築していることも明らかにした。その世界観の中で消費者は、社会の中でモノを位置づけることを越えて、個人的で想像的な意味づけを行なっている。こうしたアイデンティティ形成の過程を理解するための中心的語彙が、「専有（appropriation）[2]」というヘーゲルの概念であった（Miller 1987）。この語が本質的に捉えようとしていたのは、ある特定の生活様式に帰属することによって人格化《パーソナライズ》された大量生産の商品を通じて、家内環境が構築されるプロセスであった。こうして家庭は、モノ——その大半は店で買われた同型のものである——によって組み立てられた構築の現場と捉えられるだろう。これらのモノは、その所有者固有の私的宇宙の中に位置づけられ、譲渡不可能な財産へと作り変えられるのである。こうしたモノを通して、人々は集合的アイデンティティも、個人的アイデンティティをも表現する。人々は、自らの影響力の及ばないモノの世界に屈しているというよりは、むしろ物質的な環境を人格化《パーソナライズ》しているのである。

ダニエル・ミラーは、消費についての一連の著書を刊行したが、その中でも有名なのは『買い物の理論 *A Theory of Shopping*』(Miller 1998)である。同書においてミラーは、消費の理論をインターネットや携帯電話の買い物にも、より慣習的な衣服――ロンドンのブルージーンズからインドのサリーにまでわたる――の買い物にも適用している。ソフィー・シュヴァリエ(彼女はミラーの影響を強く受けている)は、家内の物質文化に関する著作についてのレビュー論文(Chevalier 2010)を書いている。その中で彼女が論じているのは、家庭内に流入して循環し、同時に家庭の発展と再生産を保障しているさまざまなモノを介して、公的領域と私的領域が相互作用しているということであった。家内の装飾を通して、社会の構造と組織が私的領域の中に姿をあらわすのである。こうした内面化の過程は、単に社会的なものを反映しているというよりも、その再生産と再解釈をめぐる問題である。集合的な存在が個人の外部にあるのでもなければ、私的な生活が集合的なものを単純にあらわしているわけでもない。人々は公的なものと私的なもの、あるいは集合的なものと個人的なものとを組み合わせた消費実践を通して、公的領域を創り出し、同時に再生産しているのである。消費の人類学から導き出されたこのような結論は、私たちが産業労働に関する研究から発見したことと響き合う。この結論は、マルセル・モースの次のような認識を裏付けてもいる。すなわち、人類学者は関心を一方の極に集中させて他方の極を排除するのではなく、いかにして人間の経済に含まれる多くの要素が全体として組み合わさっているのかを検討すべきなのである。

法人資本主義

資本主義の基本的制度は企業である。家族成員の労働に依存した小規模の商売は、しばしば極めて重要なものであり続けているが、合理的企業を促進すると同時に妨げもする親族の役割についての研究は依然として十分になされていない（Stewart 2010）。とはいえ、世界規模で展開されているさまざまな組織を前に、政治的にも経済的にも家族経営の企業の存在感は薄くなって久しい。地球上の上位一〇〇位に入る経済組織体の中で、今や企業の数は国家の二倍以上にもなる。そうした企業の組織は極めて柔軟であり、さまざまな政府の組織とも重複している。オリバー・ウィリアムソンがノーベル賞を受賞した研究は、企業が原材料を他の生産者から購入したり、生産者を探し出して契約書を作成したりといった取引コストをかけるよりも、自ら生産した方がよい場合を明らかにしたものであった。企業内生産にかかるコストの中には、経営統制や汚職といった種々の問題が含まれる場合も少なくない。大企業の中には創業者一族が今なお重要な役割を果たしているところもあるが、実質的な管理は取締役、法律家や会計士といった新たな階級に移ってきている（Marcus with Hall 1992）。

特に論争の種となる問題の一つが、株主と企業経営者との間における富の分配である。イングランド北部のある多国籍企業に関する模範的な民族誌的研究（Ouroussoff 1993）を公刊した後に、アレクサンドラ・オウロウソフ（Ouroussoff 2010）は、二〇〇〇年以降のリスクに関して、ロンドンとパリ、ニューヨークの企業の幹部たちに、さらなる一連のインタビューを実施した。彼女の手法は民族誌的であったが、その文体はときに完全なる対決を辞さないものとなることもあった。一九八〇年代以降に世界経済を支配し続けてきたのは、ムーディーズのような格付け企業であった。こういった企業の仕事は、自分たちが投資リスクだと捉えているものを株主の利益のために監視することである。彼らは、将来の損失は計算可能であり、最小化できると考えている。一方でオウロウソフは、企業の経営者たちがそれとは対立する経営哲学——利益と損失は予期不可能な偶発性の影響を受けるものと考える——をもっていることに気づいた。企業経営者たちは資金の投資を必要としていたので、表立って格付け企業を批判することを控えてきた。それゆえに企業活動に関する格付け企業の報告書は、疑わしいものになってきたのである。結果として生じる資本主義の枠組みは、企業の成長を抑制し、同時にその経済のシステム崩壊に寄与してきたのだと、オウロウソフは主張している。しかしながら、学者や政治家そしてジャーナリストは、経済危機を制度的矛盾の結果としてよりは、むしろ個人の道徳が崩壊した結果として扱うことに固執している。

もしある事業が自らの資産価値よりも多額の借金を負った場合には、かつては原資への出資者が当該債務の責任を個人的に負うものであった。だが一五八〇年、女王エリザベス一世は、自身が最大の出資者となっていたフランシス・ドレーク卿所有の**ゴールデン・ハインド号**に対して、「債務の一部免責」を認めた。このことが意味していたのは、もし当該事業が巨額の借金を負った場合でも、出資者たちの支払い責任は自らの当初の出資額だけに限定され、残額の引き受けを債権者に委ねるということであった。実際に、この低リスクな投資の見返りは五〇〇〇パーセントにも達し、女王をいたく喜ばせた。現代の企業のビジネスモデルは、それと基本的には同じシステムで機能している。

トマス・ジェファーソンは、民主主義には、三つの主要な脅威があると見ていた。それは統治エリートと既成宗教、それに商業の独占者(ジェファーソンは彼らを「擬似貴族」と呼んだ)であった。彼は権利章典に独占からの自由を盛り込もうとしたが、その特定条項はアメリカ合衆国憲法から抜け落ちてしまった。そのとき以来、企業は教会や政党などと同様に、法の上では擬制的な人格として扱われるようになった。そして彼らは、個人としての市民が有する憲法上の権利を自らの事業のために勝ち取ろうとしてきたのであった。南北戦争後には元奴隷たちに法の下での平等を保障すべく、合衆国憲法修正第一四条によって公的サービスをめぐる差別条項が非合法化された。鉄道会社は、自分たちへの統制に特化した規制の施行について、州や地方自治体を告訴しはじめた。その告訴理由は、こうした規制が「異なった複数の種類の人格《パーソン》」を創り出したことにあった。(3)そうした企業には、勝訴するまで何度でも裁判をする余力があった。そして最終的に、彼らは一八八六年に勝訴した。今日、もしある街が小商店主たちを守ろうとして、ウォルマートにスーパーマーケットを開店する権利を認めなければ、その街は当該企業の法的権利を守るために起こされる高額訴訟に直面する危険を冒すことになるだろう。アメリカ合衆国連邦最高裁判所は、言論の自由という人権の行使――自社の主張に沿った政治家候補者を巨額の資金を使って支援することによって――を企業に認めるべきであると、賛否両論の末に承認した（New York Times 2010）。私たちは今や、企業が個人的市民の有する法的な権利を与えられたという地点から遠く離れ、ごく一般的な市民では法や政治の中で――市場の中では言わずもがなである――企業と対等に争うことが不可能なところにまで来てしまったのである。企業は、自分たちが創り出してきたグローバル経済の中で、エリート市民の躯体（body）になってきているのである。一方で、それ以外の私たちはほとんど受動的な傍観者に過ぎない。

今でも私たちは、私有財産を生きている人間に属するものと考えており、それを根拠に私的領域と公的領域を対比する。しかし政府や企業のような抽象的な存在もまた、世界に抗して何かの排他的権利をもつことができる。また同時に企業は、不良債権に対する有限責任のような、企業特有の法的権利を保持してきた。ゼネラル・モーターズが生きている人間と同じ権利をもつことができる一方で、法人ではない人間に課されたさまざまな責任を免除されていることに、私たちは当然のことながら困惑している。このことは、経済の民主主義を実践していく上でだけではなく、それについて考えるためにも――特に、多くの知識人がこうした混同を無批判に再生産してしまうような場合には――大きな障害になる。私有財産は個人的所有からさまざまな法人形態へと発展してきただけでなく、その焦点も「物的財産」から「知的財産」へ、すなわち物質的なモノからアイディアへと移ってきている。この理由の一部には、デジタル革命によって情報サービス——その複製と伝達にはたいていはコストがかからない——が経済的な優位性を握ることになったことがある。さまざまな機器を使って情報転送のコストを劇的に削減することによって、商取引は新たな活力を得てきた。現代の企業は、商品の直接販売からの利益と同程度に、資産から得る賃料に依存している。と同時に、格言にある通り、「情報は自由（無料）になりたがっている（information wants to be free）」。つまりは、情報に基づいた財やサービスの価格を下げよという一貫した圧力がかかっているのである。生産と再生産が次第に自由（無料）になっていく世界の中で、高価格を維持していくために必要な社会的な取り組みこそが、今日の資本主義における中心的な論争を活発にしているのである。

企業の人格の場合と同じく、ここには巧妙なごまかしがある。もし私があなたの牛を盗んだのであれば、その損失は物質的である。なぜなら、その牛の乳から恩恵を得ることができるのは、私たちのうちの一方だけだからだ。だが、もし私がCDないしDVDを複製するとすれば、それは私がその排他的使用権を否定しているということである。それは本質的には、使っても使用可能量の減ることのない「公共財」である。だが、こうした誤解を招く比喩を用いて、企業のロビイストたちは彼らの「財産」を複製することを「窃盗」、あまつさえ「海賊行為」として法的に処理するように裁判所や規制当局に働きかけている。必然的に、文化的な共有財を私有化しようとする企業の欲望と、それに対する大きな抵抗との間で、世界は二極化されてきたのである。この対立は長い歴史を有しているが、デジタル革命を取り巻く諸状況によって前例のない水準まで高められてきた（Johns 2009）。この状況は、二〇世紀中盤にはまだ資本主義の自己イメージを形作っていた自動車工場とは、遠くかけ離れている。

たとえば企業による私的な利益の追求が明確に公共の福祉と対立しているような場合に、もし人類学者が一つの政治的な立場をとることで自らの仕事をこういった問題への対処というレベルまで高めることができるのであれば、挑戦すべき仕事はたくさんある。巨大なタバコ企業や国際的な鉱業会社は、自社の製品と副生成物による害に苦しむ人々の間に「あきらめの政治（politics of resignation）」を広めることに、現在かなり成功している（Benson and Kirsch 2010）。新自由主義的な統治においては、さまざまな新しい主体と新しい感覚を生み出す企業の役割が、国家と同じくらい重要である。もし批判的な経済人類学が法人資本主義と真剣に向き合って、実効的に取り組むことができるとするならば、このような洞察は世界の歴史とも、オウロウソフが行なったような企業内民族誌とも結び付けられなければならない。

貨幣と金融危機

人々に貨幣を使って消費させる過程――販売の技法ないし科学――もまた、急速に拡大している研究分野である。企業のマーケティングは、共有され、また分化されてもいる知識をめぐる専門家システムであり、グローバル規模で展開している「脱埋め込みメカニズム」である（Lien 1997）。マーケティングは、一八世紀のイングランドで誕生したときから二〇世紀のアメリカで全盛に至るまで、自らの擬似宗教的な体系の中に道徳的批判を取り込んできた（Applbaum 2003）。旧世代の民族誌家たちは、資本主義的な発展が地域文化にもたらす破滅的な結果を強調した。他方でアプルバウムは、文化接触モデルを、グローバリゼーションが進む現在により適合した形に作り変えている。彼は経済行為における共有された意味や目的の出現（なぜ、しばしば接合には合意があるように見えるのか）を強調する。アプルバウムはこの原因を、企業が自社製品の社会的生活がもつあらゆる側面を管理することに成功していることにあると見ている。たしかに、しばしば広告代理店は普遍的主題にローカルな外皮を付与しようとしている（これに関するムンバイの事例についてはMazzarella 2003を参照)。東アジアのマクドナルドで消費者が経験することは、北米やヨーロッパのマクドナルドが提供するものとは大きく異なっている（Watson 1997)。だが、アメリカ合衆国に起源を発するマーケティング・パラダイムが急速に普遍的なものになりつつあるというアプルバウムの主張は適切なものである。

ここ一〇年ほどのうちに、金融の人類学の研究が相次いで発表されてきた。この分野の第一人者はビル・マウラーである。彼は現代金融のイスラム的な変種や、その他のさまざまな変種について探求してきた（Maurer 2005a)。それと同時にオフショア金融[4]に関して、さらには東アフリカや他の地域の貧しい人々が銀行を利用するために携帯電話を駆使することに関しても調査を行なってきた。マウラーは、貨幣に対する懐疑的かつ実用的なアプローチを推奨している。彼は、貨幣が人々にとって何を「意味するのか」ではなく、人々が貨幣を用いて何をできるのかにより大きな関心を寄せている。マウラーの考えによれば、人類学者は自由主義経済学者の考え方――貨幣を支払い手段としてではなく交換媒体と見なす――を、あまりにも安易に受け入れてしまったのである。この見解はジェーン・ガイヤー（第五章参照）にも共通している。

今や人類学者が金融の中心地で調査することは、ありふれたことになってきている。エレン・ヘルツ（Hertz 1998）は、上海株式市場でフィールド調査を実施した点で先験の明があった。ケイトリン・ザルーム（Zaloom 2006）は、どのように金融トレーダーが新たな情報技術に順応したかに注目した。しかしながら、これらの研究は両方ともに、どこに注目するかという点において極めて伝統的であるともいえる。なぜなら、たとえトレーダーの仕事がある水準ではグローバルなものであるにせよ、両研究が関心を向けていたのはトレーダーのローカルな実践と視点だったからである。カレン・ホー（Ho 2009）はさらに踏み込んで、自らの民族誌とより広範なポリティカル・エコノミーの分析とを結び付けた。『清算──ウォール街の民族誌 *Liquidated: An Ethnography of Wall Street*』は、ゴールドマン・サックス社やモルガン・スタンレー社、さらには他の巨大金融企業の従業員に対するインタビューに基づいて書かれている。同書は、より大きな分配についての問い──たとえば巨額のボーナスを社員に支給するシステムのような──に明確に取り組んでいる。ホーは、ボーナスと、会社の生産性や長期的な株主価値とを結び付けるべきであると、公的なプラットフォームを用いて議論した。さらに彼女は、以前は投資銀行と商業銀行とを分離していたグラス・スティーガル法[5]のような法律の再登場を推奨した。

ニューヨークの投資銀行リーマン・ブラザース社の二〇〇八年九月の破綻は、今なお私たちに影響を及ぼしている経済崩壊の引き金を引いた。それに続いて生じたグローバルな経済危機の行く末についての予測には大きなばらつきがある。今から見れば、特にアメリカにおいては、経済成長は低金利の消費者信用の体制によって維持されてきた。その中で多くの金融会社は、特にクレジット・デリバティブの新市場においては、自社を容認しがたい水準のリスクにさらしていた。これらは「不良債権」と化し、銀行システム全体を維持するという目的の下で、莫大なコストをかけて納税者が購入した。中国やドイツ、日本といった主要な製造品輸出国は、自国製品の大幅な需要減に苦しんだ。永久に成長をもたらしてくれる仕組みであると考えられてきた経済は、突如として歴史の混乱の中に投げ込まれた。もし市場が今後も存続する可能性があるとすれば、そこには国家による大規模な介入が欠かせないというのが現在の見方である。おそらくはこれらの一連の出来事によって、経済的覇権が欧米からアジアの主要債権国へ移る流れは加速してきた。全面的にかなり暗雲が立ち込めているが、現在の経済は、たとえ状況が良いときでもそのようなものである。一部の評論家はこの金融市場の崩壊について、中央計画経済における職権乱用との類似点を指摘してきた。後期社会主義の中央アジアにおける綿生産量の改竄と同じように、金融バブルが巨大な「仮想経済」を創出したというのである（Visser and Kalb 2010）。とはいえ、新自由主義の下での国家による銀行の救済は、所得分配にはマイナスの効果を及ぼし続けてきており、不平等を緩和するのではなく強化し続けてきた。

結び

これらの出来事が最終的に経済史の中でどのように位置づけられるのであれ、その危機の責任を確実に押しつけられるのは市場経済である。経済が繁栄するのは、市場が政治的な束縛から解放された場合のみだと考えることはもはや不可能である。政治家やジャーナリストによる経済学者への批判は、ありふれたことになってきた。イギリス女王ですら、なぜ経済学者は誰一人としてあの崩壊を予期しなかったのかと、公然と質問しているほどである。特に一九八〇年代以降、主流派経済学のイデオロギー的な覇権は水面下に落ち込んできた。ジャーナリストや他専門分野の研究者が、経済学者は予測科学を実践するふりを装っていると非難する文章を目にするのは珍しいことではない。だがこれは、新自由主義の敗北を意味するものではない。そうではなく、経済に対する代替的なアプローチを用いて新自由主義に対抗するためのさまざまな用語が、以前よりもはるかに有益なものになってきたということなのである。

フィナンシャル・タイムズ紙の記者であるジリアン・テットは、社会人類学の博士号を取得している。彼女は、他の多くのジャーナリストの同僚と比べて、自分がより総体的かつ批判的に経済的情勢を検証できるようになったのは、社会人類学のおかげだと言っている。彼女は、金融危機が起こるはるか以前からクレジット・デリバティブ市場について研究してきており、それに関するベストセラーを金融崩壊の直後に刊行した（Tett 2009）。テットや他の評論家たちと同様に、私たちは次のように結論を述べよう。人類学と歴史学、そして経済学を新たに統合するための期は熟している。経済学のプロジェクトを、経済学者の手から救い出されなければならない。経済人類学は、比較的に柔軟な経済学者たちだけでなく、さまざまな隣接分野と対話をする中で、知的再編の一端を担いうるのである。その可能性について、最終章で考えてみたい。

第九章　私たちはここからどこへ向かうのか

そろそろ議論の筋道をまとめて、これまで経済人類学がどこに位置していたのか、そして次にどこへ向うのかを見定めるべきときが来た。初期の民族誌家たちは、自分たちが見つけてきた事実に、経済学者が取り組むことを望んでいた。だが彼らは、経済学の目的や方法を理解しておらず、ホモ・エコノミクスの普遍性に対してよく分からないままにときおり賛否を述べただけであった。経済の定義に関して、さらには経済について調べるために人類学者が用いるべき理論や手法に関して、基本的な諸問題が解決されることは決してなかったのである。こうした問題は、形式主義者と実体主義者の間で論争が交わされていた時期にのみ、他の人類学者の注目を盛んに集めた。だが、この論争は経済学者に知られることはなく、経済人類学者の強固な知的共同体の外に出ていくことはなかった。形式主義と実体主義の残響は、その後の新制度派の人類学者と文化人類学者がそれぞれとってきた立場の中に見ることができる（第五章参照）。とはいえ、この二つの分野の近年の書き手たちは、自らの先人に十分な注意を払っておらず、相互に対話や議論を交わすこともなかった。それゆえに、経済学者と政策立案者、そしてメディアが、経済に関する人類学者の言い分をほとんど無視してきたことは驚くべきことではない。私たちは、経済人類学を次の水準に引き上げることによって、こうした状況を変えるべき時期が来ていると信じて、本書を執筆してきた。

数十年にわたって新自由主義的なグローバリゼーションが促進してきた自己調整的市場は、ゆるぎなく、永遠に続くようにさえ見えた。だが二〇〇八年に経済危機が起こると、実際には世界経済がどれだけ不安定であるのかに誰もが気がついた。このことが経済人類学のために新たな場所を切り拓き、一つの批判的課題を与えたのであった。経済人類学が独自の対象と理論、方法を備えた真の学問分野となって、政治人類学や開発人類学のようなキョウダイ、さらには経済社会学、制度派経済学、経済史、ポリティカル・エコノミー、経済地理学、考古学、批判哲学のようなイトコと自信をもって肩を並べられる潜在的な可能性があると論じて、私たちはこの短い物語を締め括ることとしよう。人類学は、人間科学の全領域に対して他に類を見ないほどに開かれている。それゆえに私たちがしなければならないことは、人間科学を分断している壁を補強することではなく、掘り崩すことである。結局のところ私たちが関心をもっているのは、学問分野の境界画定やラベル貼りではなく、私たちの共有する惑星の窮状に取り組むために新たな戦略を立てることなのである。

歴史、民族誌、批評

私たちが本書を書いてきた**主たる動機**（*leitmotif*）は、経済人類学を先人たちから連なる自覚的な知の歴史の中に位置づけ、この歴史から未来への教訓を引き出す必要性にあった。そうした歴史は注目されねばならないが、ただしあまり関心を狭めるべきではない。それゆえに、私たちは本書において、一貫して経済人類学の来歴をより大きな歴史――人類学史や経済学史、この両者を取り囲む西洋社会哲学史、そして何よりも世界史――の中に埋め込んできた。この最後に挙げた世界史は、一九世紀に人類学がはじめて制度的な形態を与えられたときの最大の関心事であった。当時の人類学者たちは（そして経済学者たちもまた）、ある種の史的唯物論を認めていようがいまいが、産業革命が人類の進化の中で新たな段階を拓いてきたことを当然視していた。だが、人類学者がフィールドワークに基づいた民族誌にこだわるようになり、同時代の狭い空間の中だけに関心を集中させるようになってから、今や一世紀が過ぎた。その結果として、かつて世界史に向けられていた課題は大きく視界から抜け落ちてきたのである。

私たちは二〇世紀の民族誌家たちの業績を軽視してはいない。ブラニスラフ・マリノフスキーやレイモンド・ファース、そして彼らの後継者たちは、「推測による歴史（conjectural history）」を拒絶した。なぜなら同時代に生きる人々の振る舞いについて、その複雑さに十全に注目することは、人々とその居住地とを結び付けることによって可能になったからである。オセアニアや他地域の部族経済に関する彼らの研究論文は、いまだに古典としての位置を保っている。しかし私たちは、より大きな地域的かつ地球規模の視点をことさらに強調してきた。過去何世紀にもわたって歴史資料がごくわずかしかない土地では、考古学者や歴史学者、あるいはその他の専門家がその空白を埋める手伝いをすることができる。経済人類学者にとっても、こういったより広範な歴史的展望の中に自らのローカルな知識を位置づけていくことが極めて重要なのである。そうした戦略が実を結ぶ可能性があるということを十分に証明しているのが、カール・ポランニーの構想によって民族誌家や考古学者、さらには歴史学者のチームが導かれた一九五〇年代のコロンビア大の研究プロジェクトであった（第四章参照）。

こうしたアプローチを、現在組織されている研究機関が推奨していないのは事実である。社会人類学あるいは文化人類学分野の博士課程の学生は、少なくとも一年間はフィールドに滞在し、現地の言語を身に着けることが通常義務づけられている。このようにフィールドに時間と労力を投資するせいで、博士課程の学生は自分野の外に打って出ることを思い留まってしまう。だが、より多くの人類学者が自らの学問分野の外から知識を補完するようになり、またより頻繁に多くの学問領域にわたる学際的な枠組みの中で研究するようになるにつれて、そうした状況は徐々に変わりつつある。より大きな障害となっているのは、歴史的広がりは経験に伴ってしか身につかないものであるにもかかわらず、若い研究者は初期段階で自らの専門と呼ぶべきものを身につける必要があるということである。市場原理の猛威が学問業界自体の中でも増しているせいで、早く論文を書いて出版しろという圧力が強まってきているのである。

ほとんどの人類学者は、たとえ一九世紀の研究手法や当時の証拠を認めないにしても、自らの研究主題に関しては、その時代にまで遡って研究している。私たちが論じてきたのは、次の世紀の難題に立ち向かうために、ルソーやカントといった先人たちから学ぶ心構えをすべきだということである。彼らが一八世紀に取り組んだプロジェクトは、人間を普遍的に解放したいという衝動と結び付いていた。この目的を果たすために、私たちは人間の経済という概念を喚起してきたのである。その人間の経済という概念は、人々が日常生活において絶えず再構成しているものであるが、他方で人間全体の利益と関係がある。一部の人々のためではなく、すべての人々のために機能すべき世界経済が危機に瀕している時代には、グローバルな歴史に批判的に取り組むことが欠かせないのである。この観点からすれば、エキゾチックな民族誌のさまざまな発見を、功利主義的な狭い信条と適合させようとした二〇世紀の試みは失敗が運命づけられていた。人類学と経済学はいずれも、私たちが共有する人間的な目的にとっては不十分だったのだ。その束縛を打ち破るために、経済人類学者たちは今も格闘している。

代わり《オルタナティブ》となるアプローチを模索するためには、マルセル・モース（第三章参照）やカール・ポランニー（第四章参照）の著作との新たな関わり方を探るのが一番である。この二人の著者はいくつかの点で相互に補完し合っている。モースがデュルケームの遺産に対して加えた主な修正点の一つは、社会を人間性《ヒューマニティ》――その範囲はより多くの人間を含み込めるように常に拡張されていった――をめぐる歴史的プロジェクトとして捉えたことであった。『贈与論』の論点は、社会をあらかじめ存在する形式として当然視することはできないということだった。社会は、ときにはゼロから作り出され、また作り直されなければならない。勇敢な贈与交換は、社会の外郭を外側に押し広げることを目指してなされる。それは「自由市場」における交換と同様に、「慣習に縛られない」。この交換を駆動するのは気前よさである。そこに自己利益の追求があることは間違いないが、しかしそれはホモ・エコノミクスと結び付いた形態においてではない。マリノフスキーによるクラ・リングの記述について、モースは賞賛することも批判することもあったが、いずれにしてもそれは彼の議論の源泉となっている。「部族間でなされるすべてのクラは、それよりもはるかに一般性を有した一体系の……単に極端なあらわれをとった一事例にすぎない。このことによって、その部族自体が全体として、部族の利害や権利を含めた部族境界という狭量な輪から抜け出せるのである」（モース二〇一四：一七八（1990: 36））。未だかつて経済的に自給自足できている社会など存在したことなどないし、こうしたメラネシアの島々はなおさらである。それゆえに、社会的行為を地域内に制限する必要性には、常に外に向けて共同体の影響力を拡張する手段が付け加えられなければならない。こういった理由から、市場と貨幣は何らかの形態において普遍的に存在しているものであり、したがってそれらを廃止しようとする試みが破局を迎えるのは必然である。

ポランニーが注目したのは、いかに経済制度が複数の分配機構を組織し、また逆にそれによって組織されているのかであった。こうした分配機構は現代社会において、そこに何の統制手段も与えられずに参加している無数の人々の生活に影響を及ぼしている。このことを受けてポランニーが強調するようになったのは、こうした経済制度が市場と国家、あるいは社会における外的／内的な関係の両極を揺れ動く際に生み出される不平等であった。現在進行中の経済危機において、まず取るべき対応は、国家と市場が以前よりもバランスの取れた方法で協同すべきだと主張することではない。そうではなくて重要なのは、統治制度の多様性に目を向けること、いわばコインを弾いて表と裏を見ることである。この目的のために、ポランニーはアソシエーションという自発的な互酬に特に着目して、社会的連帯への回帰を呼び掛けた。そのことは、普通の人々を動員して、人間の経済を更新するために力を注いでもらうことの必要性を私たちに思い起こさせる。非人格的な国家と市場に頼るだけでは十分ではないのだ。

ポランニーとモースは、ポリティカル・エコノミーに関する自分たちの抽象度の高い理解が具体的な人々の日常生活に基づいたものであり、それゆえに自分たちの議論で用いた一般的な概念の力はフィールド調査に役立つものと確信していた。第八章では、産業労働から新しい経済にまでおよぶ資本主義についての人類学的調査が劇的に増えていることを見てきた。人類学者は、「自由な」労働が職場の外のさまざまな種類のアイデンティティの中に常に埋め込まれているということ、またもっとも非人格的な金融市場でさえも実際には特定の人間集団によって営まれていることを見事に示してきた。こうした人々の一部が強欲であるのは間違いない。だが、彼らは必ずしも他の人以上にそうであるわけではないし、彼らは変わることができる。たとえば、ジョージ・ソロスのようなヘッジファンドの冷徹な経営者が、博愛主義者にして資本主義への批判者になることもありうるのである。それゆえに、自らが豊かになろうとすることは主たる争点にはならない。問題は、より広範な社会的帰結である貨幣の不平等な再分配、すなわち世界中における富裕層と貧者の間の階級闘争なのである。そして人類学者は、その研究のほとんどを労働についての他の学問分野――特に、さまざまな政治的信条をもった経済学者たち――に投げてきてしまったのである。

モースとポランニーの著作の中には、日常と世界全体との間の失われたつながりを見出すことができるかもしれない。ポリティカル・エコノミーの社会的帰結と、それを引き起こした当事者がその帰結を理解する方法とが、いかにして一つにして同一の社会的プロセスの全要素になっているかを明らかにするためには、グローバルからローカルまであらゆるレベルにおける分配のあり方をひたむきに注視することが必要である。現在生じている経済危機は、この洞察を特に見えやすくしてくれている。なぜなら、その危機は現代の金融思想の正当性に疑問符を突きつけている一方で、その危機が実際に富の分配に与えた影響が世界中で体感され、恐れられているからである。私たちは、恐ろしい帰結をもたらす可能性のある権力闘争を目撃している。最新の経済的惨事に対する政治的反応の一つ一つは、世界大恐慌とその血なまぐさい結果という亡霊を想起させる。

社会生活における非人格的な状況と、その状況の中で生きざるをえない人々の間には、緊張関係がある。国家以上に大きな規模で操業している営利企業と個々の市民との間の差異が曖昧になってきている現在以上に、この緊張関係が十分に理解されていない時代はおそらくはない。思想は非人格的なものであるが、人間の生活はそうではない。したがって、ある水準において、問題は生活とさまざまな思想の間で折り合いをつけられるような相対的な優先順位づけである。私たちの公共文化の核心では、人とモノ、さらには思想が混在し、互いに絡み合っている。個人的なものは政治的であるというフェミニストの主張は正しかったのである。そして同様に、政治的なものはしばしば個人的である。とはいえ、もし私たちが社会を作るときに個人《パーソン》だけに依存すれば、私たちは封建制やその現代版である犯罪的なマフィア集団に戻ってしまう。少なくとも原則的には、彼らが誰であるのか、あるいは彼らが誰と知り合いなのかに関わらず、非人格的《インパーソナル》な——誰であろうと関係なくすべての人間のために機能する——制度が存在しなければならない。では、私たちが生きている非人格化された社会の枠組みの中で、個々の人格の人間性のための場所はどこにあるだろうか。生まれながらにして世界経済への参加を断念させられている人々が豊かに生きるチャンスを増やすために、一体何ができるだろうか。これが人間の経済の中核にある難題である。この難題に有効な解決をもたらす上で、主な障害となっているのが企業である。なぜなら企業は富と規模、そして人間とは異なる不老不死の力を行使しながら、同時に一般市民が有する権利をも主張するからである。

二〇世紀は、ある世界規模の社会実験に基づいて構築された時代であった。社会は国際的な労働分業や国家官僚制によって、また専門家だけが理解可能な種々の科学法則によって特徴づけられる、非人格的な機構として認識された。そうした社会を前にして、大部分の人々が自らの無知さと無力さを感じているのは驚くべきことではない。しかしながら現在ほど、私たちが他者とは異なる独自の人格性を備えた存在として自身を意識している時代はかつてなかった。だからこそ、私たちは社会を人格的なものであり同時に非人格的なものとして——その両者を区別するために多大な文化的努力が払われているにもかかわらず——経験するのである。ここまでの議論の中で、私たちは幾度となく市場と、世帯ないし家庭という広く知られた対立に触れてきた。市場には境界がなく、それゆえに不可知である。他方で、家内生活の境界については分かりすぎる位に分かっている。この二重性が資本主義社会の道徳的かつ実践的な基盤である（第五章参照）。この二重性は、近代的な企業が自らの経済的優位性を現在の地位にまで高めてきたことによって、かなりの緊張状態に置かれてきた。

一学問分野としての経済人類学

人類学は、経済学が長らくそうあり続けてきた意味で一つの学問分野であったことは一度もない。ミシェル・フーコー（一九七四〔1973〕）は、「民族学」は人文科学の中で特権的な位置にあると論じて、「人文科学の考古学」を締めくくっている。なぜなら、彼によれば「民族学」は、「諸経験と諸概念の汲みつくしえぬ宝庫を、しかもとりわけ、べつのところで獲得されたように見なされるものについての、不安、問いかけ、批判、異議申し立てといった恒久的原理を、まぎれもなく形成する」（前掲書：三九五〔1973: 373〕）からである。フーコーは人類学を「対抗科学」と呼んだ。その理由は、人類学が他の学問に比べて合理性を欠くからではない。そうではなくて、人類学は常に逆方向に向かっていって、経済学のような人文諸科学が作り出そうとするしているさまざまな人間観を「解体」しようと試みていたからである。こうした対抗科学の真髄が民族誌である。人類学者のマックス・グラックマン（Gluckman 1964）によれば、民族誌家は人間性全体に取り組みたいという欲望を前提としながらも、社会的リアリティの複雑さに対して自らを十全に開いておく義務がある。フィールドワークでは、それが起こったときに重要そうに見えるものは、なんであれ追及しなければならない。といっても、こうした終わりのない探求から簡潔なパターンを引き出すために、ある段階において民族誌家は分析的な終着点を探し出さなければならない。こうした抽象化は他の学問分野の視点からすれば、ときとして素朴に見えるかもしれない。おそらく世界史に取り組んだとしても、人類学者は同じことを言われるだろう。そこには、私たちの誤りを指摘してくれる専門家が常にいるだろうからである。人類学者は、長らくある種の知的自由を享受してきた。そしてフーコーが言うように、このような自由さは、より慣習的な諸科学にとっては刺激になるだろう。しかし私たちは、ときには探究を続け、またときには探求を閉じて結論を導くという弁証法がどのように生じているかに関して、もっとはっきりさせていく必要がある。このような意味で経済人類学は、より広範な「反領域（anti-discipline）」的な研究領域の中で相対的に洗練された研究分野になることによって、多くのものを得ることができるだろう。

　第二章では、経済という今なお完結していない概念の歴史をたどった。それは、家庭内の一つの機能としてはじまって、現在では世界中の多種多様な市場を通して表現されるものになっている。私たちは定義を一つに定めることはできなかったが、もともと経済は「家」に基盤を置いたローカルな政治秩序と見なされていたこと、そしてそれは「市場」を介して世界に拡張されたことを示した。ポランニーは、貨幣を「トークン」かつ「商品」と見なすことによって、経済における内的な次元と外的な次元とを結び付けた。そして私たちは、そのやり方が今日の世界経済を理解しようとする上で有益であることを確認してきた（第四、五章参照）。この世界経済が人間の経済なのである。なぜ「人間の」という語を付けるのか。それは私たちの関心の対象が、人々が実際に何を行ない、何を考えているかにあるからである。経済行為は人間や共同体全体の福利を目指してなされるものであって、機械的で自己利益だけを考える個人主義ではない。私たちは個々のローカルな経済制度の、その全面的な多様性を強く主張する。というのも私たちは、この惑星上に存在する生命の受託責任（stewardship of life）[1]を果たすという人類の歴史的プロジェクトを視野に入れているからである。もし仮に私たち全員が、最終的には市場によって作られてきた世界の中に「安住」するのだとしても、私たちは市場経済だけに基づいて生きていくことはできない。

　新自由主義時代の文化的転回は、経済を視界から消してしまったり、消費や循環という形であらわれる経済しか見えなくしてしまう傾向にあった。ポスト・フォーディズム、かつポスト近代である時代においてさえ、いまだに大半の人々は食べていくために働かねばならない。新たな「知識経済」における労働過程の状況は、農民世帯や大規模工場における状況とは明らかに異なっている。だが、これらすべての状況において、疎外を克服し、経済的連帯を達成する必要性は共通している。フェミニストたちは、生産が家庭外でなされていることに限定されないということを私たちに思い出させてくれた。それとちょうど同じように、マルクス（一九五八―一九六五（1859））は、生産と消費が単一の経済的全体性の中で分かち難く結び付いていると主張していた。人間の経済は、支配的イデオロギーによって視界から消されてきた。しかし人類学的なアプローチは常に、人々の家内的な、そしてインフォーマルな経済戦略の意義を強調する。このことは、金融市場での売買に関与している個人やネットワーク、さらには集団に関しても、他の人々にとってと同じように当てはまることである。

第五章で述べたように、貨幣は資本主義社会において疎外や剥奪、そして非人格的な社会を表象しており、その起源は私たちの制御できない場所（市場）にある。一方で貨幣の不在によって特徴づけられる関係性は、人格的な統合と自由な連帯の、すなわち私たちが親しみやすさを感じているもの（家庭）のモデルなのである。この制度的な二元性は、家庭外における生産と家庭内における消費という極の間で日常的に自分自身を分割しておくよう個々人に要請しているが、これはあまりにも過剰な要請である。人々は分裂を統合することを、つまり自分自身の主体性と客体としての社会とを有意義に結びつけることを望んでいる。そしてそのことは、貨幣が公的生活と家庭生活を分離する手段であると同時に、常にその両者を結び付ける主な架け橋であるということを支持している。私たちは、貨幣の経済人類学において蓄積された研究の伝統を見てきた。それはモースとポランニーにはじまり、資本主義の活動をその制度的な核心部において探求する民族誌的研究が数多く出版されるまでになっている。だがこうした欧米の資本主義に関する近年の研究の中のどれを取り上げても、ジェーン・ガイヤー（Guyer 2004）の発見に匹敵するものはない。彼女は三世紀にわたるアフリカの歴史、および自らの数十年にわたる断続的なフィールドワークから、土着の商業文明モデルを根気強く掘り起こし、貨幣に対する私たちの考え方をあらゆる面で変えた。今では私たちは、ますます資本主義の中心地での調査に馴染んできている。しかし、自らの知識で広範な地理空間をカバーできるようにしておくことが、経済人類学者にとって必要不可欠であるということは今も変わらない。人類学者の中には、当該業種に専門化した仲介者や広告業者をもつ、**独特な**（*sui generis*）商業に注目してきた者がいる。他方で別の人類学者たちが示してきたのは、そうした専業化した分野をはるかに越えて、現代の企業が経済プロセスのすべての段階——調査、開発から生産、規制、そして世帯消費に向けた流通やマーケティングまで——を制御したいという欲望の中で活動してきたことであった。経済人類学が株式仲買人や投資家の民族誌的研究だけに集中してしまったら、私たちの共有している経済的窮状をこうした総合的な水準で把握することは決してないのである。

マルクス（一九五八—一九六五（1859））が示したように、自由主義経済学は「分配」——社会の生産物を誰がどんな割合で手にするのかという問い——をその場限りの市場契約と見なされる「交換」へと矮小化し、脇に追いやってきた。経済学者たちは所有のひとつの形態だけに、すなわち個人による排他的な私的所有だけに焦点を当てることによって、政府や企業の経済的な役割を不明瞭なものにしてしまった。そして言うまでもなく、一般の人々が経済生活を自分たちなりに形作っていくための多くの具体的な方法も見えにくくしてしまっている。だからこそ、経済人類学は財産所有とそれが分配に及ぼす影響について、極めて真剣に取り組まなければならないのである。そういった研究プログラムのために、経済人類学の歴史は十分な素材を提供してくれる。二〇世紀の社会主義諸社会は、所有関係の発展について機械論的に解釈することをイデオロギーの上で強制してしまったことで、高い代償を払った。私たちが主張してきたのは、私的所有であっても平等主義的な共産主義であっても、そのどちらか一方のみに排他的に基づいて社会を構築しようとする試みが失敗する運命にあることであった。なぜなら人間は、個々で自立していると同時に、社会の中で相互依存しないではいられないからである。このことを、部族社会についての民族誌家たちは繰り返し示してきた。だが、そのローカルな複雑性に対する強いこだわりのせいで、彼らはより大きな世界史的な問いに直面した際に近視眼的な見方をしてしまった。この法則からの際立った例外がジャック・グディである。彼は、北部ガーナにおける財産所有関係についての詳細な民族誌的分析を比較社会学へ、さらにはアフリカとユーラシアの間の比較へ、最終的には西洋と東洋の間の世界史的な比較にまで拡張してきたからである(Goody 2010)。資本主義と社会主義が相互に影響を与え合うという現在進行中の劇的な事件——特筆すべきは東アジアの例である——は、財産所有をめぐる探求のために格好の素材を提供してくれている。他方で世界社会全体は、経済人類学者が無関心でいることができない分配の問いを提起しているのである。

ホモ・エコノミクスに別れを告げて

最後に、経済学の支配的なモデルとしての方法論的個人主義に話を戻そう。個人の利己心のみによって行動が動機つけられるホモ・エコノミクスという信じ難い生き物を葬り去るために、予想以上に長い時間がかかっているようだ。多くの人類学者は、長い間にわたって、功利主義の伝統を受け容れてこなかった。なぜならその考え方では、経済的な行動を形作る「選好」がどのように社会の中で形成されるのかを説明できないからである。さらには、それが合理的な利己主義を修正するために作られた規範的規則に、いかに必然的に従っているのかも説明できないからである。同時に、社会全体が純粋な共産主義であったことによって疎外から解放されていた、あるいはそうであったならば解放されていたという考え方（マルクスの著作群よりもウィリアム・モリスのユートピア的な著作群の中で十全に描き出されている）を裏付ける民族誌的な記録もほとんど存在しない。

こうした問題をより深く掘り下げようとしてきたのは、行動経済学と通文化的な実験における近年の諸研究であった。中には、自分がすでに解決法にたどり着いたと確信している研究者もいる。ゲーム理論の基礎を身につけ、脳スキャナを利用できる人類学者は、経済において「文化が問題である」ことを、経済学の学術誌において洗練された形で示す機会に再び恵まれる可能性がある。だが私たちは、そのようなアプローチを否定し、民族誌的調査と歴史的調査による資料の集成に基づいて研究することを支持してきた。統制条件下における実験という手法は、人間の経済における価値観や行動の動機を解明するのに不向きである。それらは、現存する社会における血肉の通った文脈の中でこそ、もっとも適切に解明されるのである。

個人的な利益を計算に基づいて追及することが経済的行為であると定義されるのであれば、必然的に他の形態の振る舞いは「経済」から排除されることになる。とはいえこの定義に従って、協力的で利他的な行為が、もう少し深い水準においては利己的であると再解釈すべきという主張は、経済学や進化生物学においてさえ次第に不毛だとみなされるようになっている。その一方で、経済学者でも進化生物学者でもない私たちにできるのは、露骨に常識を軽視しているように見えるものについて注意することだけである。この点について、合理的選択理論を長年にわたって支持してきた人々が負けを認めることが仮にあるとすれば、それは彼らが自己利益を追求した計算という考え方から合理性の概念を完全に切り離す場合である。しかし、私たちが自分の子供に遺産を遺したり、匿名で寄付を行なったりすることに、すべからく「合理的」な部分があると主張したところで、何も得られるものはない。約一〇〇年前にモースが主張したように、私たちは皆、個人的であると同時に社会的でもある。換言すると、常に経済行為は私利を求めてのものと私欲のないものとの両極の間の多様な段階のどこかに位置づけられるのである。もし私たちが人間らしくありたいと願うのであれば、こうした弁証法の一方の極を切り捨てて、他方の極だけに依存するべきではないだろう。

経済という概念は、二〇〇〇年以上前にギリシア人の農村の家政をめぐる原理として誕生した。ユーラシア大陸において農業文明が支配的であった時代には、この語の一義的な指示対象はそのまま変わらなかった。産業革命以降のここ二〇〇年程度の間に、英語話者は経済という語に自由主義的な用法を与えてきた。その新たな用法の目的は、急速に都市化する世界とますます緊密な関係を築こうとする市場を正当化することであった。この英語圏の伝統を拡張していくために、本書では最初にヨーロッパ大陸部からの資料を引いて議論を展開してきた。といっても、今後の人間の経済の行く末が欧米だけにかかっていると、私たちが考えているわけではない。実際、今や世界社会の中心は、地球上の大半の人々が暮らすアジアへと否応なく戻りつつあるように見える。種としての人類には、この地球という惑星を管理保全していく責任が課せられている。この圧倒的に重要な問題について、経済人類学は一学問分野として洗練されたアプローチを提供する潜在能力を有している。もし経済人類学が自らのグローバルな使命を達成し、より包括的な人間の未来に寄与することができれば、その学問が生まれ出た西欧の知的な伝統と他地域の知的な伝統とが互いに交わり合い、豊かなものになっていくことは間違いない。

訳註

序文

（1）著者の意図とは反するようであるが、本訳書では通読の邪魔にならない程度に訳註および割註を入れることとした。というのも、本書は時間的にも空間的にも極めて幅広い「人間の経済」を取り扱っているが、分量との兼ね合いからか、理論や具体例の紹介が簡潔すぎる箇所や、内容理解のために一般的とは言い難い知識が前提とされている箇所も少なくない。翻訳作業の中で理解のために参考文献を漁って四苦八苦したところもあったことから、読んでいく上で必要であると判断した箇所に限って簡単な解説を訳註のかたちでつけることとした。

第一章　導入

（1）英語の farmer と peasant は、前者が市場用向けに作物栽培している所得の大きな農家を指すのに対して、後者は所有する農地が少なかったり賃借していたりする小規模農家を指す。本書においては、両者を基本的には「農民」と訳出し、両者の区別が必要となる場合には前者を「農家」、後者を「小農」と訳出した。また、社会主義の文脈において、中世の従属的な農民との関係性で peasant が問題となる場合には、チャヤーノフの著作『小農経済の原理』（一九五七（1925））にしたがって「小農」と訳出した。

（2）他の文献を直接的に引用している部分について、引用元の文献に邦訳がある場合は基本的にはその邦訳文献における日本語訳を参照した。ただし、本書の原文においては英訳版を引用しているが、邦訳はフランス語やドイツ語の原典から直接翻訳している場合や、本書において用いている用語と邦訳で用いられている用語の間に齟齬がある場合、また邦訳版の出版が古く言葉遣いなどが現在からすると読みにくい場合などは、適宜訳文を改変している。

（3）　ダニエル・デフォーが一七一九年に発表した小説『ロビンソン・クルーソー』の主人公は、航海中に難破し、無人島に独りで二八年間暮らした。資源が限られた環境で、自らの労働力を効率よく配分して、生活に必要なものを獲得して生き抜いていく彼の姿は、経済学における人間の行動モデル——所与の環境において、手持ちの資源を用いて効用を最大化する——としてしばしば言及される。

（4）　本書では人間を指す語として、person と individual という二つの語が対比的に用いられている。person は周囲の人々の結びつきをもって生きている人格を備えた人間というニュアンスを、individual は個々が切り離され、計量可能な、必ずしも人格を伴わない人間というニュアンスを、それぞれ含んでいる。日本語における「人間」、「個人」、「人格」、「ひと」などの単語はどれもこの使い分けのニュアンスと合致しないため、本訳書ではこの二つの語には特定の語を当てることはせず、使われる文脈ごとに適切な語をあてることとする。特に、この二つの語の使い分けのニュアンスをはっきり出したい箇所では、個人《インディビデュアル》や人格《パーソン》のようにルビを振って明確に示すこととする。

（5）　人間が原初的な孤独かつ自然の状態から、法や美徳、慣習などを備えた社会的存在へと変わっていく過渡期という意味で、子供と大人の間の「青年期」という語をルソーは用いている。彼によれば「現代における未開民族の多く」は「まだこの状態にとどまっている」という（ルソー 二〇〇八：一三九）。

（6）　文明状態において登場した法や習俗、美徳などが、すべて専制君主の下で無効とされることは、ある意味で新たな自然状態であるとルソーは考えた。ただし「最初の自然状態は純粋な自然状態であったが、ここで到達した自然状態は腐敗の極になる自然状態であるところが違うだけだ」ともルソーは論じている（ルソー 二〇〇八：一八四）。

第二章　古代世界からインターネット時代までの経済

（1）　「裕福な世帯」を「実質的に公共の世帯」と言い直しているのは、オイコスという語について説明してきたように、世帯が小規模な核家族ではなく、ある種の公共性を帯び、国家にまでつながる政治的な含意をもったまとまりであることを示唆するためである。これはアリストテレスが『政治学』第一巻第一三章の末尾で、家政は国家の統治形態と関連づけて論じるべきと指摘していることを受けている。

（2）　人間は個として存在するのではなく、本質的に類として存在するべきものだとマルクスは考えている。人間は他の人間と共に働くことを通して共同体を作り、また労働を通して自然に働きかけることで、その中に人間的な世界を作っていく。このような自律的な労働は、人間を類的な存在にするのに欠かせないものである。これに対して疎外された労働は、肉体的生存の維持という欲求を充足するためのものでしかなく、人間を類的存在から疎外してしまう（マルクス 二〇一〇『経済学・哲学草稿』（長谷川宏訳）光文社文庫）。

第三章　近代経済学と近代人類学の興隆

（1）　財（モノ、サービス）を一単位追加して消費することによって、得られる効用を限界効用と呼ぶ。一般的には財の消費量が増えると、限界効用は逓減するとされる。したがって同じ財でも、それぞれの人間によって、また同じ人でもタイミングによって、それがもたらす効用は異なる。ホモ・エコノミクスは、それぞれの商品がそのとき自分にもたらしてくれる限界効用を知っており、手持ちの限られた貨幣を上手く配分して、合計した効用が最大になるように、商品の組み合わせを選択し購入するものとされる。

（2）　ここで触れられている「普遍的な原理」とは一九世紀後半に広く受け容れられていた進化論の考え方を指している。ここに経済学における功利主義的なアイディアを組み合わせて、当時のヨーロッパ文明に至るまでの人類の社会制度の発展の経緯をモデルとして組み立てる多種多様な発展段階論が展開された。

（3）　『経済と社会』はヴェーバーの遺稿を編纂した大著であるが、未だに一部邦訳されていない章がある。さらには、大著ゆえに小さな単位に分けてさまざまな本の形で訳書が出されている。たとえば、『社会学の基本概念』（一九八七、阿閉吉男・内藤莞爾訳、恒星社厚生閣）や『支配と権力』（二〇一二、濱嶋朗訳、講談社学術文庫）などが該当する。そうした事情のために、本訳書の参考文献表では『経済と社会』の邦訳書を具体的に挙げることはしない。

（4）　農民社会が伝統的な閉じた民俗社会（≒未開）と、都市社会（≒文明）の混合体であることを言いあらわそうとした表現である。農民は市場に作物を売却している点で都市社会と関わっている一方で、民俗社会で見られる伝統文化も有している。農民社会は都市社会／民俗社会という既存の二項対立的な発想では捉えられないものであり、双方の社会と文化の特徴とを共に「部分的に」有しているという考え方である。

（5）　クローバーの「部分文化をもつ部分社会」を発展的に継承した概念である。農民社会は民俗社会から発展し、市場を介して地域的広がりと深度をもった文明の一部になっている。レッドフィールドは民俗社会と都市社会を分離したものとは捉えずに、その両者の間には連続的な発展関係があり、その中間項として農民社会があると捉えたのである。

（6）　本文中では具体的に書かれていないが、ここで「二つの翻訳」が指しているのは、一九五四年のイアン・カニソン（Ian Cunnison）による英訳（序文をエヴァンス゠プリチャードが書いている）と、一九九〇年のホール（W.D. Hall）による英訳（序文をメアリー・ダグラスが書いている）、また「一冊の二次文献」が指しているのはマーシャル・サーリンズによる『石器時代の経済学』（二〇一四（1972））であると思われる。レヴィ゠ストロースがサーリンズに影響を与えているのはもちろん、上記の二つの英訳版における序文はいずれもレヴィ゠ストロースの研究と『贈与論』との関係に言及している。なおレヴィ゠ストロースは『贈与論』も収められているモースの論集（一九七三『社会学と人類学（一）』（有地亨・伊藤昌司・山口俊夫訳）弘文堂）にも長大な序文を寄せている。

（7）　ここで「西洋がすでに失った世界」に暮らしていると想定されているのは、いわゆる「高貴なる野蛮人（noble savage）」である。高貴なる野蛮人とは、アメリカ大陸を植民地化していく過程において、西洋諸国で登場した文化的偏見である。その偏見においては、先住民は他民族の支配を受けつけずに自然の中で誇り高く生きる「高貴な」存在である同時に、植民地支配に暴力で抗って、近代化を拒んで自然の中で生きる「野蛮な」存在として描かれた。クラの宝物のような、それ自体が生存に役立つわけではないモノを周囲の島々と交換することに重要な社会的・文化的価値を置くトロブリアンド諸島の人々は、単純に生存のためにもっとも効率的な手段を選択しているだけ（と経済学者が想像する）のエコノミック・マンでもなければ、さらに他の文化から孤立して暮らす（と西洋人が想像する）高貴なる野蛮人の後継者でもないことは明らかである。

（8）　この引用部の文章は若干構成が変則的なので解説を付す。ここで引用元とされているフルニエの『モース伝』では、この文章は正確には二一二頁のモースの論文から引用している箇所にあたる。ただし『モース伝』で引用されているのは、「それが革命なのだ」までである。「こうすること」以降は『モース伝』にはなく、その引用元であるモースのフランス語論文（Marcel Mauss, "Deuxième conclusion générale. Un moyen de refonte sociale: La manipulation des monnaies," n.d., 9 (Hubert-Mauss collection, Archives of the Collège de France.)）から直接英訳したものと思われる。第一章にあったとおり、本書は基本的にフランス語の論文でも英訳したものから引用することを原則にしている。この原則になるべく沿おうということから、ここでは孫引きとなるフルニエの本（英訳版）からの引用と、直接のモース論文（フランス語）からの引用（を英訳したもの）を混ぜた文章になっているものと推測される。

第四章　経済人類学の黄金期

（1）　ここで指しているのは、Galbraith, John Kenneth. 1958. *The Affluent Society*. Houghton Mifflin.（ガルブレイス 二〇〇六『ゆたかな社会　決定版』（鈴木哲太郎訳）岩波現代文庫）である。

（2）　人間は限られた資源の中から自分がもっとも満足できる選択を行なうという前提から、実際に市場でなされた消費行動、選択はその人間の「選好」を「顕示」しているとする考え方。

（3）　ノルウェーの人類学者フレデリック・バルトが打ち出した方法論的個人主義である。従来の機能主義では社会変化をうまく扱えず、構造主義では個人を構造によって完全に決定された存在としか扱えなかった。バルトは、集団や構造ではなく、個人間の交流の中で取られる個人的戦略が社会的意味を生成し、維持していると論じた。中でも、最も有名なのは「民族境界論」である。彼は政治的・経済的などのさまざま事情で所属する民族集団を自らの認識の上で、あるいは隣接社会集団の認識の上で変動している人々がいるのを発見した。そのことをもって、バルトは民族集団を所与の固定的なものとは捉えずに、民族意識を個人間の交流の中で揺れ動くものと捉えたのである。邦訳されている論考としては、バルト 一九九六（1969）「エスニック集団の境界」（内藤暁子・行木敬訳）『エスニックとは何か――エスニシティ基本論文選』（青柳まちこ編・監訳）新泉社、二三―七一頁、がある。

（4）　カルゴとはスペイン語で「荷物、負担、職務」などを指す名詞であり、ここで指しているのは中南米の先住民村落で見られる行政・祭祀組織における職務の総称である。そうした伝統的な先住民共同体においては、成人男性が生涯を通して村落内部の政治行政・宗教上の職務を歴任していくことで、共同体内で次第に威信を高めていく。そうした政治行政・宗教上の階梯制度のことをカルゴ・システムと呼ぶ。たとえば、禪野美帆 二〇〇六『メキシコ、先住民共同体と都市――都市移住者を取り込んだ「伝統的」組織の変容』慶應義塾大学出版会、を参照のこと。少し古いが国を問わない地域全体に関するレビュー論文であれば、吉田栄人 一九八〇「カルゴの循環と停滞――カルゴ・システム研究への非階層の視点」『民族學研究』五五巻一号、一七二―一九二頁、を参照のこと。

第五章　形式主義 - 実体主義論争以後

（1）　当初、アフリカの農業は独立後に次第に近代化されるだろうと考えられていた。ところが、「アフリカの年」と呼ばれた一九六〇年から二〇年が経過しても、一向に近代化は進まなかった。そのために、その原因の考察がなされた。その原因を、政治学者のゴラン・ハイデン（Göran Hydén）はアフリカ農民の独自性に求めた。彼の答えは、小農的生産様式と「情の経済」であった。前者は、家族主体で、家族間分業の未発達で、自給自足型の農業を指す。後者は、血縁や親族といった地域的ネットワークが市場よりもはるかに重視されていることを指す。ハイデンの考えでは、この二つの要因ゆえに、アフリカの小農たちは国家や市場の支配を逃れた独自の存在となっているのであった。こうしたアフリカ農民のイメージは、それまで従属論に従って描かれてきた農民イメージに反していた。それゆえに、一九八〇年代半ばに入って「市場や国家に捕捉されないアフリカの小農などいるのか」という論争が、ハイデンと彼に反対するマルクス主義者たちの間で引き起こされた。それが、ここで「アフリカの小農」の存在を確認する、と言っていることの背景である。さらには、本書第七章冒頭に登場する「アフリカに封建的生産様式はあったのか」という問いとも連結している。ようするに、アフリカにマルクスの発展段階論を直接当てはめられるような従属が事前に存在したのか否かという議論が起こっていたのである。詳しくは、鶴田格 二〇〇七「モラル・エコノミー論からみたアフリカ農民経済」『アフリカ研究』七〇巻、五一―六二頁、を参照のこと。

（2）　グードマンたちはここで紹介されている本（Gudeman and Rivera 1990）を出版する一年前に、「コロンビアの会話――大地の強さ Colombian Conversation: Strength of Earth」（Stephen Gudeman, Alberto Rivera, Richard Newbold Adams, Phyllis Deane, Jane I. Guyer and Lynn Hirschkind (1989), *Current Anthropology*, 30(3): 267-281.）という論考を書いている。その中でグードマンたちは、コロンビアの農民との会話から、大地や太陽の力が人間の労働や天候とどのよ

うに相互に組み合わさって作物が生み出されるのかという、ローカルな「力」についてのロジックを明らかにしている。その上でグードマンたちは、このコロンビアの土着の「力」についてのロジックと、ヨーロッパの古典的な経済学者たちが考えてきた労働と収益と貨幣についての理論——労働価値説や特に重農主義——を比較し、重ね合わせて論じている。ここで、同時代の社会に取り組む洗練された議論と言っているのは、このような手法のことを指している。

(3)　企業が消費行動を把握して最終的なマーケティング方針を決定する際には、あるいは政府や国際機関が経済に働きかけようとする際には、統計や数式などといった手立てを使ってモデル化した上で働きかける。その際に作られるモデルは、決して現実の経済や消費者と同等のものでもなければ、決して偽りでもない、仮想的《ヴァーチャル》な経済や消費者の姿である。そうしたモデル化によって、企業、政府、国際機関の活動方針が決定され、実際の経済のあり方を構築していく。他方で、そうした経済の在り方の中で生きる消費者もインターネット上での消費を通して、目前に実物として存在するモノを売買するのではなく、現物と嘘の狭間にある仮想的《ヴァーチャル》なイメージを見てモノを売買している。このように、経済学者、企業、政府、消費者もすべからく実体と虚構のいずれでもないものを基盤として、経済把握、マーケティング、消費行動を組み立てているのである。そのことを、ミラーはヴァーチャリズムと呼んで、現代資本主義社会における経済や消費を批評しようとした。

第六章　不平等な開発

(1)　英語のdevelopmentは、歴史的にさまざまな意味を帯びてきた語であり、日本語では「発展」、「開発」、「成長」などとさまざまな訳語が当てられている。本章では、ヴィクトリア朝時代から続く発展段階論の文脈では「発展」あるいは「発達」と訳し、近代化論の過程で登場した貧しい国や地域の支援という文脈では主に「開発」と訳し分けた。ただし、両方の意味を含む箇所では「発展・開発」と表記した。

(2)　この表現の背景には、従属理論（dependency theory）がある。従属理論は、ラテンアメリカにおいて第二次世界大戦後に中心的な開発理論・政策となっていた近代化論を批判するために生まれた。近代化の中心的手法は、既存の第一次産品を輸出する構造から脱して、国内資源を担保に欧米諸国から借りた資金で輸入代替工業化を推進することであった。輸入代替工業化は、過度に国内産業を保護したこと、技術力に国際競争力がなかったこと、国内市場の規模が小さかったこと、さらには第一次産品の国際価格が下落したこともあって、一九五〇年代末には行き詰まりはじめる。その行き詰まりの原因をマルクス主義の観点から批判的に考察したのが、従属理論である。その基本的な考え方は、中心部による周縁部の富の剥奪にある。国際的には、ラテンアメリカ地域は、一六世紀の植民地化からずっと植民地宗主国であるイギリス・フランス・スペイン・ポルトガルに、一九世紀末からは借款や技術力差などを理由としてアメリカ・イギリス・フランスなどに富を奪われてきた。こうした国際的な富の収奪と同じように、ラテンアメリカの各国内においては都市が農村部の富を吸い上げてきた。ようするに従属理論においては、中心部（＝欧米諸国、都市）に周縁部（＝ラテンアメリカ諸国、農村）の富を集めてしまうからこそ、周縁部はいつまでも低開発の状態に置かれ続けてきたと考えられてきたのである。こうした従属理論を発展させたのが、ウォーラーステインの世界システム論である。従属理論の影響力は、一九八〇年代に新興工業経済地域（略称 NIEs）が出てくると低下した。だが、今なお中心部による周縁部の富の収奪という発想は、国際的な貧富の格差を問題にする社会運動や政治分析では重要であり続けている。詳しくは、原田金一郎 一九九九「従属論」『新訂増補版　ラテン・アメリカを知る事典』（大貫良夫他監修）、二〇六—二〇七頁、平凡社、を参照のこと。

（3）　ハートとハンが依拠しているレオンチェフの英訳版では、当該箇所は「移ろいやすい実質的な内容（the ephemeral substantive content）」となっている。だが、彼らは「実質的」という語を省いて引用している。そのため、ここでは彼らの引用通りに訳出しておく。

（4）　『ローン・レンジャー』は西部劇を題材としたラジオ・ドラマで、一九三三年にアメリカで初放送され、後に映画化、コミック化もされた。主人公は白人男性でレンジャー隊に属していたが、ギャング団に自分以外の仲間を殺されて一人生き残る。その際に、彼はかつて命を救ったアメリカ先住民の男性に助けられる。その男性を友として連れて、主人公は仮面で正体を隠しギャング団に復讐していく。当時、白人とアメリカ先住民は対立していた。主人公は、アメリカ先住民側から憎まれる白人の一員でありながら、白人側からはギャングと繋がった権力者に消されかける。そうした対立する社会の狭間で活躍する姿が、現地社会の視点を基調としつつも官僚と民衆の狭間で立ち振る舞いたい人類学者の理想と重なるということである。

（5）　人類学者の中には、開発にまつわる人類学を二種類の研究上の立場によって区別しようとする者もいる。一つ目の立場は、人類学者が開発援助機関に直接参与して、人類学の知を政策科学に役立てようとする応用人類学的な立場を指す。それが、ここで著者たちが言っている新たに生まれた専門分野のことである。二つ目の立場は、学問内部にとどまって開発現象に起因する変化を記述・分析することを目的とし、開発プロジェクトには間接的にしか関与しない立場を指す。こちらの立場の代表が、第六章「アフリカの開発をめぐる人類学」の末尾で紹介されるファーガソンやエスコバルらである。

（6）　アブサという語は「三分の一」という意味でしかなく、地主・小作のどちらが収穫の三分の一を取り分とする側になるかは決まっていない。少なくとも現代においては、ヒルの説明とは逆に小作が収穫の三分の二を取る例が存在する（高根務 一九九九『ガーナのココア生産農民――小農輸出作物生産の社会的側面』日本貿易振興会アジア経済研究所）。

（7）　ハイチは、一八〇四年にラテンアメリカおよびカリブ海地域の中ではじめてヨーロッパの植民地支配を脱して独立した。ところが主要産業である農業は、独立後も欧米資本に大きく依存し、経済的な従属状態は続いた。さらには、一九世紀末から二〇世紀初頭には内乱が続いた上に、一九世紀後半からカリブ海を自らの影響下に置こうとするアメリカ合衆国の政策によって、国内は大きく翻弄された。従属論の説明通りに、植民地支配から政治的に独立できても、経済的な従属までは簡単に拭えない例が世界的に後を絶たなかったのである。

（8）　政治性を伴う問題を技術的な問題に還元し、見えなくしてしまうことを指す。本来開発には、支援団体や受け入れ国の政府、被援助者の思惑といったさまざまな政治性がつきものである。ところが、「支援」という政治性の薄い言葉で開発援助を行なったり、限られた人数に土地を改めて割り当てることを「家畜を持続的に商業管理するために必要である」という技術的な表現で正当化したりすることで、開発は政治性など一切伴わないかのような技術の問題にされてしまう。それを批判するためにファーガソンが生み出した言葉が、「反政治機械」である。

（9）　世界社会フォーラムは、多国籍企業の利益に沿った新自由主義的なグローバリゼーションを不可避のものと考える世界経済フォーラム（World Economic Forum，通称ダボス会議）に対抗して、グローバリゼーションの引き起こす諸問題に取り組むために、二〇〇一年にブラジルで創設された国際的な市民団体や市民個人の意見交換の場である。このフォーラムは、創設から毎年開催されてきた。ハートをはじめとして、このフォーラムに賛同する研究者たちは、世界社会フォーラムで提起された理想的な経済のあり方を学術的に精緻化するために「人間の経済」というポランニーの用語を選んだ。その意味で、世界社会フォーラムは本書執筆の基盤にある。そのことは本書では直接的に触れられていないが、ハートら編の『人間の経済——市民ガイドブック *The Human Economy: A Citizen's Guide*』(Hart, Laville and Cattani 2010)の序章の中で明確に指摘されている。そのガイドブックが一般市民向けに「人間の経済」を解説したものであるとすれば、世界社会フォーラムの動きを踏まえて研究者向けに「人間の経済」を位置づけ直したものが本書である。世界社会フォーラムについて詳しく知りたければ、山田敦 二〇〇八「反グローバル化の広がりと繋がり——世界社会フォーラムの事例」『国際政治』(日本国際政治学会)第一五三巻、一五七—一七四頁、を参照のこと。

第七章　社会主義的なオルタナティブ

(1)　ソ連共産党が、社会主義革命によって誕生すると想定した新たな国民像である。この像に適合する国民は、民族や文化などの差異を越えて、利己主義にとらわれずに集団として社会主義に奉仕する自覚的な存在とされる。なお、こうした社会主義革命によって覚醒した新たな人間というイメージは、ソ連のみならず世界中の共産主義や社会主義の国家で見られる。

(2)　綿花は、一九世紀半ばにロシア帝国の領土になって以降、ウズベキスタンの主要換金作物となり、今なお同国の国家経済にとって重要である。一九七〇年代後半から一九八〇年代初頭にかけて、当時のウズベキスタン共産党の指導者であったシャリフ・ラシドフがソ連中央政府の指示に反して、綿花の作付面積を不正に縮小し、ソ連には改竄した数値を報告していた。これが一九八三年に明るみに出てスキャンダル化し、ラシドフは自殺した。彼の死後に、ソ連中央政府は全ソ連を対象に反汚職キャンペーンを行なって、綿花スキャンダルに関わったウズベキスタンの多くの幹部たちが粛清された。

(3)　農民が自分たち家族の生存に不可欠な量を生産するだけではなく、それを越えて苦行と思われるほどまでに自発的に労働に励んでしまうことを指す。

（4）　社会主義の国有経済においては、生産力が資源制約の限度まで稼働させられ、その結果として労働力が追いつかなくなり、消費財の供給もうまくいかなくなる。こうした不足の連鎖が生じる経済のことを、コルナイは「不足の経済」と呼んで、ものに溢れている資本主義社会と対置した。その一方で、社会主義国における国有・国営企業は、国家の温情主義によって絶対的に守られている。企業の経営状態が悪化すれば、常に国家予算によって運転資金を与えられる。その上に、企業の側は実際には労働投入量と生産量を減らしていても、国に建前の数字を報告することで可能な限り多くの資金を得て、経営状態を維持できてしまう。その結果として、まず破綻が生じないのである。そのため表面上は問題が生じていないようだが、実際にモノは生産されておらず、常に不足しているという事態が生じる。詳しくは、ヤーノシュ・コルナイ一九八四『「不足」の政治経済学』（盛田常夫編訳）岩波現代選書、を参照のこと。

（5）　ここの意味は、以下のような事情で速度問題が後景に退いたということである。第一に、改革がはじまると蓄積した課題の優先順位の方が肝心になって、速度は最重要な問題ではなくなってしまった。第二に、世界市場への依存度があがった結果として、自分たちでは改革速度を決められなくなってしまった。

（6）　ソ連時代の集団農場は、そのままソ連崩壊後に協同組合に移行する場合が多かった。だが中には、株式会社化して農業企業になったところもある。そのため、集団農場で働いていた労働者全員が組合員になったわけではなかった。一部には農業企業の労働者になった者や離農した者もいた。そうした事情を踏まえて、ここでは「土地を使用し続けてきた組合員と労働者」という表現がされている。

（7）　制度や仕組みが過去の出来事によって一度決定されてしまうと、当初は偶然の出来事であったとしても必要性があるかのように続いてしまうことを指す。新古典派経済学では、複数の新技術が導入された場合、もっとも有効な技術が残ると考えられがちである。だが、実際にはそうではない場合も多い。そうした状況を説明するために生まれた概念である。当初は経済学で使われはじめたものであるが、後に政治学や他の分野でも使われるようになった。

第八章　一つの資本主義世界

（1）　植民地から珍しい高価な商品や安価な労働力（奴隷）をもち込むことで、国内に富を蓄積する経済の仕組みを指している。ヴェーバーが指摘したのは、このような外部からの富の獲得ではなく、むしろプロテスタンティズムの労働倫理によって西欧人の内面が変わったことがヨーロッパ資本主義における富の蓄積につながったということであった。

（2）　ヘーゲルは『法の哲学』の中で、国家支配の中で人格を実現する手段として所有を捉えて、物質的、精神的なもの（たとえば学問や芸術）などの所有も通じた主観的自由を位置づけようとした。そうした物質的、精神的なものを自らのものとすることが、専有という概念である。ミラーはこの専有という概念を転用し、消費をめぐるアイデンティティ形成を論じたのである。ヘーゲルの専有概念を文化人類学に関わる主題に転用したものとしてはミラーの例も有名だが、それ以上に有名なのが「文化の流用（cultural appropriation）」である。これは、ある文化の要素を別の文化に属するものが転用するという意味で、特にポスト植民地主義研究の文脈で使われている。

（3）　法的権利の面で、法人と自然人を区別しようとしたことを指す。当時アメリカでは、国全体に隙間なく鉄道網が整備されつつあった。そこに目をつけたカリフォルニア州政府は、鉄道会社に対する課税強化を目論んだ。具体的には、自然人に認められていた「財産に対する課税評価額から借金を除く権利」を鉄道会社に認めない条項を一八七八年から翌年に作られた新たな州憲法の草案に盛り込んだのである。これを不服とする二つの鉄道会社が、法人だけに不利益な基準を課すことは不当だと裁判所に訴えた。最終的に、最高裁判所は元奴隷の権利を確保する目的で作られた合衆国憲法修正一四条に基づいて、法人は自然人と平等な権利が認められるべきとの判決を下した。これ以来、法人は自然人にしか認められなかった権利をも有するようになった。

（4）　自らの本拠地外で金融資産を運用すること。こうした金融取引を呼び込むために、非居住者に対する租税環境を優遇している国や地域、いわゆるタックスヘイブンも多く存在する。

（5）　一九三三年に制定されて一九九九年まで存続したアメリカ合衆国の連邦法で、銀行に保険・証券などの他業務との兼業を禁じた法律である。その制定背景には、兼業型銀行が増えて、投資や詐欺によって預金被害が生じる例が増えたことがある。

第九章　私たちはここからどこへ向かうのか

（1）　「生命の受託責任」は、神が自らの被造物の管理を任せるために人を最後に創造したという聖書解釈に基づくキリスト教の用語である。ただし「受託責任」という語は、現在ではキリスト教の文脈を越えて、金融や製造物責任などの分野でも転用されている。とはいえ「生命の受託責任」という表現は、何らかの神が人間のために自然を創ったという世界観を前提しており、決して宗教的に中立な概念ではない。そうした概念が本書の結論部で突如登場しているのは、ポランニー自身がキリスト教徒を現実の経済問題と関わらせるべく懸命に説得しようとしていたこと、さらには現在イギリスでは「環境スチュワードシップ（Environmental Stewardship）」という語が環境負担の軽減を国が農民に委託するという意味で使われていることとおそらく関係がある。とはいえ、ポランニー自身も、彼を踏まえたハートとハン自身もが西洋キリスト教世界の相対化を試みていることを考えれば、「生命の受託責任」というキリスト教的な前提を孕む語を丁寧な説明もなく人類全体に当てはめようとすることには人類学者として警戒心をもつ必要がある。それが、「ヨーロッパの外」で非キリスト教徒として生きる訳者の考えである。

さらなる読書のための覚書

以下の覚書では、本書での議論について追加の情報源を示すだけでなく、さらに読書を進めるための教科書や概説書、二次文献などを紹介する。

第一章　導入――経済人類学

『人間の経済――市民ガイドブック *Human Economy: Citizen's Guide*』(Hart, Laville and Cattani 2010) は世界中から約三〇本の論考を集め、「人間の経済」の概念について探求している。ジェイムズ・キャリアが編んだ『経済人類学ハンドブック *Handbook of Economic Anthropology*』(Carrier 2005) は、この分野における現在の研究について書かれた中ではもっとも優れた一冊であり、新版に向けて改訂が目下進められている〔二〇一二年に改訂版が出版されている〕。私たちも寄稿した論文を書き直しているところである。雑誌『経済人類学研究 *Research in Economic Anthropology*』は、経済人類学研究会の機関誌として一九七〇年代から独創的な論文を掲載してきた。最近の教科書の中では、ネオ・マルクス主義的なアプローチに焦点を当てたナロツキーの『経済人類学の新たな方向性 *New Directions in Economic Anthropology*』(Narotzky 1997)、またさらに広い範囲を取り扱ったウィルクとクリゲットの『経済と文化——経済人類学の基礎 *Economies and Cultures: Foundations of Economic Anthropology*』(Wilk and Cliggett 2007) もある。考古学による原始経済に対する革新的なアプローチについては、シェラットの『先史ヨーロッパにおける経済と社会——変化するパースペクティブ *Economy and Society in Prehistoric Europe: Changing Perspectives*』(Sherratt 1997) が参考になる。ルソーの『不平等起源論』(ルソー 二〇〇八 (1754)) は私たちだけでなく、特に一九世紀の多くの先人たちに刺激を与えてきた。ザミートの『カント、ヘルダー、そして人類学の誕生 *Kant, Herder and the Birth of Anthropology*』(Zammito 2002) は、カントとヘルダーに関する最良の入門書である。

第二章　古代世界からインターネット時代までの経済

農耕時代の世界経済史について広い視点から見ていくためには、ハートの論文「農耕文明と世界社会 Agrarian civilization and world society」(Hart 2006)、あるいはグレーバーの『負債——貨幣と暴力の五〇〇〇年』(グレーバー 二〇一六 (2011)) を参照せよ。ポランニーの論文「アリストテレスによる経済の発見」(ポランニー 一九七五 a (1957a)) は、今なおアリストテレスとオイコノミアー論の優れた入門書である。マンデルの『マルクス主義経済理論入門 *An Introduction to Marxist Economic Theory*』(Mandel 1974) は一つの党派的な立場から経済思想史を要約してくれている。他方で、シュンペーターの『経済分析の歴史』(シュンペーター 二〇〇五—二〇〇六 (1954)) は、本気で学びたい読者には欠かせない案内書である。ウォーラーステインの『近代世界システムI——農業資本主義と「ヨーロッパ世界経済」の成立』(ウォーラーステイン 二〇一三 (1974)) は、一六世紀以降の「世界システム」の展開を概説してくれている。アダム・スミスの「見えざる手」に関しては、ルーバスの論考「アダム・スミスと市場の見えざる手？ Adam Smith and invisible hand- of the market?」（Lubasz 1992）を参照せよ。カール・マルクスに関しては、ブロックの『マルクス主義と人類学』（ブロック 一九九六（1983））とパターソンの『人類学者カール・マルクス *Karl Marx, Anthropologist*』（Patterson 2009）を見よ。ハートの『メモリー・バンク——不平等な世界における貨幣 *The Memory Bank: Money in an Unequal World*』（Hart 2000）は、デジタル革命が国家資本主義に及ぼす影響について論じている。

第三章　近代経済学と近代人類学の興隆

ハチスンの『経済学の革命と進歩』（ハチスン 一九八七（1978））は、経済学における限界革命のとっつきやすい入門書である。ヒース・ピアソンの「現地人化するホモ・エコノミクス（一八五九—一九四五年）：未開経済学の勃興と没落 Homo economicus goes native, 1851-1945: The rise of fall of primitive economics」（Pearson 2000）は、この章で取り扱った時代における経済学と人類学の関係について、もっとも広範に取り扱った論考である。ドイツの伝統に関しては、シュピットラーの『労働の人類学の創始者たち *Founders of the Anthropology of Work: German Social Scientists of the 19th and Early 20th Centuries and the First Ethnographers*』（Spittler 2008）、およびバックハウス編の『カール・ビュッヒャー——理論、歴史、人類学、非市場経済 *Karl Bucher: Theory, History, Anthropology, Non-market Economies*』（Backhaus 2000）を見よ。さらには、人類学にとってのドイツ歴史学派の重要性は、カーンの論考「経済主義に対する批判の歴史に向けて Towards a history of the critique of economism: the nineteenth-century German origins of the ethnographer's dilemma」（Kahn 1990）が概説している。ストッキングの『タイラー以後のイギリス社会人類学（一八八八—一九五一）*After Tylor: British Social*

Anthropology, 1888-1951』（Stocking 1996）は、一八八〇年代から一九五〇年代のイギリス学派を包括的に説明している。両大戦間期のアメリカ合衆国における経済学史は、ヨナイの『経済学の魂をめぐる闘い――両大戦間のアメリカにおける制度派経済学者と新古典派経済学者 *The Struggle over the Soul of Economics: Institutionalist and Neoclassical Economists in America Between the Wars*』（Yonay 1998）で研究されている。この時期のアメリカ人の人類学者たちについては、シルバーマンの論文「アメリカ合衆国 The United States」（Silverman 2004）が見事に論じている。クックの『商品文化を理解する――メキシコの事例研究による経済人類学分野の探究 *Understanding Commodity Cultures: Explorations in Economic Anthropology with Case Studies from Mexico*』（Cook 2004）は、メキシコを研究対象としたアメリカの経済人類学について、先駆者たちから現代まで概説している。シガウドの「『贈与論』をめぐる有為転変 The Vicissitudes of *The Gift*」（Sigaud 2002）は、モースの名著が複雑な形で受容されたことを追っている。これについては、ハートの論文「マルセル・モース――全体の探求 Marcel Mauss: in pursuit of the whole - a review essay」（Hart 2007）も参照のこと。

第四章　経済人類学の黄金期

この大論争を見ていく上でいまだに役に立つ中核的な論考は、ルクレールとシュナイダー編の『経済人類学 *Economic Anthropology: Readings in Theory and Analysis*』（Leclair and Schneider 1968）、そしてファース編の『経済人類学の論点 *Themes in Economic Anthropology*』（Firth 1967）の二つの論集である。ボハナンとドルトンが編んだ『アフリカの市場 *Markets in Africa*』（Bohannan and Dalton 1962）は、いまだに実体主義的な視点から眺めた市場《いちば》に関する優れた論集であり続けている。カール・ポランニーの生涯や業績に関しては、デールの『カール・ポランニー――市場の限界 *Karl Polanyi: The Limits of the Market*』(Dale 2010) を読むとよい。ハンとハート編の論集『市場と社会——今日の大転換 *Market and Society: The Great Transformation Today*』(2009) には、ポランニーの現代的意義を評価する複数の論考が含まれている。第二次世界大戦後の経済学界の形成については、ミロウスキの『機械の夢——サイボーグ科学化する経済学 *Machine Dreams: Economics Becomes a Cyborg Science*』(Mirowski 2002) を見よ。チャヤーノフについてさらに知りたいのであれば、デューレンバーガーの『チャヤーノフ、小農と経済人類学 *Chayanov, Peasants and Economic Anthropology*』(Durrenberger 1984) を参照するとよい。

第五章　形式主義 - 実体主義論争以後

ネオ・マルクス主義的なアプローチについては、ブロック編の『マルクス主義的分析と社会人類学 *Marxist Analyses and Social Anthropology*』(Bloch 1975b) および彼の『マルクス主義と人類学』(ブロック 一九九六 (1983)) を見よ。また、ハートの「経済人類学に対するマルクス主義の貢献 The contribution of Marxism to economic anthropology」(Hart 1983) も参照のこと。セドン編の『生産関係——経済人類学に対するマルクス主義的アプローチ *Relations of Production: Marxist Approaches to Economic Anthropology*』(Seddon 1978) は、一九六〇年代と一九七〇年代におけるフランスのマルクス主義人類学の主要論文を英語に翻訳したものである。ムーアの『フェミニズムと人類学 *Feminism and Anthropology*』(Moore 1988) は、人類学に対するフェミニストの貢献を概略的に検討している。また、女性交易者たちについてさらに知りたい場合はセリグマン編の『通文化的観点から見た女性交易者 *Women Traders in Cross-Cultural Perspective: Mediating Identities, Marketing Wares*』(Seligman 2001) を、またトルコについてより深く知りたい場合はスターリング編の『文化と経済——トルコ村

落における変容 *Culture and Economy: Changes in Turkish Villages*』（Stirling 1993）を見よ。ブライデンバッハとニーリの『文化を至るところに見る——大虐殺から消費習慣まで *Seeing Culture Everywhere: From Genocide to Consumer Habits*』（Breidenbach and Nyíri 2009）は、このところ私たちが「至るところに文化を見出す」理由を説明している。ミラーの『モノ *Stuff*』（Miller 2010）においては、「物質文化」に対する彼のアプローチが魅力的に説明されている。ステファン・グードマンの重要な貢献をめぐる議論については、レーヴィングの『ピープルド・エコノミー——ステファン・グードマンとの対話 *Peopled Economies: Conversations with Stephen Gudeman*』（Löfving 2005）を見よ。新制度派研究者たちの業績は、アチソン編の『人類学と制度派経済学 *Anthropology and Institutional Economics*』（Acheson 1994）において示されている。所有に関する近年の人類学論集には、ハン編の『所有関係——人類学的な伝統の更新 *Property Relations: Renewing the Anthropological Tradition*』（Hann 1998）や、ハントとギルマン編の『経済的な文脈における所有 *Property in Economic Context*』（Hunt and Gilman 1998）がある。ハーヴェイの『新自由主義——その歴史的展開と現在』（ハーヴェイ 二〇〇七（2005））は、新自由主義に対する手短な批判的入門書である。なお、ハーヴェイに先行する批判については、フリードランドとロバートソン編の『市場を越えて——経済と社会の再考 *Beyond the Marketplace: Rethinking Economy and Society*』（Friedland and Robertson 1990）を見よ。

第六章　不平等な開発

エリック・ウルフの『ヨーロッパと歴史なき人々 *Europe and the People without History*』（Wolf 1982）が描き出した、周縁から見た不均衡な発展に関しての人類学的な歴史は必読である。ルイスの『国際経済秩序の発展』（ルイス 二〇〇一（1978））は、二〇世紀の地球規模の開発に関して、とっつきやすい概説書となっている。世界銀行と国連開発計画はともに、使い勝手の良い比較統計に満ち溢れた年次報告書を刊行している。この分野における人類学者の役割についての概略は、ガードナーとルイスの『人類学、開発、ポスト近代の課題 *Anthropology, Development, Post-Modern Challenge*』(Gardner and Lewis 1996)に書かれている。加えて、政治的かつ制度的な諸問題については、ロバートソンの『生産をめぐる関係性の動態——比較視点から見たアフリカにおける分益契約 *The Dynamics of Productive Relationships: African Share Contracts in Comparative Perspective*』(Robertson 1984)は、アフリカの事例をマレーシアとの比較において検証している。さらには、デヴィッド・モスの『開発を耕す——支援をめぐる政策と実践の民族誌 *Cultivating Development: An Ethnography of Aid Policy and Practice*』(Mosse 2004)は、支援ビジネスの民族誌を提供している。さまざまな参与型手法についてのもっとも影響力のある先行研究は、ロバート・チェンバースの『第三世界の農村開発』(チェンバース 一九九五(1983))であった。また、ハリス編の『農村開発——農民経済と農業変化の理論 *Rural Development: Theories of Peasant Economy and Agrarian Change*』(Harriss 1982)および彼の『開発の脱政治化——世界銀行と社会資本 *Depoliticizing Development: The World Bank and Social Capital*』(Harris 2001)も参照せよ。パダヤチー編の『アフリカのポリティカル・エコノミー *The Political Economy of Africa*』(Padayachee 2010)には、アフリカの開発に関して広範囲にわたる興味深い論考が収められている。他方で、グーハ・クシャンスノービス他編の『フォーマル・エコノミーとインフォーマル・エコノミーをつなぐ *Linking the Formal and Informal Economy: Concepts and Policies*』(Guha-Khasnobis, Kanbur and Ostrom 2006)は、フォーマル・エコノミーとインフォーマル・エコノミーの関係についての学際的な入門書となっている。エスコバルの『開発と出会う——第三世界の構築と解体 *Encountering Development: The Making and Unmaking of The Third World*』(Escobar 1996)、さらにはファーガソンの『反政治機械――レソトにおける「開発」、脱政治化、官僚権力 *The Anti-Politics Machine: 'Development', Depoliticization and Bureaucratic Power in Lesotho*』（Ferguson 1990）と『近代性への期待――ザンビアの銅鉱山地帯の都市生活をめぐる神話と意味 *Expectations of Modernity: Myths and Meanings of Urban Life on the Zambian Copperbelt*』（Ferguson 2006）は、開発に対するもっとも優れた人類学的な批評となってきた。また、ラーネマとバウツリーは、『ポスト開発読本 *Post-Development Reader*』（Rahnema and Bawtree 1997）を編んでいる。

第七章　社会主義的なオルタナティブ

ハン編の『社会主義――理念、イデオロギー、実践 *Socialism: Ideals, Ideologies, Practices*』（Hann 1991）と『ポスト社会主義――理念、イデオロギー、ローカル実践 *Postsocialism: Ideals, Ideologies, Local Practices*』（Hann 2002）は、社会主義とポスト社会主義について考察した人類学論集である。ハンフリーの『ソ連経済の解体――社会主義以後の日常経済 *The Unmaking of the Soviet Economy: Everyday Economies after Socialism*』（Humphrey 2002）では、ソ連経済の崩壊がさまざまな角度から検証されている。中国農村における改革以前の時期については『現代中国における村落と家族 *Village and Family in Contemporary China*』（Parish and Whyte 1978）が、都市生活に関しては『現代中国における都市生活 *Urban Life in Contemporary China*』（Whyte and Parish 1984）が参考になる。中国における新自由主義の衝撃に関しては、フライシャーの『中国における持ち家新興階級――北京郊外における利害対立 *Housing China's Emerging Classes: Conflicting Interests in a Beijing Suburb*』（Fleischer 2010）、キプニスの『中国とポスト社会主義人類学――共産主義後の権力と社会の理論化 *China and Postsocialist Anthropology: Theorizing Power and Society after Communism*』（Kipnis 2008）およびロー

ファルの『別の近代性——中国における社会主義時代への思慕の生成 *Other Modernities: Gendered Yearnings in China after Socialism*』（Rofel 1999）を見よ。他方でアリギの『北京のアダム・スミス——二一世紀の諸系譜』（アリギ 二〇一一（2007））は、中国を「資本主義的」であると呼ぶには早過ぎると論じている。東欧における農地の私有化に関しては、ハン編の『所有関係——人類学的伝統の更新 *Property Relations: Renewing the Anthropological Tradition*』（Hann 1999）、ハンと「所有関係」グループの手になる『ポスト社会主義時代の農業問題 *The Postsocialist Agrarian Question: Property Relations and the Rural Condition*』（Hann and 'Property Relations' Group 2003）、さらにヴァーデリーの『消えゆくヘクタール——ポスト社会主義時代のトランシルヴァニアにおける財産と価値 *The Vanishing Hectare: Property and Value in Postsocialist Transylvania*』（Verdery 2003）を見よ。ポスト社会主義的な収奪とそれが労働者階級に及ぼした結果については、カルプとハルマイ編の『国家のトップニュース、階級の隠された意味 *Headlines of Nation, Subtext of Class: Working Class Populism and the Return of the Repressed in Neoliberal Europe*』（Kalb and Halmai 2011）において分析されている。またクリードの『仮面とポスト社会主義——ブルガリアにおける儀礼的・文化的な剥奪 *Masquerade and Postsocialism: Ritual and Cultural Dispossession in Bulgaria*』（Creed 2010）は、ブルガリア農民の間における社会的・文化的な剥奪を分析している。ウエストとラマン編の『持続する社会主義 *Enduring Socialism: Explorations of Revolution and Transformation, Restoration and Continuation*』（West and Raman 2009）は、社会主義が世界中に遺した遺産について探求している。ポスト社会主義とポスト植民地主義の比較に関しては、チャリとヴァーデリーの「〝ポスト〟の狭間で考える——冷戦後のポスト植民地主義とポスト社会主義そして民族誌 Thinking between the posts: postcolonialism and postsocialism and ethnography after the Cold War」（Chari and Verdery 2009）を読むとよい。

第八章　一つの資本主義世界

一九八〇年代の文化的転回における諸々の重要文献の共著者であったジョージ・マーカスは、*Ethnography through Thick and Thin*（Marcus 1998）において複数調査地の民族誌（multi-sited ethnography）を称揚したことで有名である。さらにマーカスは『信頼の中で生きる——二〇世紀末アメリカにおける創業者一族の財産 *Lives in Trust: The Fortunes of Dynastic Families in Late Twentieth-Century America*』（Marcus with Hall 1992）において、資本主義をめぐるいくつかの独創的な研究——その中の一つが、ハント一族による銀の世界市場独占の企てを取り上げた研究である——を提出した。トーマス・ハイランド・エリクセンの『グローバリゼーション——その中心概念 *Globalization: The Key Concepts*』（Eriksen 2007）はグローバリゼーションが提起した諸問題を徹底的に再検討している。彼はさらに経済問題により関心を寄せた「グローバリゼーション Globalization」（Eriksen 2010）という論考も出版している。クマールの『ポスト産業主義からポスト近代社会へ *From Post-Industrialism to Post-Modern Society*』（Kumar 1995）は、フォーディズムとポスト・フォーディズムを、「〝ポスト〟を冠した学問」というより広い文脈の中に位置づけた。また産業労働に関しては、モローナら編の『産業労働と生活 *Industrial Work and Life: An Anthropological Reader*』（Mollona et al., 2009）が、社会学者や歴史家による古典的研究と、現代の人類学者による研究とを組み合わせている。消費分野については、ミラー編の『消費を認識する *Acknowledging Consumption: A Review of New Studies*』（Miller 1996）を読むとよい。世界各地における知的所有権、文化的所有権を取り巻く問題は、ヴァーデリーとハンフリー編の『問われる所有権——グローバル経済の中における価値と変化 *Property in Question: Value and Transformation in the Global Economy*』（Verdery and Humphrey 2004）、そしてストラングとブッセ編の『所有と専有 *Ownership and Appropriation*』(Strang and Busse 2011) において探求されている。マウラーの「金融 Finance」(Maurer 2005b) と、「貨幣の人類学 Anthropology of Money」(Maurer 2006) は、急増する貨幣に関する論文を概観的にレビューしている。二〇〇八年に起こった金融危機に対する人類学的な洞察に関しては、ハートとオルティスの短い論文「金融危機の中の人類学 Anthropology in the financial crisis」(Hart and Ortiz 2008)、グードマンの「創造的破壊——効率性か公正か、あるいは崩壊か Creative destruction: efficiency, equity or collapse」(Gudeman 2010)、そしてフィッサーとカルプの「金融化資本主義はソビエトのスタイルか？ さまざまな国家捕獲と危機 Financialised Capitalism Soviet Style? Varieties of State Capture and Crisis」(Visser and Kalb 2010) を読むとよい。

第九章　私たちはここからどこへ向かうのか

ロボサムの『文化、経済、社会——生産の復権 *Culture, Economy and Society: Bringing Production Back In*』(Robotham 2005) は、生産という観点から「文化的転回」の遺産を見直していく必要性を強く主張している。ハートの『殺し屋のジレンマ——あるいは人格的かつ非人格的なビジネス *The Hit Man's Dilemma: Or Business, Personal and Impersonal*』(Hart 2005) は、社会的実在をめぐって次第に非人格的《インパーソナル》になっていく状況に対して、いかに人類が人格性《パーソン》を保ったまま取り組んでいくのかという中心的課題に、より深い水準で取り組んでいる。

参照文献

Acheson, J. (ed.) (1994) *Anthropology and Institutional Economics*. Lanham, MD: University Press of America.

Althusser, L. and Balibar, E. (1970 [1965]) *Reading Capital*. Ben Brewster (trans.), New York: New Left Books.（ルイ・アルチュセール、エチエンヌ・バリバール 一九七四『資本論を読む』権寧・神戸仁彦訳、合同出版社）

Appadurai, A. (ed.) (1986) *The Social Life of Things: Commodities in Cultural Perspective*. Cambridge: Cambridge University Press.

Applbaum, K. (2003) *The Marketing Era: From Professional Practice to Global Provisioning*. New York: Routledge.

Apthorpe, R. (ed.) (1970) *People, Planning and Development Studies: Some Reflections on Social Planning*. Brighton: Frank Cass.

Arrighi, G. (2007) *Adam Smith in Beijing: Lineages of the Twenty-first Century*. London: Verso.（ジョヴァンニ・アリギ 二〇一一『北京のアダム・スミス――二一世紀の諸系譜』中山智香子他訳、作品社）

Backhaus, J. (ed.) (2000) *Karl Bücher: Theory, History, Anthropology, Non-market Economies*. Marburg: Metropolis-Verlag.

Barth, F. (1966) Models of social organization. *Royal Anthropological Institute Occasional Papers*, No. 23, London.

Baudrillard, J. (1975) *The Mirror of Production*. Mark Poster (trans.), New York: Telos Press.（ジャン・ボードリヤール 一九八一『生産の鏡』宇波彰・今村仁司訳、法政大学出版局）

Bellér-Hann, I. and Hann, C. (2000) *Turkish Region: State, Market and Social Identities on the East Black Sea Coast*. Oxford:

James Currey.
Benson, P. and Kirsch, S. (2010) Capitalism and the politics of resignation. *Current Anthropology* 51(4): 459-86.
Berdahl, D. (1999) '(N)Ostalgie' for the present: memory, longing, and East German things. *Ethnos* 64 (2): 192-211.
Bettelheim, C. (1975 [1963]) *Economic Calculation and the Forms of Property*. John Taylor (trans.), New York: Monthly Review Press.（C・ベトレーム 一九七五『社会主義移行の経済理論』野口佑監訳、黒田美代子訳、亜紀書房）
Beynon, H. (1973) *Working for Ford*. London: Allen Lane, Penguin Education.（ヒュー・ベイノン 一九八〇『ショップ・スチュワードの世界——英フォードの工場活動家伝説』下田平裕身訳、鹿砦社）
Bird-David, N. (1992) Beyond the hunting and gathering mode of subsistence: observations on the Nayaka and other modern hunter-gatherers. *Man* 27(1): 19-44.
Bloch, M. (1975a) Property and the end of affinity. In M. Bloch (ed.), *Marxist Analyses and Social Anthropology*, London: Malaby Press: 203-28.
Bloch, M. (ed.) (1975b) *Marxist Analyses and Social Anthropology*. London: Malaby Press.
Bloch, M. (1983) *Marxism and Anthropology: The History of a Relationship*. Oxford: Oxford University Press.（モーリス・ブロック 一九九六『マルクス主義と人類学』山内昶・山内彰訳、法政大学出版局）
Bohannan, L. and Bohannan, P. (1968) *Tiv Economy*. Evanston, IL: Northwestern University Press.
Bohannan, P. (1955) Some principles of exchange and investment among the Tiv. *American Anthropologist* 57: 60-70.
Bohannan, P. (1959) The impact of money on an African subsistence economy. *The Journal of Economic History* 19: 491-503.
Bohannan, P. and Dalton, G. (eds.) (1962) *Markets in Africa*. Evanston, IL: Northwestern University Press.
Bourdieu, P. (1984) *Distinction: A Social Critique of the Judgment of Taste*. Richard Nice (trans.), London: Routledge.（ピエール・ブルデュー 一九九〇『ディスタンクシオン——社会的判断力批判　I・II』石井洋二郎訳、藤原書店）
Braverman, H. (1974) *Labor and Monopoly Capital: The Degradation of Work in the Twentieth Century*. New York: Monthly Review Press.（H・ブレイヴァマン 一九七八『労働と独占資本——二〇世紀における労働の衰退』富沢賢治訳、岩波書店）

Breidenbach, J. and Nyíri, P. (2009) *Seeing Culture Everywhere: From Genocide to Consumer Habits*. Seattle: University of Washington Press.

Bücher, K. (1896) *Arbeit und Rhythmus*. Leipzig: Emmanuel Renicke.（カール・ビュヒアー 一九七〇『作業歌——労働とリズム』高山洋吉訳、刀江書院）

Bücher, K. (1912 [1901]) *Industrial Evolution*. Morley Wickett (trans.), New York: Henry Holt and Company.（カール・ビュヒアー 一九四二『國民經濟の成立』權田保之助訳、第一出版）

Burawoy, M. (1979) *Manufacturing Consent: Changes in the Labor Process under Monopoly Capitalism*. Chicago: University of Chicago Press.

Burling, R. (1962) Maximization theories and the study of economic anthropology. *American Anthropologist* 64(4): 802-21.

Callon, M. (ed.) (1998) *The Laws of the Markets*. Oxford: Wiley-Blackwell.

Cancian, F. (1965) *Economics and Prestige in a Maya Community: The Religious Cargo System in Zinacantan*. Stanford: Stanford University Press.

Cancian, F. (1972) *Change and Uncertainty in a Peasant Economy: The Maya Corn Farmers of Zinacantan*. Stanford: Stanford University Press.

Carrier, J. (ed.) (2005) *A Handbook of Economic Anthropology*. Cheltenham: Edward Elgar.

Carrier, J. and Miller, D. (eds.) (1998) *Virtualism: A New Political Economy*. Oxford: Berg.

Castells, M. (1996) *The Rise of the Network Society: The Information Age: Economy, Society and Culture*, vol. I. Oxford: Blackwell.

Chambers, R. (1995 [1983]) *Rural Development: Putting the Last First*. New York: Prentice Hall.（ロバート・チェンバース 一九九五『第三世界の農村開発——貧困の解決—私たちにできること』穂積智夫・甲斐田万智子監訳、明石書店）

Chari, S. and Verdery, K. (2009) Thinking between the posts: postcolonialism, postsocialism and ethnography after the Cold War. *Comparative Studies in Society and History* 51(1): 6-34.

Chayanov, A. (1966 [1925]) *The Theory of Peasant Economy*. D. Thorner, B. Kerblay, and R.E.F. Smith (eds.), Homewood, IL: Richard D. Irwin.（アレクサンドル・チャヤーノフ 一九五七『小農経済の原理』磯辺秀俊・杉野忠夫訳、大明堂）

Chevalier, S. (2010) Material cultures of home. In R. Dowling (ed.), *The International Encyclopedia of Housing and Home*. Amsterdam: Elsevier: ch. 365.

Childe, G. (1981 [1936]) *Man Makes Himself*. London: Mononraker Press.（ゴールドン・チャイルド 一九五七『文明の起源 上・下』ねずまさし訳、岩波新書）

Clammer, J. (ed.) (1979) *The New Economic Anthoropology*. Basingstoke: Palgrave Macmillan.

Commons, J. (1934) *Institutional Economics: Its Place in Political Economy*. New York: Macmillan.（ジョン・ロジャーズ・コモンズ 二〇一五『制度経済学―政治経済学におけるその位置　上』中原隆幸訳、ナカニシヤ出版）

Cook, S. (1968) The obsolete ‘anti-market’ mentality: a critique of the substantive approach to economic anthropology. *American Anthropologist* 68: 323-45.

Cook, S. (1982) *Zapotec Stoneworkers:The Dynamics of Rural Simple Commodity Production in Modern Mexican Capitalism*. Lanham, MD: University Press of America.

Cook, S. (2004) *Understanding Commodity Cultures: Explorations in Economic Anthropology with Case Studies from Mexico*. Lanham, MD: Rowman and Littlefield.

Creed, G.W. (1998) *Domesticating Revolution: From Socialist Reform to Ambivalent Transition in a Bulgarian Village*. University Park, PA: The Pennsylvania State University Press.

Creed, G.W. (2010) *Masquerade and Postsocialism: Ritual and Cultural Dispossession in Bulgaria*. Bloomington, IN: Indiana University Press.

Dale, G. (2010) *Karl Polanyi: The Limits of the Market*. Cambridge: Polity Press.

Davis, M. (2006) *Planet of Slums*. New York: Verso.（マイク・デイヴィス 二〇一〇『スラムの惑星――都市貧困のグローバル化』酒井隆史（監修）、篠原雅武・丸山里美訳、明石書店）

Day, S. (2007) *On the Game: Women and Sex Work*. London: Pluto Press.

Demsetz, H. (1967) Toward a theory of property rights. *American Economic Review* 57(2): 347-59.

Dennis, N., Henriques, F. and Slaughter, C. (1956) *Coal Is Our Life: An Analysis of a Yorkshire Mining Community*. London: Eyre

& Spottiswoode.
Donham, D. (1990) *History, Power, Ideology: Central Issues in Marxism and Anthropology*. Cambridge: Cambridge University Press.
Donham, D. (1999) *Marxist Modern: An Ethnographic History of the Ethiopian Revolution*. Berkerley: University of California Press.
Douglas, M. (1962) Lele economy as compared with the Bushong. In P. Bohannan and G. Dalton (eds.), *Markets in Africa*. Evanston, IL: Northwestern University Press: 211-33.
Douglas, M. and Isherwood, B. (1979) *The World of Goods: Towards an Anthropology. of Consumption*. London: Allen Lane.（メアリー・ダグラス、バロン・イシャウッド 二〇一二『儀礼としての消費――財と消費の経済人類学』浅田彰・佐和隆光訳、講談社学術文庫）
Dumont, L. (1977) *From Mandeville to Marx: The Genesis and Triumph of Economis Ideology*. Chicago: University of Cicago Press.
Dunn, E. (2004) *Privatizing Poland: Baby Food, Big Business, and the Remaking of Labor*. Ithaca, NY: Cornell University Press.
Durkheim, E. (1960 [1893]) *The Division of Labour in Society*. W.D. Halls (trans.), Glencoe, IL: Free Press.（エミール・デュルケーム 一九八九『社会分業論　上・下』井伊玄太郎訳、講談社学術文庫）
Durkheim, E. (1965 [1912]) *The Elementary Forms of the Religious Life*. Joseph Ward Swain (trans.), Glencoe, IL: Free Press.（エミール・デュルケーム 二〇一四『宗教生活の基本形態――オーストラリアにおけるトテーム体系　上・下』山崎亮訳、ちくま学芸文庫）
Durrenberger, E.P. (ed.) (1984) *Chayanov, Peasants and Economic Anthropology*. New York: Academic Press.
Edgeworth, F.Y. (2009 [1881]) *Mathematical Psychics: An Essay on the Application of Mathematics the Moral Sciences*. Charleston, NC: BiblioBazaar.
Engels, F. (1972 [1884]) *The Origin of the Family, Private Property, and the State*. Alick West (trans.), New York: Pathfinder Press.（エンゲルス 一九九九『家族・私有財産・国家の起源』土屋保男訳、新日本出版社）

Engels, F. (2008 [1845]) *The Condition of the Working-Class in England in 1844*. Florence Kelley Wischnewetzky (trans.), New York: Cosimo Classics.（エンゲルス 二〇〇〇『イギリスにおける労働者階級の状態　上・下』浜林正夫訳，新日本出版社）

Ensminger, J. (1992) *Making a Market: The Institutional Transformation of an African Society*. Cambridge: Cambridge University Press.

Eriksen, T. (2007) *Globalization: The Key Concepts*. Oxford: Berg.

Eriksen, T. (2010) Globalization. In K. Hart, J.-L. Laville and A. Cattani (eds.), *The Human Economy: A Citizen's Guide*. Cambridge: Polity Press: 21-31.

Escobar, A. (1996) *Encountering Development: The Making and Unmaking of the Third World*. Princeton, NJ: Princeton University Press.

Fei, H.-T. (1939) *Peasant Life in China: A Field Study of Country Life in the Yangtze Valley*. London: Routledge & Kegan Paul.（費孝通 一九三九『支那の農民生活――揚子江流域に於ける田園生活の實態調査』仙波泰雄・塩谷安夫訳，生活社）

Ferguson, J. (1990) *The Anti-Politics Machine: 'Development', Depoliticization and Bureaucratic Power in Lesotho*. Cambridge: Cambridge University Press.

Ferguson, J. (1999) *Expectations of Modernity: Myths and Meanings of Urban Life on the Zambian Copperbelt*. Berkeley: University of California Press.

Ferguson, J. (2006) *Global Shadows: Africa in the Neoliberal World Order.* Duraham, NC: Duke University Press.

Firth, R. (1929) *Primitive Economics of the New Zealand Maori*. London: Routledge,

Firth, R. (1939) *Primitive Polynesian Economy*. London: Routledge.

Firth, R. (ed.) (1967) *Themes in Economic Anthropology*. London: Tavistock Publications.

Fleischer, F. (2010) *Housing China's Emerging Classes: Conflicting Interests in a Beijing Suburb*. Minneapolis, MN: Minnesota University Press.

Foster, G. (1942) *A Primitve Mexican Economy.* New York: J.J. Agustin.

Foster, G. (1948) *Empire's Children: The People of Tzintzuntzan*. Washington, DC: Smithsonian Institution.

Foster, G. (1965) Peasant society and the image of limited good. *American Anthropologist* 67(2): 293-315.

Foucault, M. (1973 [1966]) *The Order of Things: An Archaeology of the Human Sciences*. Alan Sheridan (trans.), New York: Vintage Books.（ミシェル・フーコー 一九七四『言葉と物――人文科学の考古学』渡辺一民・佐々木明訳、新潮社）

Fournier, M. (2006 [1994]) *Marcel Mauss: A Biography*. Jane Marie Todd (trans.), Pricenton, NJ: Princeton University Press.

Frank, A.G. (1998) *Re-Orient: Global Economy in the Asian Age*. Berkeley: Unibersity of California Press.（アンドレ・グンダー・フランク 二〇〇〇『リオリエント――アジア時代のグローバル・エコノミー』山下範久訳、藤原書店）

Frankenberg, R. (1966) *Communities in Britain: Social Life in Town and Country*. Harmondsworth: Penguin Books.

Frazer, J.G. (1909) *Psyche's Task, a Discourse Concerning the Influence of Superstition on the Growth of Institutions*. London: Macmillan.（フレイザー 一九三九『サイキス・タスク――俗信と社会制度』永橋卓介訳、岩波文庫）

Frazer, J.G. (1984 [1890]) *The Golden Bough: A Study in Religion and Magic*. Oxford: Oxford University Press.（J・G・フレイザー 二〇〇三『初版　金枝篇　上・下』吉川信訳、ちくま学芸文庫）

Friedland, R. and Robertson, A.F. (eds.) (1990) *Beyond the Marketplace: Rethinking Economy and Society*. New York: Aldine de Gruyter.

Friedman, J. (1975) Tribes, states and transformations. In M. Bloch (ed.), *Marxist Analyses and Social Anthropology*. London: Malaby Press: 161-202.

Friedman, J. (1994) *Cultural Identity and Global Process*. London: Sage Publications.

Fukuyama, F. (1992) *The End of History and the Last Man*. New York: Free Press.（フランシス・フクヤマ 二〇〇五『歴史の終わり　上・下』渡部昇一訳、三笠書房）

Fustel de Coulanges, N. (1980 [1864]) *The Ancient City: A Study on the Religion, Laws, and Institutions of Greece and Rome*. Baltimore, MD: Johns Hopkins University Press.（フュステル・ド・クーランジュ 一九九五『古代都市――ギリシア・ローマに於ける宗教・法律・制度の研究』田辺貞之助訳、白水社）

Gamble, C. (2007) *Origins and Revolutions: Human Identity in Earliest Prehistory*. Cambridge: Cambridge University Press.

Gardner, K. and Lewis, D. (1996) *Anthropology, Development and the Post-Modern Challenge*. London: Pluto Press.

Geertz, C. (1963) *Peddlers and Princes: Social Change and the Economic Modernization in Two Indonesian Towns*. Chicago: University of Chicago Press.

Geertz, C. (1979) *Suq*: the bazaar economy in Sefrou. In C. Geertz, H. Geertz and L. Rosen, *Order and Meaning in Moroccan Society: Three Essays in Cultural Analysis*. Cambridge: Cambridge University Press: 123-225.

Gellner, E. (1988) *State and Society in Soviet Thought*. Oxford: Basil Blackwell.

Ghazanfar, M. and Islahi, A. (1997) *Economic Thought of Al-Ghazali*. Jeddah: King Abdulaziz University.

Gluckman, M. (1965) *The Ideas in Barotse Jurisprudence*. New Haven, CT: Yale University Press.

Gluckman, M. (ed.) (1964) *Closed Systems and Open Minds: The Limits of Naïvety in Social Anthropology*. Chicago: Aldine.

Godelier, M. (1972 [1966]) *Rationality and Irrationality in Economics*. Brian Pearce (trans.), London: New Left Books.（モーリス・ゴドリエ 一九八四『経済における合理性と非合理性――経済人類学への道』今村仁司訳，国文社）

Godelier, M. (1999) *The Enigma of the Gift*. Nora Scott (trans.), Cambridge: Polity Press.（モーリス・ゴドリエ 二〇一四『贈与の謎』山内昶訳，法政大学出版局）

Goody, J. (1976) *Production and Reproduction: A Comparative Study of the Domestic Domain*. Cambridge: Cambridge University Press.

Goody, J. (2010) *The Eurasian Miracle*. Cambridge: Polity Press.

Goody, J. and Tambiah, S. (1973) *Bridewealth and Dowry*. Cambridge: Cambridge University Press.

Graeber, D. (2001) *Toward an Anthropological Theory of Value: The False Coin of Our Own Dreams*. New York: Palgrave Macmillan Press.

Graeber, D. (2011) *Debt: The First 5,000 Years*. New York: Melville House.（デヴィッド・グレーバー 二〇一六『負債論――貨幣と暴力の五〇〇〇年』酒井隆史・高祖岩三郎・佐々木夏子訳，以文社）

Green, S. (1997) *Urban Amazons: Lesbian Feminism and Beyond in the Gender, Sexuality and Identity Battles of London*. Basingstoke: Palgrave Macmillan Press.

Gregory, C. (1982) *Gifts and Commodities*. New York: Academic Press.

Gregory, C. (1997) *Savage Money: The Anthropology and Politics of Commodity Exchange*. Amsterdam: Harwood Academic Publishers.

Gregory, C. (2009) Whatever happened to householding? In C. Hann and K. Hart (eds.), *Market and Society: The Great Tramformation Today*. Cambridge: Cambridge University Press: 133-59.

Gudeman, S. (1978) *The Demise of a Rural Economy: From Subsistence to Capitalism in a Latin American Village*. London: Routledge.

Gudeman, S. (1986) *Economics as Culture: Models and Metaphors of Livelihood*. London: Routledge & Kegan Paul.

Gudeman, S. (2001) *The Anthropology of Economy: Community, Market, and Culture*. Malden, MA: Wiley-Blackwell.

Gudeman, S. (2008) *Economy's Tension: The Dialectics of Community and Market*. Oxford: Berghahn Books.

Gudeman, S. (2010) Creative destruction: efficiency, equity or collapse? *Anthropology Today* 26 (1): 3-7.

Gudeman, S. and Rivera, A. (1990) *Conversations in Colombia: The Domestic Economy in Life and Text*. Cambridge: Cambridge University Press.

Guha-Khasnobis, B., Kanbur, R. and Ostrom, E. (eds.) (2006) *Linking the Formal and Informal Economy: Concepts and Policies*. Oxford: Oxford University Press.

Guyer, J. (2004) *Marginal Gains: Monetary Transactions in Atlantic Africa*. Chicago: Chicago University Press.

Hann, C. (1980) *Tázlár: A Village in Hungary*. Cambridge: Cambridge University Press.

Hann, C. (ed.) (1991) *Socialism: Ideals, Ideologies, Practices*. London: Routledge.

Hann, C. (1993) From production to property: decollectivization and the family-land relationship in contemporary Hungary. *Man* 28(2): 299-320.

Hann, C. (ed) (1998) *Property Relations: Renewing the Anthropologitcal Tradition*. Cambridge: Cambridge University Press.

Hann, C. (ed) (2002) *Postsocialism: Ideals, Ideologies, Local Practices*. London: Routledge.

Hann, C. (ed) (2009) Embedded socialism? Land, labour and money in eastern Xinjiang. In C. Hann and K. Hart (eds.), *Market and*

Society: The Great Transformation Today. Chambridge: Cambridge University Press: 256-71.

Hann, C. and Hart, K. (eds.) (2009) *Market and Society: The Great Transformation Today*. Cambridge: Cambridge University Press.

Hann, C. and the 'Property Relations' Group (2003) *The Postsocialist Agrarian Question: Property Relations and the Rural Condition*. Münster: LIT Verlag.

Haraszti, M. (1977) *A Worker in a Worker's State*. Michael Wright (trans.), London: Pelican Books.

Hardin, G. (1968) The tragedy of the commons. *Science* 162: 1243-8.

Harriss, J. (ed.) (1982) *Rural Development: Theories of Peasant Economy and Agarian Change*. London: Hutchinson.

Harriss, J. (2001) *Depoliticizing Development: The World Bank and Social Capital*. London: Anthem Books.

Hart, K. (1973) Informal income opportunities and urban employment in Ghana. *Journal of Modern African Studies* 11(1): 61-89.

Hart, K. (1982) *The Political Economy of West African Agriculture*. Cambridge: Cambridge University Press.

Hart, K. (1983) The contribution of Marxism to economic anthropology. In S. Ortiz (ed.), *Economic Anthropology: Topics and Theories*. Lanham, MD: University Press of America:105-44.

Hart, K. (1986) Heads or trails? Two sides of the coin. *Man* 21(4): 637-56.

Hart, K. (2000) *The Memory Bank: Money in an Unequal World*. London: Profile; republished in 2001 as *Money in an Unequal World*. New York: Texere.

Hart, K. (2002) World society as an old regime. In C. Shore and S. Nugent (eds.), *Elite Cultures: Anthropological Perspectives*. London: Routledge: 22-36.

Hart, K. (2005) *The Hit Man's Dilemma: Or Business, Personal and Impersonal*. Chicago: Prickly Paradigm Press.

Hart, K. (2006) Agrarian civilization and world society. In D. Olson and M. Cole (eds.), *Technology, Literacy and the Evolution of Society: Implications of the Work of Jack Goody*. Mahwah, NJ: Lawrence Erlbaum: 29-48.

Hart, K. (2007) Marcel Mauss: in pursuit of the whole - a review essay. *Comparative Studies in Society and History* 49(2): 473-85.

Hart, K. and Ortiz, H. (2008) Anthropology in the financial crisis. *Anthropology Today* 24(6): 1-3.

Hart, K. and Sperling, L. (1987) Cattle as capital. *Ethnos* 52(3-4): 324-38.

Hart, K., Laville, J. and Cattani, A.D. (eds.) (2010) *The Human Economy: A Citizen's Guide*. Cambridge: Polity Press.

Harvey, D. (2005) *A Brief History of Neoliberalism*. Oxford: Oxford University Press.（デヴィッド・ハーヴェイ 二〇〇七『新自由主義――その歴史的展開と現在』渡辺治監訳，森田成也・木下ちがや・大家定晴・中村好孝訳，作品社）

Hegel, G. (1952 [1821]) *The Philosophy of Right*. T.M. Knox (trans.), London: Oxford University Press.（ヘーゲル 二〇一四『法の哲学　I・II』藤野渉・赤沢正敏訳，中央公論新社）

Henrich, J. (ed.) (2004) *Foundations of Human Sociality: Economic Experiments and Ethnographic Evidence from Fifteen Small-scale Societies*. Oxford: Oxdord University Press.

Herskovits, M. (1952 [1940]) *Economic Anthropology: The Economic Life of Primitive Peoples*. New York: W.W. Norton.

Hertz, E. (1998) *The Trading Crowd: An Ethnography of the Shanghai Stock Market*. Cambridge: Cambridge University Press.

Hill, P. (1963) *Migrant Cocoa-Farmers of Southern Ghana*. Cambridge: Cambridge Univerisity Press.

Hill, P. (1972) *Rural Hausa: A Village and a Setting*. Cambridge: Cambridge University Press.

Hill, P. (1986) *Development Economics on Trial: The Anthropological Case for a Prosecution. Cambridge:* Cambridge University Press.

Ho, K. (2009) *Liquidated: An Ethnography of Wall Street*. Durham, NC: Duke University Press.

Hobsbawm, E. (1994) *Age of Extremes: The Short Twentieth Century, 1914–1991*. London: Abacus.（エリック・ホブズボーム 一九九六『二〇世紀の歴史――極端な時代　上・下』河合秀和訳，三省堂）

Holmström, M. (1976) *South Indian Factory Workers: Their Life and Their World*. Cambridge: Cambridge University Press.

Holmström, M. (1984) *Industry and Inequality: The Social Anthropology of Indian Labour*. Cambridge: Cambridge University Press.

Howe, L. (1990) *Being Unemployed in Northern Ireland: An Ethnographic Study*. Cambridge: Cambridge University Press.

Humphrey, C. (1983) *Karl Marx Collective: Economy, Society and Religion in a Siberian Collective Farm*. Cambridge: Cambridge University Press.

Humphrey, C. (2002) *The Unmaking of the Soviet Life: Everday Economies after Socialism*. Ithaca, NY: Cornell University Press.

Hunt, R. and Gilman, A. (eds.) (1998) *Property in Economic Context*. Lanham, MD: University Press of America.

Hutchinson, T. (1978) *On Revolutions and Progress in Economic Knowledge*. Cambridge: Cambridge University Press.（T・W・ハチスン 一九八七『経済学の革命と進歩』早坂忠訳、春秋社）

Internarional Labour Office (1972) *Employment, Incomes and Inequality in Kenya*. Geneva: ILO.

Jahoda, M., Lazarsfeld, P.F. and Zeisel, H. (2002) *Marienthal: The Sociography of an Unemployed Community*. New Brunswick, NJ: Transaction Publishers.

Jasarevic, L. (2009) Grave economy, good life: notes from the Bosnian market. Paper presented at the conference 'Beyond the Wall: twenty years of Europeanisation as seen from the formaer Yugoslavia', Belgrade, 13-16 December.

Johns, A. (2009) *Piracy: The Intellectual Property Wars from Gutenberg to Gates*. Chicago: Univerisity of Chicago Press.

Johnson, A. (1980) The limits of formalism in agricultural decision reserach. In P. Barlett (ed.), *Agricultual Decision Making*. New York: Academic Press: 19-43.

Josephides, L. (1985) *The Production of Inequality: Genders and Exchange among the Kewa*. London: Tavistock Publications.

Kahn, J. (1990) Towards a history of the critique of economism: the nineteenth-century German origins of the ethnographer's dilemma. *Man* 25(2): 230-49.

Kalb, D. and Halmai, G. (eds.) (2011) *Headlines of Nation, Subtexts of Class: Working-Class Populism and the Return of the Repressed in Neoliberal Europe*. Oxford: Berghahn Books.

Keynes, J.M. (1936) *The General Theory of Employment, Interest and Money*. London: Macmillan.（ケインズ 二〇〇八『雇用、利子および貨幣の一般理論　上・下』間宮陽介訳、岩波文庫）

Khaldun, Ibn. (1987) *The Muqaddimah: An Introduction to History*. Franz Rosenthal (trans.), London: Routledge & Kegan Paul.（イブン＝ハルドゥーン 二〇〇一『歴史序説　一―四』森本公誠訳、岩波文庫）

Kipnis, A. (2008) *China and Postsocialist Anthropology: Theorizing Power and Society after Communism*. Norfolk, CT: Eastbridge Books.

Knight, F. (1999 [1941]) Anthropology and economics. In *Selected Essays by Frank H. Knight, Volume II*. Ross B. Emmett (ed.),

Chicago: University of Chicago Press: 107- 25.

Knight, F. (2009 [1921]) *Risk, Uncertainty and Profit*. New York: Dover Publications.（F・H・ナイト 一九五九『危険・不確實性および利潤』奥隅榮喜訳，文雅堂書店）

Konstantinov, Y. (1997) Patterns of reinterpretation: trader-tourism in the Balkans (Bulgaria) as a picaresque metaphorical encatment of post-totalitarianism *American Ethnologist* 23(4): 762-82.

Kopytoff, I. (1986) The cultual biography of things: commoditization as process. In A. Appadurai (ed.), *The Social Life of Things: Commodities in Cultural Perspective*. Cambridge: Cambridge University Press: 64-91.

Kornai, J. (1980) *Economics of Shortage*. Amsterdam: North Holland Publishing Company.

Kornai, J. (2001) The borderline between the spheres of authority of the citizen and the state: recommendations for the Hungarian health reform. In J. Kornai, S. Haggard and R.B. Kaufman (eds.), *Reforming the State: Fiscal and Welfare Reform in Post-socialist Countries*. Cambridge: Cambridge University Press: 181-209.

Kropotkin, P. (1902) *Mutual Aid: A Factor of Evolution*. London: William Heinemann.（ピョートル・クロポトキン 二〇一二『増補版　相互扶助論』大杉栄訳，同時代社）

Kumar, K. (1995) *From Post–Industrialism to Post–Modern Society: New Theories of the Contemporary World*. Oxford: Wiley-Blackwell.

Lampland, M. (1995) *The Object of Labor: Commodification in Socialist Hungary*. Chicago: University of Chicago Press.

Landa, J.T. (1994) *Trust, Ethnicity, and Identity: Beyond the New Institutional Economics of Ethnic Trading Networks, Contract Law, and Gift-Exchange*. Ann Arbor, MI: University of Michigan Press.

Leach, E.R. (1961) *Pul Eriya, a Village in Ceylon: A Study of Land Tenure and Kinship*. Cambridge: Cambridge University Press.

Leacock, E. (1978) Women's status in egalitarian society: implications for social evolution. *Current Anthropology* 19(2): 247-75.

Leclair, E. and Schneider, H. (eds.) (1968) *Economic Anthropology: Readings in Theory and Analysis*. New York: Holt Rinehart Winston,

Lee, R.B. (1979) *The !Kung San: Men, Women and Work in a Foraging Society*. Cambridge: Cambridge University Press.

Lenin, V.I. (2004 [1899]) *The Development of Capitalism in Russia*. Honolulu: University Press of the Pacific.（レーニン 一九七九—一九八一『ロシアにおける資本主義の発展　上・中・下』山本敏訳、岩波文庫）

Leontief, W. (1977) *Essays in Economics vol. 2: Theories, Facts and Politics*. New York: M.E. Sharpe.

Lewis, W.A. (1978) *The Evolution of the International Economic Order*. Princeton, NJ: Princeton University Press.（W・アーサー・ルイス 二〇〇一『国際経済秩序の発展』水上健造訳、文化書房博文社）

Lien, M. (1997) *Marketing and Modernity*. Oxford: Berg.

Lipton, D. and Sachs, J. (1990) Creating a market economy in Eastern Europe: the case of Poland. *Brookings Papers on Economic Activity* 1: 75-147.

Locke, J. (1960 [1690]) *Two Treatises of Government*. Cambridge: Cambridge University Press.（ジョン・ロック 二〇一〇『完訳　統治二論』加藤節訳、岩波文庫）

Löfving, S. (ed.) (2005) *Peopled Economies: Conversations with Stephen Gudeman*. Uppsala: Interface.

Lubasz, H. (1992) Adam Smith and the invisible hand--of the market? In R. Dilley (ed), *Contesting Markets: Analyses of Ideology, Discourse and Practice*. Edinburgh: Edinburgh University Press: 37-56.

Malinowski, B. (1921) The primitive economics of the Trobriand Islanders. *Economic Journal* 31: 1-16.

Malinowski, B. (1922) *Argonauts of the Western Pacific: An Account of Native Enterprise and Adventure in the Archipelagos of Melanesian New Guinea*. London: Routledge & Kegan Paul.（マリノフスキー 一九八〇「西太平洋の遠洋航海者」（寺田和夫・増田義郎訳）『世界の名著七一　マリノフスキー／レヴィ＝ストロース』泉靖一責任編集、中央公論社、五五—三四二頁）

Malinowski, B. (1926) *Crime and Custom in Savage Society*. London: Routledge & Kegan Paul.（マリノフスキー 二〇〇二『未開社会における犯罪と慣習——付文化論』青山道夫訳、新泉社）

Malinowski, B. (1935) *Coral Gardens and Their Magic: A Study of the Methods of Tilling the Soil and of Agricultural Rites in the Trobriand Isiands* (2 vols.). London: Allen & Unwin.

Malinowski, B. and de la Fuente, J. (1982) *Malinowski in Mexico: Economics of a Mexican Market System*. S. Drucker-Brown (ed.),

London Routledge.（B・マリノフスキー、J・デ・ラ・フエンテ 一九八七『市の人類学』信岡奈生訳、平凡社）
Mandel, E. (1974) *An Introduction to Marxist Economic Theory*. London: Pathfinder Press.
Marcus, G. (1998) *Ethnography through Thick and Thin*. Princeton, NJ: Princeton University Press.
Marcus, G. with Hall, P. (1992) *Lives in Trust: The Fortunes of Dynastic Families in Late Twentieth-Century America*. Boulder, CO: Westview Press.
Marshall, A. (1890) *Principles of Economics*. London: Macmillan.（アルフレッド・マーシャル 一九八五『経済学原理――序説 一―四』永沢越郎訳、岩波ブックセンター信山社）
Marx, K. (1970 [1867]) *Capital*, Volume I. Samuel Moore and Edward Aveling (trans.), London: Lawrence and Wishart.（カール・マルクス 一九七二『資本論 第一巻』岡崎次郎訳、大月書店）
Marx, K. (1973 [1859]) *Grundrisse: Foundations of the Critique of Political Economy*. Martin Nicholaus (trans.), New York: Vintage Books.（カール・マルクス 一九五八―一九六五『経済学批判要綱（草案）――一八五七―一八五八年 一―五巻』高木幸二郎監訳、大月書店）
Marx, K. & Engels, F. (1998 [1848]) *Manifesto of the Communist Party*. Samuel Moore (trans.), New York: Penguin Book.（マルクス＝エンゲルス 二〇〇九『マルクス・フォー・ビギナー1 共産党宣言』村田陽一訳、大月書店）
Maurer, B.（2005a）*Mutual Life, Limited: Islamic Banking, Alternative Currencies, Lateral Reason*. Princeton, NJ: Princeton Unibersity Press.
Maurer, B. (2005b) Finance. In J. Cariier (ed.), *Handbook of Economic Anthropogy*. Cheltenham: Edward Elgar: 176-93.
Maurer, B. (2006) Anthropology of Money. *Annual Review of Anthropology* 35: 15-36.
Mauss, M. (1990 [1925]) *The Gift: The Form and Reason for Exchange in Archaic Societies*. W.D. Halls (trans.), London: Routledge.（マルセル・モース 二〇一四『贈与論 他二篇』森山工訳、岩波文庫）
Mauss, M. (1997) *Écrits politiques*. M. Fournier (ed.), Paris: Fayard.
Mayhew, H. (1968 [1861-2]) *London Labour and the London Poor* (4 vols.). London: Dover Publications.（ヘンリー・メイヒュー 二〇一三『ロンドン貧乏物語――ヴィクトリア時代呼売商人の生活誌』植松靖夫訳、悠書館）

Mazzarella, W. (2003) *Shoveling Smoke: Advertising and Globalization in Contemporary India*. Durham, NC: Duke University Press.

Meadows, Donella, Meadows, Dennis, Rander, J. and Behrens, W. (2004 [1972]) *The Limits to Growth: The 30-year update*. London: Earthscan.（ドネラ・H・メドウズ、デニス・L・メドウズ、ヨルゲン・ランダース 二〇〇五『成長の限界――人類の選択』枝廣淳子訳、ダイヤモンド社）

Meillassoux, C. (1964) *Anthropologie économique des Gouro de Côte d'Ivoire: de l'économie de subsistance à l'agriculture commerciale*. Paris: Mouton.

Meillassoux, C. (1981) *Maidens, Meal and Money: Capitalism and the Domestic Community*. Cambridge: Cambridge University Press.

Mill, J.S. (1999 [1848]) *Principles of Political Economy: With Sone of Their Applications to Social Philosophy*. Oxford: Oxford University Press.（J・S・ミル 一九五九―一九六三『経済学原理 一―五』末永茂喜訳、岩波文庫）

Miller, D. (1987) *Material Culture and Mass Consumption*. Oxford: Basil Blackwell.

Miller, D. (ed.) (1996) *Acknowledgeing Consumption: A Review of New Studies*. London: Routledge.

Miller, D. (1998) *A Theory of Shopping*. Ithaca, NY: Cornell University Press.

Miller, D. (2010) *Stuff*. Cambridge: Polity Press.

Mintz, S. (1961) *Worker in the Cane: A Puerto Rican Life History*. New Haven, CT: Yale University Press.

Mintz, S. (1986) *Sweetness and Power: The Place of Sugar in Modern History*. New York: Viking.（シドニー・W・ミンツ 一九八八『甘さと権力――砂糖が語る近代史』川北稔・和田光弘訳、平凡社）

Mirowski, P. (2002) *Machine Dreams: Economics Becomes a Cyborg Science*. Cambridge: Cambridge University Press.

Mollona, M. (2009) *Made in Sheffield: An Ethnography of Industrial Work and Politics*. Oxford: Berghahn Books.

Mollona, M., De Neve, G. and Parry, J. (eds.) (2009) *Industrial Work and Life: An Anthropological Reader*. Oxford: Berg.

Montesquieu, C.-L. (1989 [1748]) *The Spirit of the Laws*. Chicago: Encyclopaedia Britannica.（モンテスキュー 二〇一六『法の精神』井上堯裕訳、中央公論新社）

Moore, H. (1988) *Feminism and Anthropology*. Cambridge: Polity Press.

Morgan, L.H. (1877) *Ancient Society, or Researches in the Lines of Human Progress from Savagery through Barbarism to Civilisation*. Chicago: C.H. Kerr.（ルイス・モルガン 二〇〇八『古代社会　上・下』高畠素之・村尾昇一訳、日本図書センター）

Mosse, D. (2004) *Cultivating Development: An Ethnography of Aid Policy and Practice*. London: Pluto Press.

Müller, B. (2007) *Disenchantment with Market Economies: Eastern Germatts and Western Capitalism*. Oxford: Berghahn Books.

Narotzky, S. (1997) *New Directions in Economic Anthropology*. London: Pluto Press.

Nash, J. (1993 [1979]) *We Eat the Mines and the Mines Eat Us: Dependency and Exploitation in Bolivian Tin Mines*. New York: Columbia University Press.

Nash, M. (1961) The social context of economic choice in a small society. *Man* 61: 186-91.

New York Times (2010) Justice, 5-4, reject corporate spending limit, www.nytimes.com/2010/01/22/us/politics/22scotus.html.

Ong, A. (1987) *Spirits of Resistance and Capitalist Discipline: Factory Women in Malaysia*. Albany, NY: State University of New York Press.

Ostrom, E. (1990) *Governing the Commons: The Evolution of Institutions for Collective Action*. Cambridge: Cambridge University Press.

Ouroussoff, A. (1993) Illusions of rationality: false premises of the liberal tradition. *Man* 28(2): 281-98.

Ouroussoff, A. (2010) *Wall Street at War: The Secret Struggle for the Global Economy*. Cambridge: Polity Press.

Padayachee, V. (ed.) (2010) *The Political Economy of Africa*. London: Routledge.

Pahl, R. (1984) *Divisions of Labour*. Oxford: Blackwell Publishing.

Parish, W.L. and Whyte, M.K. (1978) *Village and Family in Contemporary China*. Chicago: University of Chicago Press.

Parkin, D. (1972) *Palms, Wine and Witnesses: Public Spirit and Private Gain in an African Farming Community*. San Francisco: Chandler Publishing Company.

Parry, J. (1986) The gift, the Indian gift, and the 'Indian gift'. *Man* 21(3): 453-73.

Parry, J. (2008) Cosmopolitan values in a Central Indian steel town. In P. Werbner (ed.), *Anthropology and the New Cosmopolitanism: Rooted, Feminist and Vernacular Perspectives*. Oxford: Berg: 325-43.

Parry, J. (2009) 'Sociological Marxism' in Central India: Polanyi, Gramsci and the case of the unions. In C. Hann and K. Hart (eds.), *Market and Society: The Great Transformation Today*. Cambridge: Cambridge University Press: 175-202.

Parry, J. and Bloch, M. (eds.) (1989) *Money and the Morality of Exchange*. Cambridge: Cambridge University Press.

Patterson, T. C. (2009) *Karl Marx, Anthropologist*. Oxford: Berg.

Pearson, Harry (1957) The secular debate on economic primitivism. In K. Polanyi, C. Arensberg and Harry Pearson (eds.), *Trade and Market in the Early Empires: Economies in History and Theory*. Glencoe, IL: Free Press: 3-11.

Pearson, Heath (2000) Homo economicus goes native, 1859-1945: The rise and fall of primitive economics. *History of Political Economy* 32(4): 933-89.

Pelkmans, M. (ed.) (2009) *Conversion after Socialism: Disruptions, Modernisms and Technologies of Faith in the Former Soviet Union*. Oxford: Berghahn Books.

Petty, W. (2006 [1690]) *Political Arithmetick, or a Discourse Concerning the Extent and Values of Lands, People, Buildings*. New Delhi: Pranava Books.（ペティ 一九五五『政治算術』大内兵衛・松川七郎訳、岩波文庫）

Polanyi, K. (1957a) Aristotle discovers the economy. In K. Polanyi, C. Arensberg and Harry Pearson, (eds.), *Trade and Market in the Early Empires: Economies in History and Theory*. Glencoe, IL: Free Press: 64-94.（カール・ポランニー 一九七五ａ「アリストテレスによる経済の発見」（平野健一郎訳）『経済の文明史』玉野井芳郎・平野健一郎編訳、日本経済新聞社、一八七―二三四頁）

Polanyi, K. (1957b) The economy as instituted process. In K. Polanyi, C. Arensberg and Harry Pearson, (eds.), *Trade and Market in the Early Empires: Economies in History and Theory*. Glencoe, IL: Free Press: 243-269.（カール・ポランニー 一九七五ｂ「制度化された過程としての経済」（石井溥訳）『経済の文明史』玉野井芳郎・平野健一郎編訳、日本経済新聞社、二五九―二九八頁）

Polanyi, K. (1966) *Dahomey and the Slave Trade: An Analysis of an Archaic Economy*. Seattle: University of Washington Press.（カ

ール・ポランニー二〇〇四『経済と文明――ダホメの経済人類学的分析』栗本慎一郎・端信行訳、ちくま学芸文庫)

Polanyi, K. (1977) *The Livelihood of Man*. Harry W. Pearson (ed.), New York: Academic Press.（カール・ポランニー二〇〇五『人間の経済I――市場社会の虚構性』(玉野井芳郎・栗本慎一郎訳) および『人間の経済II――交易・貨幣および市場の出現』(玉野井芳郎・中野忠訳)、岩波書店)

Polanyi, K. (2001 [1944]) *The Great Transformation: The Political and Economic Origins of Our Times*. Boston, MA: Beacon Press.（カール・ポランニー二〇〇九『新訳　大転換――市場社会の形成と崩壊』野口建彦・栖原学訳、東洋経済新報社)

Polanyi, K., Arensberg, C. and Pearson, Harry (eds.) (1957) *Trade and Market in the Early Empires: Economies in History and Theory*. Glencoe, IL: Free Press.

Popkin, S. (1979) *The Rational Peasant: The Political Economy of Rural Society in Vietnam*. Berkley: University of California Press.

Radcliffe-Brown, A. (1952) *Structure and Function in Primitive Society: Essays and Addresses*. London: Cohen and West.（ラドクリフ＝ブラウン二〇〇二『未開社会における構造と機能』青柳まちこ訳、新泉社)

Rahnema, M. and Bawtree, V. (1997) *The Post-Developntent Reader*. London: Zed Books.

Redfield, R. (1930) *Tepoztlan, a Mexican Village: A Study in Folk Life*. Chicago: University of Chicago Press.

Redfield, R. (1948) *Folk Cultures of the Yucatan*. Chicago: University of Chicago Press.

Redfield, R. (1956) *Peasant Society and Culture: An Anthropological Approach to Civilization*. Chicago: University of Chicago Press.（レッドフィールド一九六〇『文明の文化人類学――農村社会と文化』安藤慶一郎訳、誠信書房)

Rey, P.-P. (1971) *Colonialisme, néo-colonialisme et transition au capitalisme: exemple de la "Comilog" au Congo-Brazzaville*. Paris: F. Maspero.

Rey, P.-P. (1973) *Les alliances des classes: sur l'articulation des modes de production: suivi de matérialisme historique et luttes de classes*. Paris: F. Maspero.

Ricardo, D. (1971 [1817]) *On the Principles of Political Economy and Taxation*. Harmondsworth: Penguin Books.（リカード一九八七『経済学および課税の原理　上・下』羽鳥卓也・吉沢芳樹訳、岩波文庫)

Richards, A. (1939) *Land, Labour and Diet in Northern Rhodesia: An Econotnic Study of the Bemba Tribe*. London: Oxford University Press.

Richards, P. (1985) *Indigenous Agricultural Revolution: Ecology and Food Crops in West Africa*. Boulder, CO: Westview Press.

Robbins, L. (1932) *An Essay on the Nature and Significance of Economic Science*. London: Macmillan.（ライオネル・ロビンズ 二〇一六『経済学の本質と意義』小峯敦・大槻忠史訳，京都大学学術出版会）

Robertson, A.F. (1984) *People and the State: An Anthropology of Planned Development*. Cambridge: Cambridge University Press.

Robertson, A.F. (1987) *The Dynamics of Productive Relationships: African Share Contracts in Comparative Perspective*. Cambridge: Cambridge University Press.

Robotham, D. (2005) *Culture, Society, and Economy: Bringing Production Back In*. London: Sage Publications.

Rofel, L. (1999) *Other Modernities: Gendered Yearnings in China after Socialism*. Berkeley: University of California Press.

Rousseau, J.-J. (1984 [1754]) *A Discourse on Inequality*. Maurice Cranston (trans.), Harmondsworth: Penguin Book.（ルソー 二〇〇八『人間不平等起源論』中山元訳，光文社古典新訳文庫）

Ruggie, J.G. (1982) International regimes, transactions, and change: embedded liberalism in the postwar economic order. *International Organization* 36(2): 379-415.

Sahlins, M. (1958) *Social Stratification in Polynesia*. Seattle: University of Washington Press.

Sahlins, M. (1974 [1972]) *Stone Age Economics*. Chicago: Aldine Transaction.（マーシャル・サーリンズ 二〇一二『石器時代の経済学』山内昶訳，法政大学出版局）

Sahlins, M. (1976) La pensée bourgeoise. In *Culture and Practical Reason*. Chicago: University of Chicago Press: 166-99.

Sahlins, M. (1996) The sadness of sweetness: the native anthropology of western cosmology. *Current Anthropology* 37(3): 395-428.（マーシャル・サーリンズ 一九九七―一九九八「甘さの悲しみ　上・下――西欧的宇宙論の自文化人類学」（山本真鳥訳）『思想』八八一巻（一九九七年一一月号）八一―一一〇頁および八八三巻（一九九八年一月号）一一〇―一四一頁）

Sahlins, M. (2002) *Waiting for Foucault, Still*. Chicago: Prickly Paradigm Press.

Salisbury, R. (1962) *From Stone to Steel: Economic Consequences of a Technological Change in New Guinea*. Melbourne: Melbourne University Press.

Schapera, I. (1947) *Migrant Labour and Tribal Life: A Study of Conditions in the Bechuanaland Protectorate*. London: Oxford University Press.

Schneider, H. (1970) *The Wahi Wanyaturu: Economics in an African Society*. Chicago: Aldine Publishing Company.

Schneider, H. (1974) *Economic Man: The Anthropology of Economics*. New York: Free Press.

Schumpeter, J. (1944) *Capitalism, Socialism and Democracy*. London: Allen and Unwin.（ヨーゼフ・シュンペーター 二〇一六『資本主義、社会主義、民主主義 I・II』大野一訳、日経BP社）

Schumpeter, J. (1954) *History of Economic Analysis*. Oxford: Oxford University Press.（ヨーゼフ・シュンペーター 二〇〇五—二〇〇六『経済分析の歴史 上・中・下』東畑精一・福岡正夫訳、岩波書店）

Scott, J. (1976) *The Moral Economy of the Peasant: Rebellion and Subsistence in Southeast Asia*. New Heaven, CT: Yale University Press.（ジェームス・C・スコット 一九九九『モーラル・エコノミー——東南アジアの農民叛乱と生存維持』高橋彰訳、勁草書房）

Seddon, D. (ed.) (1978) *Relations of Production: Marxist Approaches to Economic Anthropology*. Helen Lackner (trans.), Brighton: Frank Cass.

Seligmann, L.J. (ed.) (2001) *Women Traders in Cross-Cultural Perspective: Mediating Identities, Marketing Wares*. Stanford, CA: Stanford University Press.

Sherratt, A. (1997) *Economy and Society in Prehistoric Europe: Changing Perspectives*. Edinburgh: Edinburgh University Press.

Sigaud, L. (2002) The vicissitudes of *The Gift*. *Social Anthropology* 10(3): 335-58.

Silverman, S. (2004) The Uniited States. In F. Barth, A. Gingrich, R. Parkin and S. Silverman, *One Discipline, Four Ways: British, German, French and American Anthropology*. Chicago: Chicago University Press: 257-347.

Simmel, G. (1978 [1900]) *The Philosophy of Money*. Tom Bottomore and David Frisby (trans.), London: Routledge & Kegan Paul.（ゲオルク・ジンメル 二〇一六『貨幣の哲学』居安正訳、白水社）

Singh Uberoi, J. (1962) *Politics of the Kula Ring: An Analysis of the Findings of Bronislaw Malinowski*. Manchester: Manchester University Press.

Sirman, N. (1990) State, village and gender in western Turkey. In A. Finkel and N. Sirman (eds.), *Turkish State, Turkish Society*. London: Routledge: 21-51.

Smith, A. (1961 [1776]) *An Inquiry into the Nature and Causes of the Welth of Nations*. London: Methuen.（アダム・スミス 二〇〇七『国富論――国の豊かさの本質と原因についての研究　上・下』山岡洋一訳、日本経済新聞社出版局）

Sombart, W. (1902-27) *Der moderne Kapitalismus: historisch-systematische Darstellung des gesamteuropäischen Wirtschaftslebens von seinen Anfängen bis zur Gegenwart* (3 Bde.). Munich: Duncker und Humblot.（ゾンバルト 一九四二『近世資本主義』岡崎次郎訳、生活社）

Spittler, G. (2008) *Founders of the Anthropology of Work: German Social Scientists of the 19th and Early 20th Centuries and the First Ethnographers*. Berlin: Lit Verlag.

Steuart, J. (1767) *An Inquiry into the Principles of Political Oeconomy* (2vol.). London: Miller and Cadell.（ジェイムズ・ステュアート 一九八〇―一九八二『経済学原理　Ⅰ・Ⅱ』加藤一夫訳、東京大学出版会）

Stewart, A. (2010) Sources of enterpreneurial discretion in kinship systems. *Entrepreneurship and Family Business* 12: 291-313.

Stirling, P. (ed.) (1993) *Culture and Economy: Changes in Turkish Villages*. Huntingdon: Eothen Press.

Stocking, G. (1996) *After Tylor: British Social Anthropology*, 1888-1951. Madison, WI: University of Wisconsin Press.

Strang, V. and Busse, M. (eds.) (2011) *Ownership and appropriation*. Oxdord: Berg.

Strathern, M. (1988) *The Gender of the Gift: Problems with Women and Problems with Society in Melanesia*. Berkeley: University of California Press.

Strathern, M. (1995 [1972]) *Women In Between: Female Roles in a Male World, Mount Hagen, New Guinea*. Lanham, MD: Rowman and Littlefield.

Terray, E. (1972) *Marxism and 'Primitive' Societies: Two Studies*. Mary Klopper (trans.), New York: Monthly Review Press.

Tett, G. (2009) *Fool's Gold: How the Bold Dream of a Small Tribe at J.P. Morgan Was Corrupted by Wall Street Greed and*

Unleashed a Catastrophe. New York: Free Press.（ジリアン・テット 二〇〇九『愚者の黄金――大暴走を生んだ金融技術』土方奈美訳、日本経済新聞出版社）

Thompson, E.P. (1991) *Customs in Common*. New York: New Press.

Thurnwald, R. (1932) *Economics in Primitive Communities*. London: Oxford University Press.

Trevisani, T. (2010) *Land and Power in Khorezm: Farmers, Communities, and the State in Uzbekistan's Decollectivisation*. Berlin: Lit Verlag.

Tylor, E.B. (1871) *Primitive Culture: Researches into the Development of Mythology, Philosophy, Religion, Art and Custom* (2 vols.). London: Murray.（E・B・タイラー 一九六二『原始文化――神話・哲学・宗教・言語・芸能・風習に関する研究』比屋根安定訳、誠信書房）

United Narions Development Program (1998) *Human Development Report*. Washington, DC: UNDP.（国連開発計画編 一九九八『UNDP人間開発報告書〈1998〉――消費パターンと人間開発』国際協力出版会）

Veblen, T. (1899) *The Theory of the Leisure Class*. New York: A. M Kelley.（ソースタイン・ヴェブレン 二〇一六『有閑階級の理論』村井章子訳、ちくま学芸文庫）

Veblen, T. (1904) *The Theory of Business Enterprise*. New York: Charles Scribner's Sons.（ソースタイン・ヴェブレン 二〇〇二『企業の理論』小原敬士訳、勁草書房）

Verdery, K. (1996) *What Was Socialism and What Comes Next?* Princeton, NJ: Princeton University Press.

Verdery, K. (2003) *The Vanishing Hectare: Property and Value in Postsocialist Transylvania*. Ithaca, NY: Cornell University Press.

Verdery, K. and Humphrey, C. (eds.) (2004) *Property in Question: Value Transformaition in the Global Economy*. Oxford: Berg.

Visser, O. and Kalb, D. (2010) Financialised Capitalism Soviet Style? Varieties of State Capture and Crisis. *European Journal of Sociology* 51(2): 171-94.

Wallerstein, I. (1974) *The Modern World System: Capitalist Agriculture and the Origins of the European World Economy in the Sixteenth Century*. New York: Academic Press.（I・ウォーラーステイン 二〇一三『近代世界システムI――農業資本主義と「ヨーロッパ世界経済」の成立』川北稔訳、名古屋大学出版会）

Watson, J.L. (ed.) (1997) *Golden Arches East: McDonalds in East Asia*. Stanford, CA: Stanford University Press.（ジェームズ・ワトソン編 二〇〇三『マクドナルドはグローバルか——東アジアのファーストフード』前川啓治・竹内惠行・岡部曜子訳，新曜社）

Weber, M. (1958 [1904-5]) *The Protestant Ethic and the Spirit of Capitalism*. Talcott Parsons (trans.), New York: Charles Scribner's Sons.（マックス・ヴェーバー 一九八九『プロテスタンティズムの倫理と資本主義の精神』大塚久雄訳，岩波文庫）

Weber, M. (1961 [1922a]) *General Economic History*. Frank H. Knight (trans,), New York: Collier.（マックス・ヴェーバー 一九五四―一九五五『一般社會經濟史要論 上・下』黒正巖・青山秀夫訳，岩波書店）

Weber, M. (1978 [1922b]) *Economy and Society: An Outline of Interpretive Sociology* (2 vols.), G. Roth and C. Wittich (eds.), Berkeley: University of California Press.

Wedel, J.R. (1999) *Collision and Collusion: The Strange Case of Western Aid to Eastern Europe, 1989-1998*. New York: St. Martin's Press.

Weiner, A. (1992) *Inalienable Possessions: The Paradox of Keeping-While-Giving*. Berkeley: University of California Press.

West, H.W. and Raman, P. (eds.) (2009) *Enduring Socialism: Explorations of Revolution and Transformation, Restoration and Continuation*. Oxford: Berghahn Books.

White, J.B. (1994) *Money Makes Us Relatives: Women's Labor in Urban Turkey*. Austin, TX: University of Texas Press.

Whyte, M.K. and Parish, W.L. (1984) *Urban Life in Contemporary China*. Chicago: University of Chicago Press.

Wiegratz, J. (2010) Fake capitalism? The dynamics of neoliberal moral restructuring and pseudo-development: The case of Uganda. *Review of African Political Economy* 37: 123-37.

Wilk, R. and Cliggett, L. (2007) *Economies and Cultures: Foundations of Economic Anthropology*. Boulder, CO: Westview Press.

Wolf, E. (1966) *Peasants*. Englewood Cliffs, NJ: Prentice Hall.（エリック・R・ウルフ 一九七二『農民』佐藤信行・黒田悦子訳，鹿島研究所出版会）

Wolf, E. (1969) *Peasant Wars of the Twentieth Century*. New York: Harper and Row.

Wolf, E. (1982) *Europe and the People Without History*. Berkeley: University of California Press.

Woodburn, J. (1982) Egalitarian societies. *Man*17(3): 431-51.

Yonay, Y. (1998) *The Struggle over the Soul of Economics: Institutionalist and Neoclassical Economists in America Between the Wars*. Princeton, NJ: Princeton University Press.

Zaloom, C. (2006) *Out of the Pits: Traders and Technology from Chicago to London*. Chicago: University of Chicago Press.

Zaloom, C. (2008) Economy in the brain: gifts and the compromise of medical reason. Paper presented at the conference 'Rethinking economic anthropology: a human centred approach', SOAS University of London, January 2008.

Zammito, J. (2002) *Kant, Herder and the Birth of Anthoropology*. Chicago: University of Chicago Press.

Zelizer, V. (1994) *The Social Meaning of Money*. New York: Basic Books.

Zhang, L. (2001) *Strangers in the City: Reconfigurations of Space, Power, and Social Networks within China's Floating Population*. Stanford, CA: Stanford University Press.

訳者あとがき

本書は Chris Hann and Keith Hart, *Economic Anthropology: History, Ethnography, Critique*, Cambridge: Polity Press, 2011 の全訳である。

最初に本書の二人の著者について簡単に紹介しておこう。キース・ハートは一九四三年にイギリスのマンチェスターで生まれ、ケンブリッジ大学で社会人類学の教育を受けた。博士論文執筆のためにガーナでフィールドワークを実施し、後にリベリア、南アフリカ、ジャマイカなどでも調査を行なっている。第六章で見たとおり、ガーナ都市部のスラム街での調査に基づいて彼が用いた「インフォーマル・セクター」という概念は、後に「インフォーマル・エコノミー」という語で開発研究において広く知られるようになった（Oliven e Damo 2016）。彼は、ケンブリッジ大学アフリカ研究センターやロンドン大学ゴールドスミス・カレッジ、さらには大西洋を挟んで反対側のアメリカやカナダでも教鞭をとり、社会人類学やアフリカ研究の教育に長年携わってきた。現在は、南アフリカのプレトリア大学の学術促進センターに設置された「人間の経済プログラム（Human Economy Programme）」の国際理事を務めながら、新自由主義的なグローバリゼーションに異議申し立てをする市民運動に活動家として加わりつつ、貨幣や人間の経済について精力的に執筆し続けている。

もう一人の著者であるクリス・ハンは一九五三年にウェールズのカーディフに生まれ、オックスフォード大学およびケンブリッジ大学で社会人類学を学んだ。フィールドワークは東ヨーロッパのハンガリー、ポーランドで実施し、東方教会について、また社会主義時代やポスト社会主義時代における所有のあり方について研究し、いち早く「ポスト社会主義の人類学」を提唱してきた研究者として知られている（高倉 二〇〇八：二）。また結婚相手であるイルディコ・ベラー＝ハン（Ildikó Bellér-Hann）が中国を研究していたことから、上海でも調査を実施し、地域横断的に「マルクス主義的－レーニン主義的－毛沢東主義的な社会主義（Marxist–Leninist–Maoist socialism）」（Hann and Pelkmans 2009）の研究を進めてきた。教育者としては、主にケント大学で社会人類学の教育に従事した後に、一九九九年にマックス・プランク社会人類学研究所の設立に携わり、現在は同研究所において、「ユーラシアの持続性と変容」部門を統括し、研究所全体の運営に携わっている。

こうした二人の著者が本書を執筆する直接的なきっかけは、序文にも書かれているとおり、彼らが二〇〇六年六月にマックス・プランク社会人類学研究所で主催した「経済に対する人類学的アプローチ Anthropological approaches to the economy」という国際ワークショップであった。このワークショップでは、新自由主義が極端に推し進められた現代社会において、いかに市場が社会や人間性のあり方に影響を与えているのかという問題について議論がなされた。その成果は、『市場と社会――今日の大転換 *Market and Society: The Great Transformation Today*』（Hann and Hart 2009）にまとめられている。副題に「大転換」という語が入っていることからも分かるように、このワークショップおよび論集で重要な参照枠組みになっているのがカール・ポランニーであった。ここで改めて繰り返すまでもないが、冷戦後の極端に新自由主義に偏重した世界経済状況において、ポランニーの市場と社会の関係を深く問う思想は再び脚光を集めるようになっている（若森二〇一五：九）。こういった状況下で、経済人類学におけるポランニーの意義を再考しようとした試みが前述の国際ワークショップであった。ハンとハートがそのワークショップに向けて書いた趣意書が、前掲の『市場と社会――今日の大転換』に組み込むには長くなり過ぎてしまい、さらにその後に起こった二〇〇八年の世界的な金融恐慌を踏まえて書き直されたのが本書である。

本書とポランニーが深く関係しているということを、副題「人間の経済に向けて」から読み取った読者も多いことだろう。ただし、この副題に関しては、訳者として少し説明を付け加えなければならない。実は本書の原著の副題は、*History, Ethnography, Critique* である。これは素直に訳するなら「歴史、民族誌、批判」となるが、本邦訳ではあえて「人間の経済に向けて」という副題をつけた。賛否が割れるかもしれないが、このように改題した背景には、日本語における「人間の経済」という語の位置づけがある。この「人間の経済」という語は、ご存知のとおり、ポランニーが亡くなった後に編まれ、出版された論集 *Livelihood of Man*（1977）の邦訳書にあてられたタイトルである。「危機的な転換の時代の世界情勢にたいして寄せた」（ポランニー二〇〇五：八）ものであるという宣言ではじまる同書は、近代西洋的な市場経済システムに偏りすぎた結果として人類を危機に陥れた一九世紀から二〇世紀前半の世界社会のあり様を批判的に捉え、より広い世界史的な観点から経済の意味と社会におけるその位置づけを見直すことを主張した書であった。字義通り訳せば「人間の暮らし」となるタイトルを『人間の経済』と訳出したことについて、訳者の玉野井芳郎は次のように説明している。「われわれがそのもとで生きている市場社会の経済を、……人間生活にふさわしい人間の経済へと回復させること、これこそがポランニーの批判的主張にほかならないのである。ポランニーは……随所に human economy ということばを用いてその意味を強調している」（ポランニー二〇〇五：五）。

さらに玉野井は、このポランニーの用いる「人間の経済」という語が、カール・メンガーの用いた *menschliche Wirtschaft* という語から来たものであり、ドイツ語の *Wirtschaft* という語が「所得や効率や利益を思い浮かべる英語の economy とは大きく異な」り、むしろ「地域共同体における人間関係が想定されている」ことを指摘している。英語の economy とは異なる「普通の人々の生活」というようなニュアンスの語を「生活」や「暮らし」ではなく、あえて「経済」と訳したことで、同書はポランニーが意図した経済に対する批判的なパースペクティブを巧みに汲んだと言えるだろう。

本書の副題に「人間の経済」という語を入れたことの理由の半分には、この（現在に至るまで経済人類学の基本文献として広く読まれている）ポランニーの日本語訳書の存在がある。残りの半分は、本書の著者であるハンとハートの意図を私たちなりに汲んでのことである。というのも、はっきりと書かれてはいないが、本書はポランニーの死後の二〇世紀後半から二一世紀初頭を生きた人類学者の立場から、『人間の経済』を書き直した内容になっていることは明らかだからである（ちなみに『人間の経済』の序文では、ポランニー自身が同書は『大転換』の関心を引き継いだものだと言明している）。もちろん時代も専門分野も異なるため、問題へのアプローチや論じ方は同じわけではない。たとえばポランニーが、近代西洋の市場経済に特化した経済学を未開社会や古代社会まで含む普遍的な経済にひらいていくことを狙っていたのに対して、本書においてハンとハートは、自らの専門地域のフィールドワークに特化しがちな人類学者に世界史的なパースペクティブを取り戻すように繰り返し訴えている。こうした違いはあるものの、広い世界史的なパースペクティブから人類諸社会における経済を俯瞰し（二章）、人類学と経済学さらにそれ以外の諸研究分野の間のつながりを探求し（第三、五章）、二〇世紀後半の世界において人々が生きた経済状況を分析し（六、七、八章）、さらに新自由主義的な経済が行き先を失いつつあるように見える現代世界の中でどのように経済人類学という学問を展開していくのかについて考察する（第九章）という内容は、現代における「人間の経済に向けて」の探求に他ならない。

玉野井が「人間の経済」という語を使って、「英語のeconomy」と「人間の暮らし」の間にあるものと捉えたポランニーの立ち位置は、本書におけるハンとハートの議論にも引き継がれている。それがよくあらわれているのは、彼らが繰り返し用いているimpersonalという語である。基本的にこの語は、資本主義や市場経済への社会の偏重が普通の人々の生活を危機に陥れかねない（そして実際に陥れてきた）ことへの批判的なニュアンスが込められている。そういった意味ではこの語を「非人間的」という若干ネガティブなニュアンスを込めた語に訳すことも検討したが、一方でハンとハートはこの語を完全にネガティブな意味だけには用いていない。現代社会においては、顔を見知った人々の間だけで財やサービスの分配がなされるだけではなく、貨幣という顔も知らない人間の間をつなぐことができる「非人格的impersonal」な道具を介することではじめて「人間の経済」が実現しうるのである。本書の各章において繰り返し紹介され、検討された貨幣をめぐる諸々の議論においてハンとハートが最終的に強調したのは、形式か実体か（商品か贈与かでも、あるいは経済か社会かでも、他の何に置き換えても良いが）のどちらかということではなく、また現実はその両者の「間」にあるのだということでもなく、その両者を統合することであった。ただ具体的にその統合をどのように行なうべきか、またそこからどのようなオルタナティブを提示することができるのかについては、本書で必ずしも明らかにされているわけではない。

このようなオルタナティブを探求する試みとして、ハートは研究者としてだけではなく、同時に新自由主義的なグローバリゼーションに異議申し立てをする活動家の一人として、二〇〇一年にブラジルで立ち上げられてから毎年開催され続けてきた世界社会フォーラムに携わっている。その世界社会フォーラムにおける理念を簡潔にあらわす語として、同フォーラムに携わる学者たちが選び出したキーワードも「人間の経済」であった。そのことは、活動家向けにカール・ポランニーの概念をはじめとした学術概念を紹介した本で、ハートも編者の一人となっている『人間の経済——市民ガイドブック *Human Economy: Citizen's Guide*』(Hart, Laville and Cattani 2010) の序文において明確に書かれている。

ハートが関わっている世界社会フォーラムが、経済のグローバル化へのアンチテーゼとして、今後どれだけ「人間の経済」に向けての可能性のあるオルタナティブになり得るかは未知数である。ただ本書の後半部、特に八、九章で論じられてきたような、グローバルな新自由主義的経済を捉え直さなければならないという事態はすでに現実に生じている。二〇一六年には、グローバル化の先頭に立っていたはずのアメリカ合衆国に、国境に壁を築こうと主張する大統領が誕生し、またこちらもグローバル化の重要なアクターであったEUから主要メンバーであるイギリスが脱退を決定した。これがグローバル化に対する「人間の経済」からの防衛反応であるのか、それとも他者とつながりあうことによって可能になる「人間の経済」を否定するものであるのか。その答えは容易には出ないだろう。しかしこのような事態を見ていく上で、個々の社会における人間の生活を見ながら、それを同時代の地球全体の中に位置づけ、またさらに中長期的な世界史のパースペクティブの中に組み込んで理解しようとするハンとハートが示した、あるべき経済人類学者の方法論はおおいに役に立つはずである。

本書の翻訳は深田と上村の二名で行なった。第一－四章については、オセアニア地域を調査地として経済人類学および貨幣の人類学を専門とする深田が、第五－九章についてはラテンアメリカ地域を調査地としてジェンダー・セクシュアリティの人類学を専門とする上村が下訳を作成した。その後、下訳をクロスチェックし、最終的には検討会を経て訳文を決定した。表現・用語の統一については深田が行なった。また本書はコンパクトなボリュームの中に極めて多くの情報が詰め込まれているため、直訳しただけでは明らかに意味が通らない箇所も少なくなかった。それらの部分の理解を補うために、原著には存在しない情報や簡単な解説を訳註や割註で追加したり、一部には原文が明らかに含意していながら直接書かれていない情報を訳文の中で補った箇所もある。

さらに極めて広範囲にわたる本書の議論の中には、訳者二名の知識だけでは十分に対応しきれない部分も少なくなかった。そういった部分については、各方面に精通した方々のお力をお借りした。とりわけ、第二章の古代地中海の政治の部分については高崎経済大学経済学部の名和賢美先生に、第三章の「フランスの伝統」の特にモースに関わる記述については東京外国語大学アジア・アフリカ言語文化研究所の佐久間寛先生に、第六章の「アフリカの開発人類学」のガーナの土着資本主義経済については関西大学社会学部の浜田明範先生に、第七章の社会主義に関わる記述については北海道大学スラブ・ユーラシア研究センターの後藤正憲先生に、特にご助言をいただいた。立教大学異文化コミュニケーション学部の中川理先生、一橋大学大学院社会学研究科特別研究員の丹羽充さんには、本書全体に目を通していただき多くの誤訳箇所や読みにくい文章についてのご指摘をいただいた。また経済／政治人類学研究会の皆さまには、下訳段階の原稿を見ていただき、翻訳の方針などさまざまなアドバイスをいただいた。以上の皆様方、そしてここで一人一人のお名前を挙げることは適わないがすべてのお力添えをいただいた方々に、この場を借りて深く感謝を申し上げたい。皆さまのご助力なくして、翻訳作業を完遂することはとてもかなわなかった。とはいえ、もちろん本書に多く散在しているであろう不適切な翻訳および訳註についての責任は、すべて訳者の深田、上村両名に帰すものであることは言うまでもない。

最後に、本書を翻訳・出版する機会をくださった水声社、および原稿を忍耐強く待って下さった編集者の後藤亨真さんには格段の感謝を申し上げたい。

二〇一七年一〇月二〇日

深田淳太郎
上村淳志

参照文献

Oliven, Ruben George e Areli Sander Damo. 2016. Entrevista com Keith Hart. *Horizontes Antropológicos* 22(45): 371-394.

ポランニー、カール　二〇〇五『人間の経済I——市場社会の虚構性』玉野井芳郎・栗本慎一郎訳、岩波書店。

Hann, Chris and Keith Hart. 2009. *Market and Society: The Great Transformation Today*. Cambridge: Cambridge University Press.

Hann, Chris and Mathijs Pelkmans. 2009. Realigning Religion and Power in Central Asia: Islam, Nation-State and (Post)Socialism. *Europe-Asia Studies* 61(9): 1517-1541.

Hart, K., Laville, J. and Cattini, A. D. (eds.) 2012. *The Human Economy: A Citizen's Guide*. Cambridge: Polity Press.

高倉浩樹　二〇〇八「序　ポスト社会主義人類学の射程と役割」『ポスト社会主義人類学の射程（国立民族学博物館調査報告 No. 78)』（高倉浩樹・佐々木史郎（編））、一―二八頁。

若森みどり　二〇一五『カール・ポランニーの経済学入門——ポスト新自由主義時代の思想』平凡社新書。

著者／訳者について――

クリス・ハン（Chris Hann）　一九五三年、イギリス、ウェールズ、カーディフに生まれる。ケンブリッジ大学にて博士号取得（社会人類学）。社会人類学者。現在、マックス・プランク社会人類学研究所所長、オスロ大学教授。主な著書に、*Eastern Christianity and Western Social Theory*. Erfurt: Universität Erfurt, Lehrstuhl für Religionswissenschaft, 2011. *"Not the Horse We Wanted!": Postsocialism, Neoliberalism, and Eurasia*. Münster: LIT, 2006. キース・ハートとの共編著として *Market and Society: The Great Transformation Today*. Cambridge: Cambridge University Press, 2009. などがある。

キース・ハート（Keith Hart）　一九四三年、イギリス、マンチェスターに生まれる。ケンブリッジ大学にて博士号取得（社会人類学）。社会人類学者。現在、プレトリア大学客員教授。ロンドン大学名誉教授。主な著書に、*The Hit Man's Dilemma: Or Business, Personal and Impersonal*. Chicago: Prickly Paradigm Press, 2005. *The Memory Bank: Money in an Unequal World*. London: Profile, 2000. などがある。

＊

深田淳太郎（ふかだじゅんたろう）　一九七七年、神奈川県に生まれる。一橋大学大学院社会学研究科博士後期課程単位取得退学、博士（社会学）。現在、三重大学人文学部准教授。専攻は、文化人類学、オセアニア地域研究。主な論文に、「貝殻交易ネットワークの地域史――ビスマルク諸島とソロモン諸島地域間におけるムシロガイ交易の歴史的変遷と現状」『国立民族学博物館研究報告』第三八巻三号、二〇一四、主な共編著に、『経済からの脱出』（織田竜也と共編）春風社、二〇〇九、などがある。

上村淳志（うえむらあつし）　一九七五年、東京都に生まれる。一橋大学大学院社会学研究科博士後期課程単位取得退学、修士（社会学）。現在、高崎経済大学経済学部非常勤講師。専攻は、文化人類学、ラテンアメリカ地域研究。主な論文に、「逆輸入される解放の神学――ラテンアメリカにおける同性愛神学の影響」『ラテンアメリカ・カリブ研究』第二一巻、二〇一四、「『国家間』の中にいるメキシコの男性同性愛者」『くにたち人類学研究』第六巻、二〇一一、などがある。

装幀——宗利淳一

経済人類学——人間の経済に向けて

二〇一七年一一月二〇日第一版第一刷印刷　二〇一七年一一月三〇日第一版第一刷発行

著者——クリス・ハン＋キース・ハート

訳者——深田淳太郎＋上村淳志

発行者——鈴木宏

発行所——株式会社水声社

東京都文京区小石川二—七—五　郵便番号一一二—〇〇〇二

電話〇三—三八一八—六〇四〇　ＦＡＸ〇三—三八一八—二四三七

［編集部］横浜市港北区新吉田東一—七七—一七　郵便番号二二三—〇〇五八

電話〇四五—七一七—五三五六　ＦＡＸ〇四五—七一七—五三五七

郵便振替〇〇一八〇—四—六五四一〇〇

URL : http://www.suiseisha.net

印刷・製本——ディグ

ISBN978-4-8010-0311-8